Jens Kalke

Innovative Landtage

Jens Kalke

Innovative Landtage

Eine empirische Untersuchung am Beispiel der Drogenpolitik

Westdeutscher Verlag

Die Deutsche Bibliothek – CIP-Einheitsaufnahme
Ein Titeldatensatz für diese Publikation ist bei
Der Deutschen Bibliothek erhältlich.

Gedruckt mit Unterstützung der Deutschen Forschungsgemeinschaft.

1. Auflage August 2001

Alle Rechte vorbehalten
© Westdeutscher Verlag GmbH, Wiesbaden 2001

Lektorat: Monika Mülhausen

Der Westdeutsche Verlag ist ein Unternehmen der
Fachverlagsgruppe BertelsmannSpringer.

www.westdeutschervlg.de

Das Werk einschließlich aller seiner Teile ist urheberrechtlich
geschützt. Jede Verwertung außerhalb der engen Grenzen des Urheberrechtsgesetzes ist ohne Zustimmung des Verlags unzulässig und
strafbar. Das gilt insbesondere für Vervielfältigungen, Übersetzungen, Mikroverfilmungen und die Einspeicherung und Verarbeitung
in elektronischen Systemen.

Die Wiedergabe von Gebrauchsnamen, Handelsnamen, Warenbezeichnungen usw. in
diesem Werk berechtigt auch ohne besondere Kennzeichnung nicht zu der Annahme,
dass solche Namen im Sinne der Warenzeichen- und Markenschutz-Gesetzgebung als
frei zu betrachten wären und daher von jedermann benutzt werden dürften.

Gedruckt auf säurefreiem und chlorfrei gebleichtem Papier.

Umschlaggestaltung: Horst Dieter Bürkle, Darmstadt
Druck und buchbinderische Verarbeitung: Rosch-Buch, Scheßlitz
Printed in Germany

ISBN 3-531-13615-1

Inhalt

1. Einleitung 13
   1.1 Fragestellung und ihre politikwissenschaftliche Relevanz 13
   1.2 Forschungsstand: Vernachlässigte Gegenstände der
       Politischen Wissenschaft 18
   1.3 Aufbau der Arbeit und Vorgehensweise 21

2. Drogenpolitik im Spannungsfeld zwischen Bund
   und Ländern 23
   2.1 Rechtliche Grundlagen 24
   2.2 Entwicklung der bundesdeutschen Drogenpolitik 30
   2.3 Bundesländer als Motoren von Reformen 46

3. Zum Bedeutungs- und Machtverlust der Landtage 76
   3.1 Die Entwicklung des bundesdeutschen Föderalismus 76
   3.2 Die Parlamentsfunktionen der Landtage 84
   3.3 Kooperativer Föderalismus schwächt Landtage 89

4. Die Rolle der Landtage in der Drogenpolitik –
   empirische Analysen 96
   4.1 Methodik: Inhaltsanalyse von Parlamentsdrucksachen 96
   4.2 Empirisches Analysekonzept für Parlamentsfunktionen 109
   4.3 Gesamtentwicklung der Drucksachen: Der Bedeutungs-
       zuwachs eines neuen Politikfeldes 115
   4.4 Struktur der Drucksachen: Themen und Zielsetzungen 134
   4.5 Drogenpolitik und Parlamentsfunktionen: Artikulation
       und Innovation im Wandel 144
   4.6 Landtage als drogenpolitische Impulsgeber 165

4.7	Politikebene: Landespolitik im Vordergrund	175
4.8	Themen der Landtage: Föderative Vielfalt	186
4.9	Parteien-Vergleich: Drogenpolitik als Parteienkonflikt	199

5. Resümee und Ausblick: Chancen und Risiken einer Föderalisierung der Drogenpolitik 216

Literatur- und Quellenverzeichnis 231
   A.   Literatur 231
   B.   Quellen 237

Geleitwort

Es gibt viele wissenschaftliche und weniger wissenschaftliche Bücher und Artikel, die kritisch oder affirmativ, ideologisch oder normativ zur Drogenpolitik Stellung beziehen, um mit jeweils guten Gründen die Beibehaltung oder die Reform dieser Politik anzumahnen. Hier wird Drogenpolitik auf ihre „Richtigkeit" hin überprüft, indem die ganze Fülle medizinischer, (sozial-)psychologischer, kriminologischer, soziologischer und juristischer Argumente ausgebreitet und abgewogen wird. Im Zentrum stehen dabei die Stringenz bzw. die Widersprüchlichkeit der jeweiligen Drogenpolitik, die – je nach Autor – Anlass geben, andere Regelungsmodelle für den gesellschaftlichen Umgang mit der Drogenproblematik zu fordern. Policy-Analysen in einem politikwissenschaftlichen Sinne stellen diese Publikationen jedoch in der Regel nicht dar.
Dies wäre kein Manko, wenn nicht die gesundheits- wie gesellschaftspolitisch hoch relevante Drogenproblematik von der politologischen Forschung weitgehend unbeachtet geblieben wäre. Dieser geringe Stellenwert der Drogenpolitik in der politikwissenschaftlichen Praxis ist um so erstaunlicher, als die (nicht intendierten) Folgen von Politiken wie dieser ein genuin politologisches Feld darstellen. Dies betrifft auf der einen Seite die in diesem Buch nicht weiter thematisierte organisierte Kriminalität, die Mafiastrukturen und die Wege der Geldwäsche und des illegalen Waffenschmuggels, auf der anderen Seite die ebenfalls nicht intendierten, aber in Kauf genommenen Folgen einer verstärkten Verelendung von Abhängigen aufgrund inflexibler und gegenüber empirischen Erkenntnissen weitgehend resistenten Drogenpolitik.
Insofern folgt die vorliegende Arbeit einem dringenden Desiderat drogenpolitischer Forschung. Damit führt Jens Kalke eine Linie fort, die er bereits eindrücklich mit seiner empirischen Arbeit über das komplexe Bedingungsgeflecht lokaler drogenpolitischer Gestaltung eingeschlagen hat. Auch diese Untersuchung gehört zu den wenigen politologischen Analysen zur Drogenpolitik. Damals ging es um die Anwendung des theoretischen Konzepts neokorporatistischer Interessenregulierung auf die Durchsetzung und Implementierung des bundesweit innovativen Methadonprogramms in Hamburg. Diesmal steht die drogen-

politische Rolle der Landtage im Vordergrund, die einen der Stützpfeiler des politischen Institutionengefüges darstellen.

Die vorliegende Arbeit füllt nicht nur eine Lücke in der drogenpolitischen Forschung. Sie legt darüber hinaus Ergebnisse vor, die neue Erkenntnisse über die Landesparlamente zu Tage fördern, die sonst meist im Schatten politischer Alltagswahrnehmung stehen. Damit wird nicht nur ein bisher in der Drogenpolitik unbeachteter politischer Akteur entdeckt, der interessanterweise noch nicht einmal selbst ein Bewusstsein seiner drogenpolitischen Bedeutung entwickelt zu haben scheint, sondern zugleich ein Kapitel föderalistischer Forschung berührt. So werden zwei Forschungsfelder innovativ miteinander verbunden.

Die zentrale Brücke zwischen den Feldern bildet eine ebenso verständliche wie erhellende Darlegung der wichtigsten Stationen und prägenden Elemente von 25 Jahren Drogenpolitik sowie die Herausarbeitung der besonderen Rolle der Bundesländer als Motoren drogenpolitischer Reformen in der Bundesrepublik Deutschland (u.a. Substitutionsbehandlung, Gesundheitsräume, Spritzentausch, Heroinverabreichung). Von besonderer Bedeutung ist dabei die Darlegung der historischen Entwicklung. In diesem Lichte kann der oft unterstellte Entwicklungstrend infrage gestellt werden, der den Landtagen einen dramatischen Funktionsverlust bescheinigt und sich bis zu Rufen nach deren Abschaffung steigert. Die Landtage sind, wie die vorliegende Analyse zeigt, kein Appendix der Landesregierungen, sondern durchaus in der Lage, die Landespolitik und indirekt darüber hinaus die Bundespolitik innovativ zu beeinflussen – zumindest im Bereich der Drogenpolitik.
Dies mag ein Ausnahmebeispiel sein – aber dies wäre erst durch weitere und umfassendere Studien zu belegen – oder es könnte ein Ansporn für die Landtage sein, mehr zu wagen. In beiden Fällen wäre es einerseits ein Fortschritt empirisch fundierter Föderalismusforschung und andererseits eine Aufforderung an die politischen Akteure, die landespolitischen Gestaltungsspielräume innovativ zu nutzen. Zugleich ist die Studie eine Mahnung an die Politikwissenschaft, ihre drogenpolitische Abstinenz aufzugeben.

Prof. Dr. Peter Raschke
(Universität Hamburg)

Geleitwort

Seit einigen Jahren nimmt die empirische Parlamentarismusforschung in Deutschland einen neuen Aufschwung. Dabei entdeckt sie auch die Landesparlamente neu: nämlich nicht als Beispielsfälle für populäres Klagen über einen „Machtverlust der Parlamente", sondern in einer Haltung aufrichtiger Neugier. Diese kennzeichnet auch das vorliegende Werk, eine Hamburger Dissertation, die geschickt zwei Fragestellungen verbindet: Wie steht es um die Funktionswirklichkeit von Landesparlamenten – und was prägt die deutsche Drogenpolitik? In Antwort auf die zweite Frage legt der Verfasser eine sehr anschauliche, dabei weit ins Analytische hineinreichende Bestandsaufnahme bundesdeutscher Drogenpolitik zwischen 1968 und 1997 vor. In Antwort auf die erste Frage leistet er – im Vergleich der Landesparlamente von zwei Flächenstaaten (Baden-Württemberg und Nordrhein-Westfalen) und zwei Stadtstaaten (Berlin und Hamburg) – zweifach Wichtiges.

Erstens widerlegt Jens Kalke die verbreitete These vom Funktionsverlust der Landesparlamente. Natürlich darf man sich von diesen auf dem Feld der Gesetzgebung nicht mehr allzu große Aktivität erwarten: die Länder haben nach über 50 Jahren westdeutscher, über 10 Jahren ostdeutscher parlamentarischer Demokratie ihre gesetzgeberischen Aufgaben – sachlich notwendige oder politisch-modische Novellierungswünsche ausgenommen – weitgehend erledigt, der Bund im Bereich der konkurrierenden Gesetzgebung seine Möglichkeiten extensiv ausgeschöpft. Doch muss man ja nicht der verengten Vorstellung folgen, ein Parlament – und somit ein Landtag – sei einfach eine ‚Legislative'. Vielmehr haben Landtage gerade im Bereich der Regierungskontrolle sowie der Repräsentationsfunktion (ihrerseits Vernetzungsaufgaben, Artikulation der Bevölkerungsmeinung und kommunikatives Einwirken auf das Volk einschließend) überaus wichtige Aufgaben. In Bezug auf diese beiden Funktionsblöcke kann Kalke überzeugend nachweisen, dass sie auf dem Gebiet der Drogenpolitik stets überaus wichtig waren und ihre Bedeutung keineswegs abgenommen hat. Andere Fallstudien dürften wohl Gleiches zutage fördern und – gemeinsam mit der hier vorgelegten – zu einem angemesseneren Verständnis des tatsächlichen Leistungsprofils der deutschen Landesparlamente beitragen, als es die öffentliche Diskussion derzeit kennzeichnet.

Zweitens entwickelt Kalke einen bislang recht vernachlässigten Zweig empirischer Parlamentarismusforschung in unbedingt der Nachahmung zu empfehlender Weise weiter: die systematische, quantitative Inhaltsanalyse parlamentarischer Drucksachen (Anträge, schriftliche und mündliche Anfragen, Berichte, Gesetzentwürfe). Auf diese Weise hatte schon Markus Mauritz in einer 1993 abgeschlossenen, 1995 leider nur im Selbstverlag erschienenen Passauer Dissertation am Beispiel des Bayerischen Landtages zeigen können, dass Naturschutz parlamentarisch längst ein Thema war, bevor es auch die Öffentlichkeit entdeckte. So war an einem für die Entstehung der ‚neuen sozialen Bewegungen' wichtigen Fallbeispiel die Legende widerlegt, etablierte politische Strukturen seien ohne ‚alternative' Anregungen nicht in der Lage, neue politische Gestaltungsaufgaben aufzugreifen. Dass es Kalke ebenfalls gelingt, mit diesem Forschungsansatz ein wichtiges, für viele unerwartetes Ergebnis zu gewinnen, untermauert den Wert der Drucksachenanalyse als Methode der Parlamentarismusforschung. Im vorliegenden Werk wird sie dahingehend weitergeführt, dass einzelne Arten parlamentarischer Drucksachen überzeugend einzelnen Arten von Parlamentsfunktionen zugewiesen werden, so dass ein tragfähiger Ansatz parlamentarischer Funktionsanalyse entsteht. Dieser kann überdies leicht mit anderen Ansätzen – zumal der Analyse von Medienberichterstattung und der Durchführung von Interviews mit Akteuren – verbunden werden.

Es kann also gar keinen Zweifel geben: Dieses Buch ist sowohl methodisch als auch von seinen Ergebnissen her ein wertvoller Beitrag zur empirisch-zeitgenössischen Parlamentarismusforschung. Seine parlamentarismusanalytischen Befunde sollten Beachtung, seine Methode Nachahmer, es selbst viele Leser finden!

Prof. Dr. Werner J. Patzelt
(Universität Dresden)

Danksagung

Der Ausgangspunkt dieser Arbeit ist eine Untersuchung, die ich im Jahr 1992 zusammen mit meinem Doktorvater, Prof. Dr. Peter Raschke (Universität Hamburg), durchführen konnte. Für die Enquete-Kommission „Parlamentsreform" der Hamburgischen Bürgerschaft haben wir damals eine quantitative Analyse der Tätigkeiten des Hamburger Landesparlamentes vorgenommen. Bei der Auswertung mehrerer tausend Parlamentsdrucksachen konnte ich entdecken, welch ein hervorragendes Material diese Dokumente für empirische Untersuchungen darstellen. Sie sind ein Spiegelbild lebendiger Parlamentsgeschichte und eine wahre Fundgrube für politikwissenschaftliche Studien.

Im Verlaufe der Zeit entstand daraus die Idee, die drogenpolitischen Tätigkeiten der bundesdeutschen Landtage anhand von Drucksachen empirisch zu analysieren. Die Wahl fiel auch deshalb auf die Drogenpolitik, weil ich mich in diesem Politikfeld „zu Hause" fühle. Ich bin beruflich in der Drogen- und Suchtforschung tätig. Vor allem aber schien mir dieses Politikfeld für eine beispielhafte Analyse geeignet, weil sich die drogenpolitische Kontroverse seit Jahren im Spannungsfeld zwischen Bund und den Ländern bewegt.

Peter Raschke hat mich ermutigt, eine solche empirische Studie anzufertigen. Er hat mir wichtige konzeptionelle Ratschläge und methodische Anregungen für die vorliegende Arbeit gegeben. Peter Raschke ist nicht nur mein Doktorvater, sondern seit fast zehn Jahren mein Chef und Kollege. Von ihm habe ich vieles gelernt; vor allem, was empirische Gründlichkeit, systematische Analyse und wissenschaftliche Kreativität bedeutet. Dafür möchte ich mich ganz herzlich bei ihm bedanken. Auch bei meinem Zweitgutachter Prof. Dr. Heinz Renn – genauso wie Peter Raschke ein ausgewiesener Drogen- und Suchtexperte – möchte ich mich an dieser Stelle für seine wertvollen Hinweise bedanken.

Im September 1997 habe ich die Arbeit begonnen: In mühevoller Kleinstarbeit habe ich über 1.200 Drucksachen aus 30 Jahren zum Thema „Illegale Drogen" EDV-gestützt erfasst. Diese wäre ohne die Unterstützung von Petra Thaleiser und Hilke Timmann von der Parlamentsdokumentation der Hamburgischen Bürgerschaft nicht möglich gewesen. Sie haben mir die entsprechenden Sachregister- und Drucksachenbände zur Verfügung gestellt und mich durch die Sys-

tematik ihrer Archive geführt. Wenn ich Fragen hatte, haben sie mir stets zügig und kompetent geholfen. Dafür danke ich ihnen herzlich.
Nach der Eingabe und den statistischen Auswertungen habe ich ungefähr 2 Jahre an der Dissertation geschrieben. Da ich einen „Full-Time-Job" habe, mussten dafür viele Stunden an den Wochenenden „geopfert" werden. Ohne das Verständnis meiner Familie wäre das nicht möglich gewesen. Als sich im Frühjahr 2000 ein Ende des Schreibens abzeichnete, hat Verena Schmidt das Manuskript in hervorragender Weise Korrektur gelesen. Mein stets hilfsbereiter Kollege Uwe Verthein unterstütze mich mit Tipps bei der Gestaltung der Tabellen und Grafiken. Dafür beiden ein Dankeschön! Meinem Vater Klaus Kalke war es vorbehalten, einen letzten Blick auf das Manuskript zu werfen, bevor ich es im Juli 2000 im Fachbereich Philosophie und Sozialwissenschaften der Universität Hamburg eingereicht habe.
Zu guter Letzt möchte ich mich bei Frank Schindler und Monika Mülhausen vom Westdeutschen Verlag bedanken. Sie haben es mir ermöglicht, dass ich meine Promotion in der vorliegenden Form in einem angesehenen Fachverlag veröffentlichen kann. Ich hoffe, dass die Arbeit gut in den Verlagsschwerpunkt „Parlamentarismus" passt.

Dr. Jens Kalke

1. Einleitung

1.1 Fragestellung und ihre politikwissenschaftliche Relevanz

Die bundesdeutsche Drogenpolitik bringt – gemessen an ihren Zielen – nach wie vor unbefriedigende Ergebnisse hervor: Die Zahl der Drogentoten stieg im Jahr 1999 auf über 1.800 an; auch die Anzahl polizeilich registrierter erstauffälliger Ecstasy-Konsumenten hat erneut zugenommen. Ebenso wird die Gruppe der Kokainkonsumenten seit ca. 10 Jahren stetig größer (Bundesministerium für Gesundheit 2000). Die jährlichen Gesamtkosten der Drogenpolitik belaufen sich nach Schätzungen von Wirtschaftswissenschaftlern auf ca. 14 Milliarden DM (Hartwig und Pies 1995). Darin enthalten sind u.a. die Kosten der Kriminalität (Kosten für Justiz und Polizei, Beschaffungskriminalität), die Kosten von Morbidität und Mortalität sowie die Aufwendungen für die Drogenhilfe.
Drogenpolitik kann definiert werden als der Versuch, mit rechtlichen und monetären Instrumenten steuernd auf die Produktion und Verbreitung sowie den Konsum von illegalen Drogen in der Gesellschaft einzuwirken.[1] Das schließt auch die Prävention und Hilfe ein. Die Ziele der Drogenpolitik – Abstinenz von Drogen bei der Allgemeinbevölkerung und die Hinführung zur Abstinenz bei den Drogenabhängigen, zumindest aber die Überlebenssicherung – werden aber offensichtlich nicht erreicht. Es kann deshalb von einer *dysfunktionalen Politik* gesprochen werden, bei der Anspruch und Wirklichkeit auseinanderfallen.
Es stellt sich damit die Frage nach einer Verbesserung dieser Politik. Das betrifft sowohl die *Ziele* und *Inhalte* als auch die *Strukturen* von Drogenpolitik. Das erste bezieht sich auf das Strafrecht und die Gesundheitspolitik sowie ihr Verhältnis zueinander: Muss das Strafrecht weiter verschärft werden oder ist stattdessen eine radikale Entkriminalisierung in der Drogenpolitik vonnöten? Kann den Drogenabhängigen besser mit einem strikt abstinenzorientierten Hilfesystem oder einer ausdifferenzierten Angebotsstruktur inklusive Methadon-

---

[1] Unter dem Begriff *illegale Drogen* werden alle Substanzen verstanden, deren Herstellung, Besitz und Handel nach dem Betäubungsmittelgesetz (BtMG) verboten ist, also vor allem Heroin, Kokain, Cannabis, Amphetamine, Halluzinogene (LSD) und die sogenannten neuen Designerdrogen (auch synthetische Partydrogen genannt wie Ecstasy).

vergabe und heroingestützter Behandlung geholfen werden? Und: Hilft die im Betäubungsmittelgesetz verankerte Möglichkeit der „Therapie statt Strafe" den Betroffenen tatsächlich, oder hat sie kontraproduktive Effekte? Diese Kontroversen um Ziele und Inhalte bestimmen seit mindestens 15 Jahren die fachöffentliche Diskussion und den wissenschaftlichen Diskurs – sie sind jedoch *nicht* Gegenstand dieser Untersuchung.

Denn genauso bedeutsam erscheint die Frage, ob die *Strukturen* und die *Kompetenzverteilung* unter den beteiligten Akteuren in der bundesdeutschen Drogenpolitik richtig organisiert sind. Sind hierin möglicherweise Ursachen für die beschriebenen Politikdefizite zu finden? Könnte – anders gefragt – durch einen Umbau des Kompetenzgefüges die Drogenpolitik bedürfnisgerechter gestaltet und gemessen an ihren Zielsetzungen bessere Ergebnisse produzieren? Diese Fragestellung wird bisher so gut wie nie in der Suchthilfe und Drogenforschung erörtert. Auch in der Politik, Wissenschaft und Praxis ist diese Diskussion erst bruchstückhaft in Gang gekommen. So gibt es einen jüngeren Beschluss der Gesundheitsminister der Länder, in dem eine Neuordnung der rechtlichen Regelungsbefugnisse zwischen dem Bund und den Ländern in der Suchthilfe und Drogenpolitik gefordert wird (Gesundheitsminister-Konferenz 1998). Diese Frage nach einer effektiven Organisation der drogenpolitischen Zuständigkeiten ist das Leitthema der vorliegenden Arbeit.

Im Zentrum der Untersuchung steht dabei ein politischer Akteur, der bislang selten Gegenstand struktureller Reformüberlegungen in der Drogenpolitik war: die bundesdeutschen Landtage. Dabei treffen wir im drogenpolitischen Alltag häufiger auf diesen Akteur, wenn beispielsweise im Schleswig-Holsteinischen Landtag über den richtigen Weg in der Ecstasy-Prävention gerungen oder in der Hamburgischen Bürgerschaft hitzig über „Fixerstuben" debattiert wird. Doch: Welche Aufgaben haben eigentlich die bundesdeutschen Landtage in der Drogenpolitik? In welchem Umfang beschäftigen sie sich mit drogenpolitischen Themen? Und: Sind die Landesparlamente ein geeigneter Akteur, dem zukünftig mehr drogenpolitische Rechte eingeräumt werden sollten?

Seit dem Regierungswechsel von 1998 besteht die Tendenz, die Drogenpolitik zu föderalisieren, d.h. den Ländern mehr eigene Regelungskompetenzen in der Sucht- und Drogenhilfe einzuräumen. Ein Beispiel dafür ist das Gesetz zur rechtlichen Absicherung der „Gesundheitsräume", welches es den Bundesländern überlässt, solche Hilfeangebote einzurichten. Die neuen Befugnisse kommen aber bislang nur den Landesexekutiven (Landesregierungen) zugute, nicht den Parlamenten. Auch bei den zahlreichen drogenpolitischen Reformprojekten der Vergangenheit – wie der Vergabe von Einwegspritzen, der Methadonsubstitution, der kontrollierten Heroinverschreibung oder der Entkriminalisierung von Cannabis – entsteht der Eindruck, als seien es vor allem die Landesregierungen gewesen, die diese Initiativen vorangetrieben haben. Es stellt sich von daher die Frage, welche Rolle die Landtage hierbei tatsächlich gespielt haben. Waren sie die Impulsgeber für die neuen Wege in der Drogenpolitik, oder haben sie die Reforminitiativen der Länderexekutiven im Parlament nur ‚abnickend' zur Kenntnis genommen? Wird möglicherweise die Bedeutung der Landtage in der Drogenpolitik verkannt?

Mit dieser Untersuchung soll gleichzeitig ein Beitrag zur Parlamentarismus- und Föderalismusforschung geleistet werden: In der Politikwissenschaft wird, wenn sich überhaupt mit diesem Akteur beschäftigt wird, allgemein ein Bedeutungsverlust der Landtage konstatiert. Dieser betrifft vor allem die Gesetzgebungsfunktion, wird aber ebenso für andere Parlamentsfunktionen diagnostiziert. Auch in der politischen Diskussion sind die Landesparlamente unter Rechtfertigungsdruck geraten. Sie erscheinen als die „ewigen politischen Verlierer", weil der Bund im Laufe der Zeit seine Gesetzgebungstätigkeit ausdehnen und die Länderexekutiven ihre Stellung gegenüber den Landesparlamenten ausbauen konnten. Diese Entwicklung hat – so wird behauptet – zu einer partiellen Entparlamentarisierung des deutschen Föderalismus, zu einem „Machtverlust der Landesparlamente" (Eicher 1988) geführt. Der politische Publizist Dettling (1998) kommentiert dies mit sarkastischen Worten: „Niemand würde es auffallen, wenn die deutschen Landtage jeweils unmittelbar nach der Wahl des Ministerpräsidenten sich in Luft auflösen würden: die Länderministerkonferenzen würden weiter ungestört im Jahr 4.000 Seiten umfassende Beschlüsse fassen" (Dettling 1998: 12).

Auch in der wiederbelebten Föderalismus-Diskussion der letzten Jahre kommt der Landtag als ein potenzieller Träger von Länderkompetenzen nur selten vor, obwohl im Mittelpunkt der Auseinandersetzungen steht, ob die Bundesländer (wieder) mehr Selbstständigkeit erhalten sollen. Diese Problematik verbirgt sich in der aktuellen Tagespolitik hinter den Themen „Länderfinanzausgleich" und „Zusammenlegung von Bundesländern".

Die in der Politikwissenschaft und drogenpolitischen Fachöffentlichkeit verbreitete Ansicht vom Bedeutungsverlust der Landtage ist jedoch empirisch nicht belegt, sie basiert vorwiegend auf theoretischen Annahmen oder auf verfassungsrechtlichen Analysen, die sich einseitig auf die Gesetzgebungsfunktion beziehen. Daran wird auch zunehmend Kritik innerhalb der Politikwissenschaft geübt und vage auf die Leistungen der Landtage im Bereich der Artikulation von Meinungen, Kontrolle der Verwaltung und Öffentlichkeit von Politik hingewiesen. Dieses Forschungsdefizit sollte in empirisch orientierten Studien abgebaut werden, die bisherigen Befunde der Föderalismus- und Parlamentarismusforschung zu den bundesdeutschen Landtagen sind zu überprüfen. Interessant ist zum Beispiel die Frage, ob nicht die Bedeutung der Landtage und ihrer parlamentarischen Funktionen von Politikfeld zu Politikfeld variiert. Diese Fragestellung kann nur mit Hilfe *empirischer Analysen* beantwortet werden, die einzelne Politiken untersuchen. Hierzu will diese Arbeit einen Beitrag leisten.

Der Bereich „Illegale Drogen" bietet sich für eine solche Untersuchung an, weil es sich um ein aktuelles und gesellschaftlich relevantes, gleichzeitig aber auch thematisch eingrenzbares Politikfeld handelt, das sich zudem im Spannungsfeld zwischen dem Bund und den Ländern bewegt. Drogenpolitik ist zwar immer im Schnittpunkt verschiedener Politikbereiche – etwa der Innen-, der Wirtschafts-, der Sozial- und der Gesundheitspolitik – angesiedelt und steht unter dem Einfluss verschiedener Akteure (z.B. Juristen, Parteien, Polizei, Therapeuten) mit ihren höchst unterschiedlichen Interessen, Werten und Normen (Schmidt-Semisch 2000); trotzdem wird sie in dieser Arbeit als ein eigenständiges Politikfeld verstanden, weil sich zunehmend eigene institutionelle Zuständigkeiten und Strukturen herausgebildet haben, wie z.b. der Drogenbeauftragte der Landesregierung. Auch die Fraktionen in den Parlamenten verfügen in der Regel über einen drogenpolitischen Sprecher. Zudem kann ein Politikfeld über seinen inhaltlich-materiellen Gegenstand – in diesem Falle die illegalen Drogen – als Nominalkategorie definiert werden. Und schließlich haben in den letzten Jahren die drogenpolitischen Tätigkeiten von Parlament und Regierung einen solchen Umfang angenommen, dass eine Klassifizierung als eigenständiges Politikfeld gerechtfertigt erscheint.[2]

Die *zentrale* Frage dieser Arbeit lautet: *Welche Bedeutung haben die Landtage in der Drogenpolitik?* Um diese Frage beantworten zu können, wird empirisch untersucht, in welcher Weise und in welchem Umfang sie sich mit dieser Thematik beschäftigen. Dies soll aus zwei Blickwinkeln geschehen: aus der Perspektive des bundesdeutschen Parlamentarismus und aus der Perspektive der Drogenpolitik. Es handelt sich also um eine Kombination aus einer Polity- und einer Policy-Analyse. Die Arbeit verfolgt – wie dargestellt – ein doppeltes Ziel: Es sollen Erkenntnisse über die bundesdeutsche Drogenpolitik geliefert und gleichzeitig ein Beitrag zur Föderalismusforschung geleistet werden. Mit diesem Anspruch wird ein schmaler Pfad betreten: Es besteht die Gefahr, dass die Analysen entweder das Politikfeld zu stark betonen oder in eine Parlamentarismusstudie mit Fallbeispiel abgleiten können; der Leser dadurch den „roten Fa-

---

[2] Vergleiche zu der Definition eines Politikfeldes auch Windhof-Heritier (1987).

den" verliert und nicht mehr weiß, um welche Fragestellung es eigentlich geht. Mit dem hier gewählten Ansatz und der methodischen Vorgehensweise wird aber versucht, die beiden Perspektiven zu einem politikwissenschaftlichen Ganzen zu verbinden, um dieses Risiko auszuschließen.

Die Arbeit erhebt nicht den Anspruch, ein umfassendes Bild über die Akteure, Interessen und Prozesse im Politikfeld „Illegale Drogen" zu zeichnen und das gesamte „Policy-Netz" (Windhoff-Heritier 1987) der Drogenpolitik zu untersuchen. Die Forschungsfrage lautet nicht „Wer macht Drogenpolitik?", sondern es geht um die empirische Beobachtung *eines Akteurs* der Drogenpolitik, eben um den Landtag und seine drogenpolitischen Tätigkeiten und Forderungen, um daraus Schlüsse über die bundesdeutsche Drogenpolitik zu ziehen. Genauso wenig kann aus den Ergebnissen dieser Studie eine für alle Politikfelder geltende Erkenntnis über die Entwicklung des bundesdeutschen Länderparlamentarismus abgeleitet werden. Am Beispiel Drogenpolitik wird aber deutlich, dass die Föderalismusforschung um politikbereichsspezifische Analysen ergänzt werden muss, um ein differenziertes Bild von den Funktionen und Tätigkeiten der Landtage zu erhalten. Es werden empirisch gestützte Ergebnisse geliefert, die anhand weiterer Fallbetrachtungen zu überprüfen wären. Darin liegt der politikwissenschaftliche Wert dieser Untersuchung.

Um das Ergebnis der folgenden empirischen Analysen hier schon einmal kurz vorwegzunehmen: Ein Bedeutungsverlust der Landtage in der Drogenpolitik kann *nicht* nachgewiesen werden. Im Gegenteil: In den bundesdeutschen Landtagen hat sich in den letzten 30 Jahren eine rasante drogenpolitische Entwicklung vollzogen, vermittelt über die Parteien spiegelt sich dort eindrucksvoll der Einstellungswandel in Gesellschaft und Politik wider. Die drogenpolitischen Tätigkeiten haben stetig zugenommen. Die Parlamentsfunktionen werden von den Landtagsakteuren intensiv wahrgenommen und unterliegen teilweise einem dynamischen Veränderungsprozess, für den vor allem die parlamentarische Opposition verantwortlich ist. Viele neue Drogenthemen werden zunächst auf der Landtagsebene diskutiert, bevor sie von den Länderexekutiven aufgegriffen werden (es gibt aber Ausnahmen). Ebenso schlagen sich aktuelle Fragestellungen der Suchtproblematik frühzeitiger in den Länderparlamenten als im Bundestag oder Bundesrat nieder. Im untersuchten Politikfeld zeigt sich demnach deutlich eine innovative Funktion der Landtage. Zudem haben einige Landesparlamente (in den SPD-regierten Bundesländern) – gemeinsam mit der Exekutive – ihre drogenpolitische Zielsetzung in einer konfliktträchtigen Strategie gegenüber dem Bund verfolgt. Von einer Krise des bundesdeutschen Länderparlamentarismus kann also beim „Drogenthema" nicht die Rede sein.

1.2 Forschungsstand: Vernachlässigte Gegenstände der Politischen Wissenschaft

Die Landtage fristen als Gegenstand sozialwissenschaftlicher Forschung ein Schattendasein. Von der Parlamentarismus- und Föderalismusforschung wurden sie bislang kaum beachtet. Beispielsweise taucht der Landtag als politischer Akteur in dem von Laufer herausgegebenen (und von Münch weitergeführten) Standardwerk über das föderative System der Bundesrepublik Deutschland so gut wie nicht auf (Laufer und Münch 1998). Das Gleiche gilt für den Übersichtsartikel zum Stand der Föderalismusforschung von Benz (1989). Auch in der seit Ende der 90er Jahre wiederbelebten Föderalismus-Diskusssion mit ihren zahlreichen Tagungen[3] und Sammelbänden[4] wird dieser politische Akteur nur nebensächlich behandelt.

Es mangelt an systematischen Arbeiten über die bundesdeutschen Landtage – vor allem an vergleichenden Analysen.[5] Die wenigen vorliegenden Gesamtdarstellungen sind älteren Datums.[6] Ein einführendes Buch über die Aufgaben, Struktur und Arbeitspraxis der Landesparlamente ist erst 1998 erschienen (Greß und Huth 1998). Ein umfassendes, empirisch fundiertes Handbuch oder Nachschlagewerk fehlt aber bis heute. Auch das Standardwerk von Hartmann (1997) über die Bundesländer streift die Landesparlamente nur kurz. Zumindest eine statistische Zusammenstellung und Auswertung parlamentarischer Tätigkeiten der Landtage der alten Bundesländer findet sich bei Raschke und Kalke (1994).[7] Die Methodik dieser Studie ist ein Ausgangspunkt für die hier vorgelegte Arbeit.

Daneben gibt es einige thematisch, zeitlich oder in ihrer Fragestellung begrenzte Arbeiten über die Landtage, von denen vor allem die Studie von Plöhn (1991) erwähnenswert ist, der mit empirischen Methoden die Arbeit der Untersu-

---

[3] Z.B. Tagung vom Frankfurter Institut und Institut der deutschen Wirtschaft Köln zum Thema: „Reform des Föderalismus" (1./2.2.1998, Königswinter); 67. Staatswissenschaftliche Fortbildungstagung der Deutschen Hochschule für Verwaltungswissenschaften zum Thema: „Föderalismus. Hält er noch, was er verspricht? Seine Vergangenheit, Gegenwart und Zukunft, auch im Lichte ausländischer Erfahrungen" (17.-19.3.1999, Speyer).
[4] Z.B. Meier-Walser und Hirscher (1999), Andersen (1996).
[5] Dieses kann auch für Österreich festgestellt werden, das mit seiner bundesstaatlichen Ordnung der deutschen am nächsten kommt. In einer neueren, mehrere hundert Titel umfassenden Bibliographie zum österreichischen Bundesstaat und Föderalismus werden nur drei Arbeiten angeführt, die sich schwerpunktmäßig mit den Landesparlamenten beschäftigen (Pernthaler et al. 1998).
[6] Mielke (1971), Friedrich (1975), Schneider (1979).
[7] Der Artikel basiert auf einer Studie, die im Auftrag der Enquete-Kommission „Parlamentsreform" der Hamburgischen Bürgerschaft 1992 erstellt wurde.

chungsausschüsse in den Landtagen untersucht hat. Des Weiteren sei die Studie von Münch (1997) genannt, die der Frage nach den sozialpolitischen Handlungsspielräumen der Bundesländer nachgeht. Dabei analysiert sie auch anhand von Plenarprotokollen den Verlauf von sozialpolitischen Debatten in den Landtagen.[8] Schließlich sei auf eine ältere Arbeit von Klotz (1977) hingewiesen, der einen hochschulpolitischen Entscheidungsprozess des baden-württembergischen Landtages unter der Fragestellung „Bürgernähe als Chance" analysiert und diskutiert.[9]

Die (relativ wenigen) Forschungen zum Länderparlamentarismus in Deutschland sind in den wenigsten Fällen empirische Arbeiten. So formuliert beispielsweise Schneider in seinem Standwerk (1979) eine Fülle von Annahmen zu den parlamentarischen Funktionen von Landtagen im Vergleich zum Bundestag, ohne diese jedoch im einzelnen empirisch fundiert zu belegen. Die wichtige Frage, ob die Landtage einen „allgemeinen Bedeutungsverlust" oder einen „Funktionswandel" erfahren haben, ist bis heute in der Literatur empirisch nicht untersucht.

Der Landtag ist also ein relativ unerforschter Akteur, obwohl er mehr ist als nur ein föderatives Organ einer komplexen Gewaltenteilungsstruktur. Die Landesparlamente sind als regionale Volksvertretungen in ein repräsentatives Gemeinwesen eingebettet und erfüllen wichtige Funktionen für die politische Willensbildung und Legitimation im parlamentarischen Regierungssystem der Bundesrepublik. Deshalb verdienen die Landesparlamente mehr politikwissenschaftliche Aufmerksamkeit.

Die Drogenpolitik ist noch mehr als der Landtag ein „weißer Fleck" in der bundesdeutschen Politikwissenschaft.[10] Es gibt so gut wie keine politologischen Arbeiten zum Drogenthema, obwohl es sich um einen gesellschaftlich relevanten, politisch umstrittenen und wissenschaftlich aktuellen Gegenstand handelt.[11] Es lassen sich weder breit angelegte Policy-Studien finden noch Untersuchun-

---

[8] Wenn überhaupt Parlamentsdokumente als Grundlage einer empirischen Politikanalyse genommen werden, dann sind es eher die Redeprotokolle (Niederschriften) als die Drucksachen. So haben z.B. Scharping und Hofmann-Göttig 300 Reden grüner Parlamentarier anhand der Plenarprotokolle ausgewertet (Scharping und Hofmann-Göttig 1982).
[9] Weitere Literatur: Kowalewski (1984) und Hahn (1987).
[10] Hierfür eine plausible Erklärung zu finden, würde den Rahmen dieser Arbeit sprengen. Von ihrer inhaltlich-materiellen Beschaffenheit her würde sich die Drogenpolitik eigentlich für politikwissenschaftliche Forschungen anbieten.
[11] Auch in der internationalen Literatur lassen sich nur wenige originär politikwissenschaftliche Arbeiten über Drogenpolitik finden. Das gilt vor allem für Analysen über nationale Drogenpolitiken. Eine Ausnahme stellt hier die Studie von van Solinge dar, der die Schwedische Drogenkontrollpolitik untersucht hat (van Solinge 1997). Zudem sind in einigen Readern Beiträge enthalten, die politikwissenschaftliche Fragestellungen aufgreifen (z.B. Stimson and Lart 1994).

gen zu spezielleren Fragestellungen, die sich mit den Strukturen, Prozessen oder Ergebnissen bundesdeutscher Drogenpolitik beschäftigen. Wissenschaftliche Arbeiten zu diesem Politikfeld in Deutschland stammen meistens von Soziologen, Kriminologen oder Juristen.[12] Selbst Ökonomen haben schon umfangreichere Studien[13] zur Drogenpolitik angefertigt als Politikwissenschaftler. Trotz einer umfangreichen Literaturrecherche wurden nur wenige politikwissenschaftliche Arbeiten gefunden, die sich – in einem weiteren Sinne – mit dem Thema Drogen beschäftigen. Hierzu gehört beispielsweise die Studie von Jann (1983), der die Policy-Ergebnisse eines staatlichen Programms zur Bekämpfung des Drogenmissbrauchs analysiert hat. Eine der wenigen nennenswerten Ausnahmen stellt ebenfalls die Arbeit von Storz (1987) dar: Er hat die Suchtpolitik in Baden-Württemberg im Verhältnis zwischen dem politisch-administrativen System und den Wohlfahrtsverbänden untersucht. Außerdem sollen zwei in jüngerer Zeit veröffentlichte Diplomarbeiten Erwähnung finden, die mit dem Advocacy-Koalitions-Ansatz von Sabatier versuchen, einzelne Bereiche bundesdeutscher Drogenpolitik politikwissenschaftlich zu analysieren: Ecstasy- und Cannabispolitik (Schmidt 1998)[14] sowie das Thema „Drogen und Straßenverkehr" (Neumeyer 2000). Zur Rolle der Landtage in der Drogenpolitik lassen sich in der wissenschaftlichen Literatur keine Hinweise finden.

In der vorliegenden Untersuchung werden zwei vernachlässigte Bereiche der Politikwissenschaft, das Politikfeld „Drogen" und die Institution „Landtag", erstmals analytisch miteinander verbunden. Darüber hinaus wird ein neuer methodischer Ansatz zur empirischen Analyse von parlamentarischen Entwicklungen eingeführt (siehe folgendes Kapitel). Während in der Wahlforschung längst mit statistischen Methoden und einem anspruchsvollen empirischen Instrumentarium gearbeitet wird, ist die Parlamentarismusforschung bislang stark normativ und theoretisch orientiert. Empirische Analysen könnten zu neuen und vertiefenden Einsichten über die Arbeit der bundesdeutschen Parlamente führen und Grundlagen für Reformdiskussionen liefern.

---

[12] Siehe z.B. verschiedene Beiträge in Scheerer und Vogt (1989) und in Neumeyer und Schaich-Walch (1992).
[13] Eine glänzende Analyse der bundesdeutschen Heroinpolitik aus ökonomischer Sicht findet sich bei Hartwig und Pies (1995). Hinzuweisen ist außerdem auf die Arbeit von Kaiser (1996), die als Wirtschaftswissenschaftlerin in einem Kapitel die Drogenpolitik der Parteien analysiert.
[14] Schmidt hat etwa 1.100 Äußerungen aus der Tages- und Wochenpresse zur Cannabis- und Ecstasy-Problematik analysiert. Davon stammen ca. 2% von Landtagsabgeordneten (Schmidt 1998).

1.3 Aufbau der Arbeit und Vorgehensweise

Die vorliegende Arbeit ist wie folgt strukturiert: An diese Einleitung schließt sich ein Kapitel über die Entwicklung der bundesdeutschen Drogenpolitik im Spannungsfeld zwischen dem Bund und den Ländern an (Kapitel 2). Es werden dort die verschiedenen Gestaltungsbereiche föderaler Drogenpolitik beleuchtet und anhand von fünf Fallbeispielen die Reformpolitik der Bundesländer erläutert. Aus dieser Perspektive ergibt sich der Eindruck, dass die Landtage relativ wenig zu dieser Entwicklung beigetragen haben.

Es folgt ein Kapitel, das den politikwissenschaftlichen Erkenntnisstand zur Stellung der Landtage im föderalen System der Bundesrepublik Deutschland skizziert (Kapitel 3). Demnach haben die Landesparlamente einen Bedeutungsverlust erfahren, vor allem ist es zu Einbußen bei der Gesetzgebungsfunktion gekommen. In letzter Zeit mehren sich aber differenziertere Betrachtungsweisen, die auf die Relevanz der Kontroll- und Artikulationsleistungen der Landtage hinweisen.

Damit können zwei Einschätzungen formuliert werden, die sich aus dem wissenschaftlichen Kenntnisstand ergeben; die eine betrifft die Drogenpolitik, die andere bezieht sich auf den Länderparlamentarismus:
1. Die Reformpolitik der Länder im Drogenbereich wird von den Landesregierungen und nicht von den Landtagen geprägt.
2. Es hat einen Bedeutungsverlust der Landtage gegeben. Da dieser als ein allgemeiner Entwicklungstrend behauptet wird, müsste er sich auch in der Drogenpolitik widerspiegeln.

Demgegenüber steht die *Untersuchungshypothese* dieser Arbeit: Die Landtage haben einen originären Anteil an der Entwicklung der bundesdeutschen Drogenpolitik, und das Politikfeld „Illegale Drogen" hat in den Landesparlamenten einen Bedeutungszuwachs erfahren.

Die beiden Kapitel zur bundesdeutschen Drogenpolitik und zum Länderparlamentarismus bilden die „Folien" dieser Arbeit. Sie sind aber mehr als nur einführende Beschreibungen, sie stellen eigenständige Analyseteile dar. Andererseits erheben sie nicht den Anspruch einer umfassenden Polity- bzw. Policyanalyse, sie bleiben deshalb in einigen Aussagen eher allgemein. Ihre Funktion besteht darin, den notwendigen politischen, historischen und rechtlichen *Rahmen* zu liefern, vor dessen Hintergrund die Ergebnisse der dann folgenden Analyse der drogenpolitischen Tätigkeiten der Landtage systematisch eingeordnet werden können. Dieses Kapitel 4 ist das „Herzstück" dieser Arbeit. Es unter-

sucht die Rolle der Landtage in der Drogenpolitik anhand einer quantitativen, teils auch qualitativen Auswertung von Parlamentsdrucksachen aus bundesdeutschen Landtagen. Die Drucksachen sind eine zentrale Ausdrucksform parlamentarischer Tätigkeiten. Sie dienen gegenüber der Öffentlichkeit als Tätigkeitsnachweis und Legitimation der Arbeit des Parlaments.
Insgesamt wurden 1.230 Drucksachen aus den Landtagen Baden-Württembergs, Berlins, Hamburgs und Nordrhein-Westfalens über einen Zeitraum von 30 Jahren (01.01.1968 - 31.12.1997) erfasst. Die vier Landtage stehen – geordnet nach den Kriterien Stadtstaat versus Flächenland und SPD- versus CDU-dominiert – repräsentativ für die westdeutschen Landesparlamente. Die Analyse dieser Dokumente erfolgt dann aus einer doppelten Perspektive – aus der Sicht der Drogenpolitik und aus der Sicht des Länderparlamentarismus. Eine besondere Bedeutung hat dabei das empirische Analysekonzept, bei dem die Drucksachen einzelnen Parlamentsfunktionen zugeordnet werden, um parlamentarische Entwicklungen abbilden zu können. Diese Operationalisierung wird nach der Form der Drucksache („Dokumententyp", z.B. Anfrage) vorgenommen. In Fällen, in denen dieses Merkmal nicht ausreicht, werden zusätzliche inhaltliche Kriterien herangezogen.
In den verschiedenen empirischen Einzelanalysen des Kapitels 4 stehen manchmal die drogenpolitischen Aspekte im Vordergrund, dann wiederum liegt der Akzent auf den Parlamentsfunktionen. So gibt es Untersuchungsteile, die anhand des Politikfeldes „Illegale Drogen" die Entwicklung der Parlamentsfunktionen beschreiben. Diese Analysen haben eher den Charakter von Fallstudien für die Parlamentarismusforschung. In anderen Abschnitten wird mehr auf die Drogenpolitik fokussiert – dann stehen die Landtage stellvertretend für die drogenpolitische Entwicklung in Deutschland. Es wird jedoch immer wieder versucht, beide Perspektiven miteinander zu verbinden, um in einem analytischen Gesamtrahmen tragfähige Aussagen zur Rolle der Landtage in der Drogenpolitik treffen zu können.
Die Ergebnisse der empirischen Auswertungen werden abschließend in einem Fazit (Kapitel 5) unter der Fragestellung diskutiert, ob die gewonnenen Erkenntnisse eher für oder gegen einen Ausbau drogenpolitischer Gestaltungsmöglichkeiten der Landtage sprechen. Die Chancen und Risiken einer Föderalisierung der Drogenpolitik werden abwägend diskutiert.

2. Drogenpolitik im Spannungsfeld zwischen Bund und Ländern

Die bundesdeutsche Drogenpolitik der letzten zehn bis fünfzehn Jahre kann als Konflikt zwischen dem Bund und den Bundesländern beschrieben werden. Welche Rolle die Landtage dabei gespielt haben, ist nicht geklärt. Waren sie nur „Ratifikationsorgane" für eine von der Landesregierung (oder einem Ministerium) schon (vor)formulierten Drogenpolitik, oder konnten sie wesentliche Impulse für die Drogenpolitik der Länder und des Bundes geben? Bevor diese Frage in Kapitel 4 empirisch untersucht wird, sollen hier die rechtlichen Grundlagen und Entwicklungslinien der bundesdeutschen Drogenpolitik seit den 60er Jahren – unter besonderer Beachtung des Verhältnisses zwischen Bund und Ländern – dargestellt sowie die wichtigsten Reformprojekte und -initiativen der Bundesländer vorgestellt werden. Diese Ausführungen bilden eine Art von „Matrize" für die empirische Analyse der drogenpolitischen Tätigkeiten der Landesparlamente. Diese können vor dem Hintergrund der Entwicklung der bundesdeutschen Drogenpolitik besser systematisiert und politologisch bewertet werden.

Die folgenden Darstellungen basieren auf der Auswertung der relevanten drogenpolitischen Literatur und einiger „grauer" Materialien (Pressemitteilungen, Wahlprogramme, Stellungnahmen von Verbänden, Parteien etc.). In ihnen kommt der Landtag so gut wie nicht vor, so dass der Anschein entstehen kann, dass dieser politische Akteur nur eine Randfigur des drogenpolitischen Geschehens in Deutschland ist. Dafür kann es zwei Erklärungen geben: Entweder wird den Landtagen in der Fachöffentlichkeit unverdienterweise zu wenig Aufmerksamkeit geschenkt, wie dies auch schon in der Föderalismus-Forschung der Fall ist, oder sie haben tatsächlich keinen eigenständigen Beitrag zur Weiterentwicklung der bundesdeutschen Drogenpolitik geleistet.

Es soll an dieser Stelle auch daraufhin hingewiesen werden, dass neben dem Bund und den Bundesländern noch ein dritter politischer Akteur existiert, der an den drogenpolitischen Diskussionen der letzten Jahre einen wesentlichen Anteil hatte: die bundesdeutschen Großstädte.[15] Die Reformprojekte der Städte wurden häufig von den Landesregierungen aufgegriffen und auf die Bundesebene transportiert. Die Stadtstaaten (z.b. Hamburg) konnten aufgrund ihrer Doppelfunktion als Kommune und Bundesland selbst Länderprogramme initiieren oder ihre Forderungen über den Bundesrat in die Bundespolitik einspeisen. Dass die Großstädte (außer den Stadtstaaten) hier weitgehend ausgeklammert werden, soll nicht ihren Beitrag für den Wandel der bundesdeutschen Drogenpolitik schmälern. Der Schwerpunkt dieser Untersuchung liegt aber auf dem Verhältnis zwischen Bund und den Ländern, mit der spezifischen Fragestellung nach der Rolle der Landesparlamente.

2.1 Rechtliche Grundlagen

Das Drogenrecht ist ein komplexes Regelwerk. Seine wichtigsten Bestimmungen finden sich im Betäubungsmittelgesetz (BtMG), aber auch im Arzneimittelgesetz (AMG), im Lebensmittel- und Bedarfsgegenständegesetz (LMBG) oder im „Gesetz zum Schutz der Jugend in der Öffentlichkeit" sind drogenrechtlich relevante Regelungen enthalten.[16] Wird das Drogenrecht unter der hier interessierenden Fragestellung der Kompetenzverteilung zwischen Bund und Ländern – vor allem der Befugnisse der Landtage – untersucht, kann als genereller Befund festgehalten werden, dass die Stellung des Bundes im Bereich der strafrechtlichen Regelungen stark ist, während es im Hilfebereich Gestaltungsspielräume der Länder gibt.

Zunächst einmal ist festzustellen, dass die Verfassungsordnung der Bundesrepublik eine Kompetenzvermutung zugunsten der Länder vorsieht. Diese bezieht sich im Hinblick auf die Gesetzgebung auch auf die Landesparlamente (Greß und Huth 1998). Der Artikel 30 Grundgesetz (GG) regelt die Kompetenzverteilung zwischen Bund und Ländern und bestimmt, dass die Ausübung der staatlichen Befugnisse und die Erfüllung der staatlichen Aufgaben Sache der Länder ist. Der Artikel 70 GG gibt den Ländern das Recht der Gesetzgebung, soweit dem Bund nicht ausdrücklich Gesetzgebungsbefugnisse verliehen worden

---

[15] Siehe z.B. den Initiativkreis der Städte Frankfurt, Hamburg, Hannover, Karlsruhe und Stuttgart (Initiativkreis der Städte 1996).
[16] Zudem sind die rechtlichen Regelungen im Bereich der Selbstorganisation des Gesundheitswesens zu beachten, z.B. machen die sogenannten AUB-Richtlinien (Anerkannte Untersuchungs- und Behandlungsmethoden) des Bundesausschusses der Ärzte und Krankenkassen den Ärzten Vorgaben für die Durchführung einer Methadonbehandlung.

sind.[17] Das Grundgesetz enthält zwar einen Katalog von Gegenständen ausschließlicher Gesetzgebung des Bundes (Art. 73), benennt aber keinen Bereich der ausschließlichen Gesetzgebung der Länder. Nach dem sogenannten Enumerationsprinzip haben die Länder überall dort ausschließliche gesetzgeberische Befugnisse, wo der Bund nach dem Grundgesetz keine Kompetenzen besitzt. Nach dieser „Subtraktionsmethode" bleiben aber nur wenige Bereiche, die in die alleinige Länderzuständigkeit fallen: Kommunalrecht, Landesverfassungsordnung, Polizei- und Ordnungsrecht, Kulturwesen, Schul- und Erziehungswesen, Presse- und Rundfunkwesen (Laufer und Münch 1998: 131/132).[18] Seit der Verfassungsreform von 1994 kann zudem eine bundesgesetzliche Regelung durch Landesrecht ersetzt werden, sofern für die erstgenannte eine Erforderlichkeit nicht mehr besteht (Neufassung Art. 72 Abs. 3 GG). Entscheidend ist aber dabei, dass diese sogenannte Rückholbefugnis nicht einem Land – oder den Ländern –, sondern dem Bundesgesetzgeber zusteht.

Das Strafrecht, die öffentliche Fürsorge[19] und Teile des Gesundheitswesens[20] – allesamt Instrumente der offiziellen Drogenpolitik – sind Gegenstände der konkurrierenden Gesetzgebung (Art. 72 und Art. 74 GG). Im Bereich der konkurrierenden Gesetzgebung haben die Länder aber nur die Befugnis zur Gesetzgebung, solange und soweit der Bund von seiner Gesetzgebungszuständigkeit keinen Gebrauch macht. Mit dem BtMG – hierbei handelt es sich um ein zustimmungspflichtiges Gesetz, das sowohl vom Bundestag als auch vom Bundesrat verabschiedet worden ist – hat der Bund detaillierte Regelungen für den Umgang mit Betäubungsmitteln (illegalen Drogen) getroffen (Betäubungsmittelgesetz 1995). Das Ziel des Gesetzes ist es, die notwendige medizinische Versorgung der Bevölkerung sicherzustellen, daneben aber den Missbrauch von

---

[17] Der Artikel 70 GG erklärt die Zuständigkeit des Bundes für die Gesetzgebung eigentlich zur „Ausnahme". Da aber in anderen GG-Artikeln (z.B. Art. 72 bis Art. 75) dem Bund eine Vielzahl von Gesetzgebungsbefugnissen verliehen wird, wird die Ausnahme in Art. 70 praktisch zur Regel (Kunig 1996).

[18] Vgl. hierzu auch den Kompetenzkatalog der Bundesländer/Landtage in Kapitel 3.3.

[19] Schon in den Verfassungsberatungen Ende der 40er Jahre wurde dem Bund in der Gesetzgebung allgemein und speziell im Bereich der öffentlichen Fürsorge eine dominierende Rolle zugewiesen (Münch 1997). Die Vielzahl von Bundesregelungen in der Sozialpolitik ist deshalb nicht allein auf Kompetenzverlagerungen zugunsten des Bundes zurückzuführen, sondern waren im Grundgesetz von vornherein so angelegt.

[20] Das Gesundheitswesen ist als solches nicht der Gesetzgebungskompetenz des Bundes unterworfen und daher Angelegenheit der Länder. Aber auch in diesem Feld unterliegen Teilbereiche der konkurrierenden Gesetzgebung. Gleichwohl könnte der Bund den Ländern weitere Regelungsspielräume belassen. Dies ist jedoch nicht der Fall: Eine ganze Reihe von Rechtsnormen engen die Gestaltungsmöglichkeiten der Länder ein. So haben die Länder zwar Kompetenzen in der Krankenhausplanung, aber kaum Gestaltungskraft im Bereich der stationären Rehabilitation Suchtkranker (Gesundheitsminister-Konferenz 1998).

Betäubungsmitteln und das Entstehen oder Erhalten einer Betäubungsmittelabhängigkeit auszuschließen (BtMG § 5 Abs. 1 Nr. 6). Um diesen Zweck zu erreichen, sieht das BtMG Freiheits- und Geldstrafen für diejenigen vor, die Betäubungsmittel unerlaubt anbauen, herstellen, mit ihnen Handel treiben, besitzen, veräußern oder abgeben.[21] Je nach Schweregrad des Deliktes kann das Strafmaß unterschiedlich ausfallen (bis zu 15 Jahren Freiheitsstrafe). Das BtMG ermächtigt die Bundesregierung dazu, jederzeit die Anlagen I bis III (Klassifizierung der Betäubungsmittel nach „nicht verkehrsfähig", „verkehrsfähig", „verschreibungsfähig" und „ausgenommen") durch Rechtsverordnung (mit Zustimmung des Bundesrates), also ohne zeitaufwendiges Gesetzgebungsverfahren, zu ändern und zu ergänzen (BtMG § 1).

Eine wichtige Funktion weist das BtMG dem Bundesinstitut für Arzneimittel und Medizinprodukte in Berlin zu. Diese Nachfolgeeinrichtung des Bundesgesundheitsamtes ist zwar formal weisungsunabhängig vom Bundesgesundheitsministerium, aufgrund seiner Kompetenzen kann es aber nicht losgelöst von der Drogenpolitik der Bundes betrachtet werden. Dem Bundesinstitut unterliegt die Überwachung des Betäubungsmittelverkehrs, es erteilt Ausnahmegenehmigungen für wissenschaftliche Versuche und ist die Verwaltungsdienststelle im Sinne der internationalen Suchtstoffübereinkommen.[22] Bei der Kontrolle der Einfuhr, Ausfuhr und Durchfuhr von Betäubungsmitteln wirken außerdem das Bundesministerium der Finanzen und die ihm unterstellten Zollstellen mit (BtMG § 21). Der Betäubungsmittelverkehr bei Ärzten, in Apotheken und Krankenhäusern unterliegt der Überwachung durch die zuständigen Behörden der Länder.

Das BtMG enthält bzw. enthielt außerdem einige rechtliche Schranken für die Hilfe und Behandlung von Drogenabhängigen: So ist beispielsweise die Verschreibung von bestimmten Betäubungsmitteln nur als Ultima-ratio-Behandlung zugelassen, oder die Bereitstellung von „Gesundheitsräumen" zum hygienisch

---

[21] Aus rechtssystematischen Gründen verbietet das BtMG nicht den *Konsum* der Substanz. Da aber Erwerb, Besitz oder Handel Voraussetzungen des Konsums sind, ist er dadurch indirekt verboten (Schmidt-Semisch 2000).

[22] In diesem Zusammenhang sei angemerkt, dass die internationalen Suchtstoffübereinkommen für die Fragestellung dieser Arbeit eher nebensächlich sind, weil sie zwar Zielsetzungen im Bereich der Drogenkontrolle enthalten, aber über deren nationale Umsetzung im Rahmen einer *bundesstaatlichen Ordnung* keine Vorgaben machen. So heißt es dort: „Bei der Erfüllung ihrer Verpflichtungen nach dem Übereinkommen treffen die Vertragsparteien die erforderlichen Maßnahmen, einschließlich der Gesetzgebungs- und Verwaltungsmaßnahmen, in Einklang mit den grundlegenden Bestimmungen ihrer jeweiligen innerstaatlichen Gesetzgebung" (aus Artikel 2 des Übereinkommens der Vereinten Nationen gegen den unerlaubten Verkehr mit Suchtstoffen und psychotropen Stoffen vom 22.7.1993, in: Körner 1994).

kontrollierten Injizieren von Heroin wurde in der Vergangenheit häufig als das Verschaffen einer Gelegenheit zum unbefugten Verbrauch von Betäubungsmitteln interpretiert. Das hat sich erst durch die Gesetzesnovelle vom Frühjahr 2000 geändert (siehe Kapitel 2.3). Das BtMG ist aber kein „Drogenhilfegesetz" – ein solches Bundesgesetz, das die Ausgestaltung des Hilfesystems regelt, existiert nicht –, so dass sich nach der Logik der konkurrierenden Gesetzgebung hieraus eine Befugnis der Bundesländer zur Gesetzgebung ableiten ließe. Ebenso fällt der Drogenhilfebereich nicht unter die Rahmengesetzgebung des Bundes (Art. 75 Grundgesetz), die ihm das Recht gibt, in verschiedenen Politikbereichen (z.b. Hochschulwesen, Naturschutz) Rahmenvorschriften zu erlassen. Insgesamt ergeben sich somit föderale Handlungsmöglichkeiten beim Hilfesystem. Hierbei ist allerdings das komplizierte Beziehungsgeflecht verschiedener Kostenträger zu beachten (Brühl 1992), in dem auch verschiedene Regelungen der Sozialgesetzgebung des Bundes (Bundessozialhilfegesetz, Sozialgesetzbuch) zum Tragen kommen: Die Beratungsstellen, die in der Regel von freien Trägern unterhalten werden, werden insbesondere durch die Länder und Kommunen[23] gefördert. Häufig existiert hier eine Komplementärfinanzierung zwischen Bundesland, Landkreis und Stadt/Gemeinde.[24] Das Gleiche gilt für den gesamten Bereich der niedrigschwelligen Drogenhilfe, der ebenfalls von landesspezifischer und kommunaler Förderung als „freiwillige Leistung" abhängig ist. Auch die Präventionsmaßnahmen werden vorwiegend aus den Landes- und Kommunalhaushalten finanziert. Darüber hinaus besteht mit der Bundeszentrale für gesundheitliche Aufklärung (BzgA) – wie das Bundesinstitut für Arzneimittel und Medizinprodukte eine nachgeordnete Bundesbehörde – eine Institution, die seit 1990 einen Schwerpunkt ihrer Tätigkeiten in der Suchtprävention setzt (Pott et. al. 1998). Dagegen werden ambulante und stationäre Therapieeinrichtungen über die Vergütung der erbrachten Leistungen von den Trägern der Kranken- und Rentenversicherung finanziert. Die Kosten für stationäre Entzugsbehandlungen tragen die Krankenkassen, die ambulante Entgiftung wird z.T. aber auch aus öffentlichen Mitteln finanziert. Bei der Substitutionstherapie

---

[23] Die Zuständigkeit der Kommunen für die Drogenhilfe hängt u.a. mit ihrer Funktion als Träger der Sozialhilfe zusammen. Nach dem Bundessozialhilfegesetz steht dem Hilfesuchenden Beratung in sozialen Angelegenheiten (BSHG § 8) und Krankenhilfe zu (BSHG § 37). In den Bundesländern Hamburg und Berlin verwischen die Grenzen zwischen Land und Kommune wegen der Doppelfunktion als Stadtstaat.

[24] Nach eigenen Berechnungen auf der Grundlage der EBIS-Jahresstatistik 1997 macht der kommunale Anteil bei der Finanzierung der ambulanten Beratungs- und Behandlungsstellen ca. 42% aus; der Landesanteil beträgt ca. 23% und der Eigenanteil 22%. Die restlichen Einnahmen kommen von der Sozialversicherung (7%), vom Bund (1%) oder aus sonstigen Finanzquellen (5%) (Simon et al. 1998).

mit Methadon gibt es eine Kostenteilung: Die Aufwendungen für die medizinische Betreuung und das Medikament übernehmen die Krankenkassen, die psychosoziale Begleitung wird durch öffentliche Haushalte finanziert (Land, Kommunen). Zudem sind die zeitlich befristeten Modellprogramme des Bundes zu beachten (z.B. 1987-1990 Förderung von 12 Projekten zur ambulanten Ganztagsbetreuung), mit denen die Wirksamkeit neuer Hilfeformen geprüft werden soll, nach deren Ablauf aber häufig politischer Streit zwischen Bund, Ländern und Kommunen über die Weiterfinanzierung entsteht. Die „einrichtungsrechtliche Lage" der Träger der Drogenhilfe kann also sehr verschieden sein (Brühl 1992). Es gibt viele ambulante Behandlungs- und Beratungsstellen, die über eine gemischte Finanzierungsstruktur verfügen. Dabei hat die finanzielle Förderung durch den Bund immer weiter abgenommen, gleichzeitig ist die Bedeutung der Einnahmen aus der Sozialversicherung gestiegen. Die Bundesländer und Kommunen sind aber nach wie vor die wichtigsten Finanzierungsquellen (Simon et al. 1998).

Die Zuständigkeit der Länder in den Bereichen Hilfe und Prävention, die eher historisch gewachsen denn formal rechtlich gegeben ist („ungeschriebene Verwaltungs- und Finanzierungsbefugnisse", Klatt 1989: 1785), liegt darin, die Gesamtentwicklung eines (rechtlich) segmentierten Drogenhilfesystems auf der Landesebene zu steuern. Dieses Bemühen findet seinen Niederschlag in Suchthilfeberichten oder -plänen der Landesregierungen bzw. der zuständigen Ressortminister. In ihnen werden die Situation der Drogen- und Suchthilfe im Bundesland beschrieben und ihre Entwicklungsperspektiven aufgezeigt. Eigene „Landes-Drogenhilfe-Gesetze" wurden hingegen bisher in den Landtagen nicht verabschiedet, obwohl dies theoretisch denkbar wäre. Gesetzgeberische Tätigkeiten der Bundesländer gab es bislang nur im Bereich der Unterbringung psychisch kranker Drogenabhängiger (PsychKG).

Es gibt von Seiten der Politik Bestrebungen, immer mehr Drogenhilfemaßnahmen unter dem Leitbild „Sucht ist Krankheit" in das gegliederte System der gesundheitlichen Regelversorgung zu integrieren, z.B. sollte nach Ansicht des Stadtstaates Hamburg auch die psychosoziale Betreuung Methadonsubstituierter von den Krankenkassen finanziert werden.[25] Hiervon verspricht man sich eine finanzielle und administrative Entlastung. Aber selbst wenn weitere Therapie- und Hilfeangebote von den Krankenkassen und Rentenversicherungsträgern finanziert werden sollten, muss davon ausgegangen werden, dass weite Teile

---

[25] „Aus Sicht der zuständigen Fachbehörde obliegt es den Sozialleistungsträgern, nach Ende der Laufzeit des sog. Hamburger Methadonvertrages die Kosten der psychosozialen Begleittherapie für ihre Versicherten zu tragen" (Drogenbeauftragter des Senats 1994).

des Drogenhilfesystems – vor allem die Grundversorgung im Bereich der Beratung und der niedrigschwelligen Arbeit – von den öffentlichen Haushalten und damit auch von den Ländern bezahlt werden müssen. Die Ergebnisse der empirischen Auswertungen dieser Studie – das sei hier vorweggenommen – geben Anhaltspunkte dafür, dass es sinnvoll sein könnte, die politische Zuständigkeit der Landtage für die Drogenhilfe auszubauen. Das muss nicht unbedingt bedeuten, dass ein Zugewinn an politischer und rechtlicher Verantwortung auch eine finanzielle Mehrbelastung für die Bundesländer nach sich ziehen würde.
Die Länder haben neben ihren Zuständigkeiten in der Drogenhilfepolitik auch eigene Kompetenzen im Bereich der Drogenrepression, trotz der rechtlichen Dominanz des Bundesgesetzgebers in diesem Politikfeld. Die Staatsanwaltschaften und Gerichte sind nachgeordnete Behörden der Landes-Justizministerien; auch die personelle und materielle Ausgestaltung der Polizei (Rauschgiftdezernate) ist eine Landesangelegenheit. Ebenso können über das Ordnungs- und Polizeirecht auf der Landesebene drogenrelevante Bestimmungen existieren. Beispielsweise ist es in Hamburg nach dem „Gesetz zum Schutze der öffentlichen Sicherheit und Ordnung" möglich, Platzverweise an Drogenabhängige zu erteilen (SGO § 12 a). Ferner kann es vorkommen, dass Ausführungsbestimmungen zum BtMG durch die Länder erlassen werden, z.B. allgemeine Weisungen an die Staatsanwaltschaften. Dies ist beispielsweise beim § 31a BtMG der Fall, der das Absehen von der Strafverfolgung bei konsumbezogenen BtMG-Bagatelledelikten zum Eigenverbrauch (vor allem bei Cannabisprodukten) ermöglicht. Hier gelten in den Bundesländern sehr unterschiedliche Regelungen (Raschke und Kalke 1997). Eine empirische Untersuchung kommt zu dem Schluss, dass trotz dieser Regelungsunterschiede in den Vorschriften von einer im wesentlichen einheitlichen Rechtsanwendung beim Umgang mit Cannabis-Delikten gesprochen werden kann, während beim Umgang mit den sogenannten harten Drogen erhebliche Unterschiede in der Einstellungspraxis existieren (Aulinger 1997).
Der rechtliche Überblick zeigt das Spannungsfeld zwischen Bund und Ländern in der Drogenpolitik. In dem komplexen Beziehungsgeflecht verschiedener Regelungssysteme dominiert zwar der Bundesgesetzgeber, lässt aber den Bundesländern (bzw. Kommunen) Handlungs- und Gestaltungsspielräume, vor allem in der Formulierung und Implementierung der Hilfepolitik.[26]

---

[26] Immer wieder werden einfache und klare rechtliche Regelungen und Zuständigkeiten im Sucht- und Drogenhilfebereich angemahnt. So soll beispielsweise nach den Vorstellungen der Freien und Hansestadt Hamburg ein eigenständiges Suchthilferecht geschaffen werden, in dem die Bereiche der Vorbeugung, Hilfe und Rehabilitation eindeutig geregelt sind (Drogenbeauftragter des Senats 1994).

Eine eindeutige Tendenz, in welche Richtung – zentral versus föderal – sich die Drogengesetzgebung in Deutschland entwickeln wird, ist nicht mit letzter Sicherheit auszumachen. Seit dem Regierungswechsel 1998 zeichnet sich allerdings ab, dass SPD und GRÜNE[27] den Bundesländern mehr eigene Entscheidungsbefugnisse bei der Drogenhilfepolitik einräumen wollen. So enthält beispielsweise das Anfang 2000 verabschiedete Gesetz der Bundesregierung zur Errichtung von „Drogenkonsumräumen" die Bestimmung, dass die Landesbehörden den Betrieb dieser Einrichtungen genehmigen müssen und unter Beachtung von bundesweiten Mindestanforderungen Einzelheiten selber regeln.

2.2 Entwicklung der bundesdeutschen Drogenpolitik

Eine „Drogenpolitik" bildete sich erst zum Ende der 60er Jahre heraus, als der Konsum illegaler Substanzen im Zusammenhang mit der Studentenbewegung zu einem gesellschaftspolitischen Problem wurde. Bis dahin hatte die strafrechtliche Drogenkontrolle gegenüber Konsumenten in der Bundesrepublik Deutschland genauso wie in anderen westlichen Industrieländern nur eine untergeordnete Rolle gespielt, weil der Gebrauch von Rauschdrogen kaum verbreitet war. 1963 wurden beispielsweise nur 115 Personen wegen Verstößen gegen das Opiumgesetz verurteilt, 1965 waren es 140 (Deutscher Bundestag 1968). Von 1966 an nahm dann die Rauschgiftkriminalität sprunghaft zu; ebenso die Zahl von Apothekeneinbrüchen (Wiedermann 1984). Mit der antiautoritären Protestbewegung, die von der US-amerikanischen Beatnik- und Hippiekultur ausging, kam es zwischen 1965 und 1969 zu einer ideologischen Neubewertung von psychoaktiven Substanzen; vor allem Cannabis wurde zu einer „Protestdroge", die als bewusstseinsveränderndes Mittel geraucht wurde, was die politisch Verantwortlichen als devianten Lebensstil verurteilten. Das 1971 von allen Bundestagsparteien verabschiedete Betäubungsmittelgesetz (BtMG) war die unmittelbare Reaktion auf diesen sich ausbreitenden Gebrauch von „Rauschgift" unter Jugendlichen.

---

[27] In dieser Arbeit wird die Partei BÜNDNIS 90/DIE GRÜNEN aus sprachlichen Gründen häufig nur als „DIE GRÜNEN" bezeichnet, zumal sich ein Teil der Analysen auf die 80er Jahre bezieht als es BÜNDNIS 90/DIE GRÜNEN noch nicht gab. Das gilt ebenfalls für die AL in Berlin und die GAL in Hamburg. Auch sie werden als „DIE GRÜNEN" bezeichnet.

Betäubungsmittelgesetz 1971

Das damals beschlossene BtMG enthält die bis heute geltenden strafrechtlichen Grundlagen der bundesdeutschen Drogenpolitik, die zudem auf den Säulen „Prävention" und „Hilfe/Therapie" beruht. Ihr Ziel war die Abstinenz von allen Drogen, die bei der Allgemeinbevölkerung mit der „Generalprävention durch Strafandrohung" erreicht und bei schon abhängig gewordenen Personen mit der stationären Langzeittherapie wieder hergestellt werden sollte. Die drogenfreie Gesellschaft war das politische Leitbild und das Abstinenzparadigma der Grundsatz der Hilfe. Über diese Zielsetzungen und ihre Mittel herrschte in Politik und Gesellschaft ein hohes Maß an Übereinstimmung.

Das BtMG hatte die seit 1969 amtierende sozialliberale Bundesregierung eingebracht. Im Vergleich zum Opiumgesetz aus den 20er Jahren erweiterte es den Strafrahmen zum Teil erheblich und differenzierte gleichzeitig die Straftatbestände stärker.[28] Es waren nun Freiheitsstrafen von bis zu 10 Jahren möglich. Das BtMG von 1971 klassifizierte vier verschiedene Tätergruppen, denen jeweils spezifische Sanktionen zugeordnet wurden (vgl. Wiedermann 1984):
- Verstöße im legalen Betäubungsmittelverkehr: Ordnungswidrigkeit mit einer Geldbuße bis zu 50.000 DM;
- Besitz und Erwerb von Betäubungsmitteln in geringen Mengen: Gericht kann von der Strafe absehen;
- Besitz, Herstellung, Erwerb, Handel und Weitergabe von Betäubungsmitteln: Freiheitsstrafe bis zu drei Jahren und/oder Geldstrafe;
- Schwere BtMG-Fälle (z.B. Menschen in Todesgefahr bringen, Weitergabe von Drogen an Jugendliche, große Mengen auf den illegalen Markt bringen): Freiheitsstrafe von einem bis zu 10 Jahren.

Außerdem wurde eine große Menge neuer Substanzen als Suchtstoffe definiert, insbesondere halluzinogene Mittel.

Alle Fraktionen (SPD, CDU/CSU, FDP) sahen im BtMG eine „Sofortmaßnahme", mit der das Ziel verfolgt werden sollte, „der Rauschgiftwelle in der Bundesrepublik Deutschland Einhalt zu gebieten und damit große Gefahren von dem einzelnen Menschen, insbesondere den jungen Menschen, vor schweren und nicht selten irreparablen Schäden an der Gesundheit und damit vor einer Zerstörung seiner Persönlichkeit, seiner Freiheit und seiner Existenz zu bewahren" (Deutscher Bundestag 1971: 5). Zwischen den Bundestagsparteien bestand

---

[28] Das 1929 im Deutschen Reich erlassene Opiumgesetz sah einen Strafrahmen von Freiheitsstrafen bis zu drei Jahren vor. Bis dahin konnten höchstens sechs Monate Freiheitsentzug wegen Vergehen gegen das Opiumgesetz (1920) verhängt werden (Dünkel 1983).

ebenso darüber Konsens, dass sogenannte „weiche" und „harte" Drogen in strafrechtlicher Hinsicht nicht unterschieden werden dürften. In ihrem Konzept repressiver Drogenkontrolle erhielt das Cannabisverbot eine strategische Bedeutung: Man erhoffte sich von einer konsequenten Verbotspolitik eine spezial- und generalpräventive Wirkung, die auch eine Austrocknung der Heroinszene bewirken sollte. Auch zwischen dem Bund und den Bundesländern gab es keine Differenzen hinsichtlich der Neufassung betäubungsmittelrechtlicher Bestimmungen, so dass das BtMG ohne erkennbare Probleme den Bundesrat passieren konnte.

Aber nicht nur unter den Bundestagsparteien und den Mitgliedern des Bundesrates war das „Nein" zu Rauschmitteln klar und einhellig, auch in den Restbeständen der antiautoritären Bewegung und in den aufkommenden K-Gruppen kam es zu Beginn der 70er Jahre zu bemerkenswerten Veränderungen: Drogen wurden zunehmend als schädlich für das „politische Bewusstsein" betrachtet. Im Jahre 1972 veranstalteten linke Gruppen in Hamburg einen großen Anti-Drogen-Kongress unter dem Motto „Sucht ist Flucht" (Wolffersdorff-Ehlert 1989).

Ebenso war das Abstinenzpostulat in der Ärzteschaft und der neu entstandenen Drogenhilfe verankert. Beide propagierten aus unterschiedlichen Blickwinkeln die Leidensdrucktheorie,[29] sahen die stationäre Langzeittherapie als das „Non-Plus-Ultra" der Suchthilfe an und waren der Überzeugung, dass einer Behandlung (und späteren sozialen Integration) von Drogenabhängigen die Abstinenz vorangehen müsse. Die organisierte Ärzteschaft hatte schon 1928 auf dem Deutschen Ärztetag in Danzig ihr Credo formuliert, nach dem das Ziel der Behandlung von Süchtigen deren völlige Drogenabstinenz sein müsse, „die Methode der Wahl" bei der Behandlung stets die stationäre Langzeitbehandlung in geschlossenen Einrichtungen. Dieser Grundsatz wurde von unterschiedlichen Gremien der deutschen Ärzteschaft immer wieder bekräftigt; die Verschreibung von Substitutionsmitteln wurde als ärztlicher Kunstfehler betrachtet. In der Drogenhilfe war dagegen ein (politisch linkes) Selbstverständnis von Drogensozialarbeit verbreitet, das Drogenabhängigkeit als Ausdruck gesellschaftlicher Missstände ansah und eine völlige Suchtmittelfreiheit der Klienten zum Ziel hatte. Suchtakzeptierende Ansätze wie die Methadonsubstitution wurden dabei als Kapitulation vor der Sucht und den kapitalistischen Klassenverhältnissen angesehen. Manchmal wurde dabei auch Kritik an der Kriminalisierung von

---

[29] Diese Theorie geht davon aus, dass sich eine suchtkranke Person erst dann wirklich helfen lässt, wenn ihr physischer, psychischer und sozialer Zustand immer schlechter und das Leiden immer größer wird.

Drogenkonsumenten laut, es gab aber keine systematische Opposition gegen das BtMG. So entstand eine breite Allianz aus Politik, Justiz, Drogenhilfe und Ärzteschaft, die aus unterschiedlichen Interessen heraus das abstinenzorientierte System der „Therapiekette" (Beratung - Entzug - stationäre Therapie - Rehabilitation) schuf und das Strafrecht bei der Drogenbekämpfung für unverzichtbar hielt. In der Sucht- und Drogenprävention wurde auf die abschreckenden Effekte stoff- und warenkundlicher Belehrungen mit ihren drastischen Darstellungen der Risiken des verbotenen Drogenkonsums gesetzt.
Grundsätzliche Kritik an dieser Drogenpolitik – vor allem am Cannabisverbot – übten in den 70er Jahren auf politischer Ebene nur die Jugendorganisationen der SPD und FDP, die Jungsozialisten bzw. Jungdemokraten, sowie der Arbeitskreis junger Kriminologen (AJK) (Raschke und Kalke 1997). Darüber hinaus mehrten sich gegen Ende der 70er Jahre wissenschaftliche Stellungnahmen, die die herrschende Drogenkontrollpolitik als kontraproduktiv kritisierten und für eine Einschränkung oder Aufhebung des Cannabisverbotes plädierten (Quensel 1982, Dünkel 1983).

Betäubungsmittelgesetz 1982

Für den Gesetzgeber war dagegen die vollkommene Abstinenz von Drogen weiterhin das erklärte Ziel. Dies wurde auch deutlich an der Novellierung des BtMG im Jahr 1982, über die seit Mitte der 70er Jahre verstärkt nachgedacht wurde. Auslöser waren die ständig steigende Rauschgiftkriminalität, insbesondere der Handel und Schmuggel, die Zunahme des Konsums harter Drogen und die wachsende Zahl von Drogentoten.[30] Es wurde von einer „Drogenepidemie" gesprochen (Kreuzer 1982). Auf diese Entwicklung sollte mit einer weiteren Erhöhung des Strafrahmens sowie der Schaffung einer neuen betäubungsmittelrechtlichen Option der „Therapie statt Strafe" reagiert werden. Vorausgegangen war eine Initiative der Nordrhein-Westfälischen Landesregierung zur Einführung von Verbrechenstatbeständen im BtMG (Wiedermann 1984). Ein erster Referentenentwurf der Bundesregierung (1979) sah vor, den Strafrahmen bei den bestehenden Grundtatbeständen zu erhöhen und neue Tatbestände zu schaffen, schlug aber gleichzeitig eine Differenzierung zwischen Heroin und allen anderen Drogen vor. Dieser Gedanke wurde jedoch schnell wieder verworfen.

---

[30] Beeinflusst wurde die Diskussion auch durch die allgemeine Verstärkung repressiver Strategien im Zusammenhang mit der Terrorismusbekämpfung.

Eine Entkriminalisierung oder eine grundsätzlich andere strafrechtliche Behandlung von Cannabisprodukten stand niemals wirklich zur Diskussion. Im Gesetzentwurf der Regierungsfraktionen SPD und FDP vom November 1980 zur Neuordnung des Betäubungsmittelrechts hieß es: „Eine Unterscheidung zwischen sog. ‚harten' und ‚weichen' Drogen hat sich auch in der Zwischenzeit seit der Bekanntmachung des BtMG 1972 nicht als erforderlich und vertretbar erwiesen. Die gesundheitlichen Risiken beim Verbrauch von Cannabis-Produkten sind von der Wissenschaft immer wieder betont worden, ... nämlich: nicht erwiesene gesundheitliche Unbedenklichkeit, Hinweis auf die mögliche Schrittmacherfunktion als sog. ‚Einstiegs-Droge' und fehlende brauchbare Kriterien für eine solche Unterscheidung" (Deutscher Bundestag 1980a: 26). Auch in einem Gesetzentwurf der CDU/CSU-Opposition – in Drogenfragen eher Kooperationspartner als ‚Alternativprogramm' zur Regierung – wurde diese Einstiegstheorie propagiert. Alle damaligen Bundestagsparteien waren sich also einig in ihrem Festhalten an der Kriminalisierung von Haschisch und Marihuana. Ihre gemeinsame Cannabis-Ablehnung ging damals so weit, dass sie den nach einer EG-Verordnung (Nr. 1308/70) möglichen Anbau von Hanf für landwirtschaftliche Zwecke kritisierten, wie er u.a. in Frankreich und Spanien praktiziert wurde, weil sie darin eine potenzielle Gesundheitsgefährdung für Jugendliche sahen, die Pflanzen entwenden, verarbeiten und als Marihuana konsumieren könnten (Deutscher Bundestag 1980b). Das 1982 verschärfte BtMG untersagte deshalb ausdrücklich den Hanfanbau wegen der damit verbundenen Missbrauchsgefahr.[31]

Im reformierten BtMG wurde eine allgemeine Erhöhung der Strafandrohung vorgenommen, die Höchststrafe von 10 auf 15 Jahre heraufgesetzt und auch bei den Grundtatbeständen die Freiheitsstrafe auf bis zu vier Jahren angehoben. Zudem wurden neue Tatbestände verankert: Anbau, Verleiten, sonstiges Verschaffen, Geldmittel bereitstellen und Werbung ergänzen die bisherigen Delikt-

---

[31] Der im Rahmen der EG-Hanf-Marktordnung erlaubte Handel mit Hanfsaaten war davon allerdings nicht betroffen; die eingeführten Hanfsaaten wurden in der Bundesrepublik Deutschland überwiegend zur Beimischung in Tierfutter – hauptsächlich Vogelfutter – verwendet. Erst 14 Jahre später wurde dieses Anbauverbot mit Zustimmung aller Fraktionen aufgehoben. Seit 1996 dürfen THC-arme Hanfsorten (unter 0,3% THC-Gehalt) als nachwachsende Rohstoffe landwirtschaftlich angebaut und gewerblich genutzt werden.
Eine Ausnahme vom absoluten Cannabisverbot konnten zudem die Rübenzüchter durchsetzen. Landwirte können nach dem BtMG von 1982 eine Erlaubnis zum Anbau von Hanf als Schutzstreifen bei der Rübenzüchtung erhalten, wobei die Pflanzen aber vor ihrer Blüte vernichtet werden müssen. Auch die Lobbyarbeit der Deutschen Seilerverbände (Seiler-, Segel- und Netzmacherhandwerk) war erfolgreich: Der *Verkehr* mit Cannabisprodukten wurde erlaubt, wenn er zur Gewinnung oder Verarbeitung von Fasern für gewerbliche Zwecke diente (aber: Anbau blieb verboten).

kategorien. Außerdem wurde eine Kronzeugenregelung geschaffen (§ 31 BtMG), bei der ein Täter Straffreiheit oder Strafmilderung erhalten kann, wenn durch sein freiwillig offenbartes Wissen Straftaten aufgeklärt oder verhindert werden können (Wiedermann 1984).
Eine wesentliche Neuheit der Novelle von 1982 war die Verankerung einer „Therapie statt Strafe"-Option im Betäubungsmittelrecht (§ 35 bis § 38 BtMG). Danach konnte bei kleineren und mittleren betäubungsmittelrechtlichen Straftaten die Strafvollstreckung zurückgestellt bzw. auf das Strafmaß angerechnet werden (bis zu 2/3 der Strafe, Rest auf Bewährung), wenn die Täter ihre Drogenabhängigkeit in einer staatlich anerkannten Einrichtung behandeln ließen. Darunter fielen damals ausschließlich stationäre Langzeittherapien.[32] Diese Regelung war als eine „Kann-Bestimmung" für Abhängige mit einer Freiheitsstrafe von bis zu 2 Jahren konzipiert (Behr und Juhnke 1985). Die Drogenbeauftragten der Bundesländer hatten an der Einführung dieser gesetzlichen Möglichkeiten sozialtherapeutischer Einwirkung einen entscheidenden Anteil (Wiedermann 1984).
Einige dieser Regelungen waren Bestandteile eines Kompromisses zwischen der sozialliberalen Bundesregierung und dem CDU-dominierten Bundesrat, bei dem es aber nicht um prinzipielle Gegensätzlichkeiten in den Grundlinien bundesdeutscher Drogenpolitik ging. Der Konflikt zwischen beiden Gesetzgebungsorganen war relativ überraschend ausgebrochen, denn der Bundestag hatte den BtMG-Entwurf einstimmig – also mit Unterstützung der CDU/CSU – verabschiedet (Slotty 1981). Die Bundesratsmehrheit strebte aber eine noch weiter gehende Kronzeugenregelung an, wollte den Strafrahmen bei den Grundtatbeständen von 3 auf 5 Jahre erhöhen und hatte Detailkritik an den neuen Therapievorschriften. Sie rief deshalb den Vermittlungsausschuss an. In all diesen Streitpunkten konnten Kompromisse zwischen Bundestag und Bundesrat gefunden werden. So einigte man sich beispielsweise bei den Grundtatbeständen auf das atypische Strafmaß von 4 Jahren. Der Bundesrat hatte mit seiner offensiven und letztlich erfolgreichen Vorgehensweise das erste Mal eine bedeutsame Rolle bei der Formulierung bundesdeutscher Drogenpolitik gespielt.
Diese Auseinandersetzung zwischen Bundesrat und Bundestag macht auch deutlich, dass die drogenpolitische Debatte in Deutschland schon damals mehr war als nur die Übereinstimmung oder Kontroverse zwischen den Parteien, sondern dass sie ebenso wesentlich durch unterschiedliche Interessen von Bund

---

[32] Um ihre staatliche Anerkennung zu erhalten, mussten die Einrichtungen damals sicherstellen, dass sie die freie Gestaltung der Lebensführung ihrer Klienten erheblichen Beschränkungen unterwarfen (Schmidt-Semisch 2000).

und Ländern beeinflusst war und ist. So hatten in diesem Fall CDU-regierte Bundesländer gegen einen Gesetzesentwurf opponiert, den die CDU/CSU-Fraktion im Bundestag einhellig mitgetragen hatte.[33]
Am 1.1.1982 trat das novellierte BtMG in Kraft. Damit blieb der Gesetzgeber – wie dargestellt – bei seiner Absicht, zwischen „harten" und „weichen" Drogen nicht zu unterscheiden, sondern der Rechtsprechung die Möglichkeit zu belassen, das Gefährdungsgefälle zwischen den einzelnen Drogen im Rahmen der Strafzumessung zu berücksichtigen. Aus Sicht der neuen CDU/FDP-Bundesregierung (seit Herbst 1982) erfüllte sich dieser Gesetzeszweck: Erhebungen hätten gezeigt, dass das Strafmaß bei gleichen Delikten erheblich unterschiedlich ausfallen würde, je nachdem, ob die Tat mit Cannabiserzeugnissen oder mit Heroin begangen werde (Deutscher Bundestag 1984). Kritiker hielten dieser Argumentation den sehr hohen Anteil an Cannabisdelikten in den Polizeilichen Kriminalstatistiken (PKS) entgegen, der die nach wie vor vorhandene Kriminalisierung und Stigmatisierung von Konsumenten, selbst von jugendlichen Probierern, belegen würde (Behr und Juhnke 1985).
1985 bekräftigten die Bundestagsparteien CDU, SPD und FDP das novellierte BtMG und seine Zielsetzungen noch einmal: In einem mehrheitlich angenommenen Beschluss (gegen die Stimmen der GRÜNEN) wurde auf die überwiegend guten Erfahrungen mit dem neuen BtMG hingewiesen (Deutscher Bundestag 1985b). Bis Mitte der 80er Jahre bestand also über die Mittel und Ziele der Drogenpolitik unter den gesellschaftlich relevanten Gruppen und den politischen Parteien noch ein breiter Konsens. Während sich in einigen anderen westlichen Ländern – z.B. den Niederlanden und der Schweiz – seit den 70er Jahren mehr und mehr die Überzeugung durchsetzte, dass der Drogenfreiheit die psychosoziale Stabilisierung der Abhängigen vorausgehen müsse und deshalb Substitutionstherapie und der Aufbau einer niedrigschwelligen Drogenhilfe notwendig seien (Raschke et al. 1985), wurde in Deutschland bis weit in die 80er Jahre rigoros am Abstinenzparadigma als Voraussetzung für Hilfe festgehalten – auch von der Bundesregierung, vom Bundestag und Bundesrat.

---

[33] Über die Gründe für das Verhalten der CDU-Bundesratsmehrheit kann hier nur spekuliert werden. In der gesichteten wissenschaftlichen Literatur finden sich hierzu keine Hinweise. Es könnte sein, dass der Bundesratsmehrheit das BtMG als ein geeignetes Objekt für eine „Machtdemonstration" gegenüber der Bundesregierung erschien. Eventuell könnten von den neuen Therapievorschriften auch finanzielle Interessen der Länder berührt gewesen sein.

Drogenpolitischer Umbruch

Erst im Zusammenhang mit der AIDS-Problematik, der begrenzten Reichweite des abstinenzorientierten Therapiesystems und den ständig steigenden Zahlen von Drogenkonsumenten und Drogentoten bei gleichzeitig wachsender Beschaffungskriminalität wurde die herrschende Drogenpolitik zunehmend in Frage gestellt. So ist seit der zweiten Hälfte der 80er Jahre ein drogenpolitisches Umdenken in Gesellschaft, Politik und Verwaltung zu verzeichnen, vor allem, was die Pluralisierung des Hilfeangebots betrifft: Methadonsubstitution, niedrigschwellige Einrichtungen und Safer-Use-Maßnahmen (z.b. Spritzentausch) konnten sich seitdem allmählich durchsetzen. Aber auch im Bereich der Repressionspolitik haben die prohibitionskritischen Stimmen deutlich zugenommen: Die Entkriminalisierung des Cannabiskonsums forderten nicht mehr nur die Jugendorganisationen linker und liberaler Parteien, sondern sie wurde auch in anderen Teilen der Gesellschaft eine anerkannte Forderung. Die drogenpolitische Diskussion in Deutschland entwickelte sich dabei relativ unabhängig von der anderer Länder (Hartwig und Pies 1995).

Spätestens im Jahr 1990 war der drogenpolitische Konsens in Deutschland zerbrochen, der 20 Jahre lang für ein relativ konfliktfreies Politikfeld gesorgt hatte. Die politischen Parteien verfolgten nun unterschiedliche Konzepte: CDU und SPD waren sich in den Fragen der grundsätzlichen Ausrichtung des Hilfesystems (Abstinenz- oder Akzeptanzorientierung) und des Stellenwertes des Strafrechts in der Drogenpolitik nicht mehr einig. Zwar wurde noch im Juni 1990 auf der ersten nationalen Drogenkonferenz der „Nationale Rauschgiftbekämpfungsplan" von den Regierungschefs von Bund und Ländern unter Einbeziehung gesellschaftlicher Organisationen verabschiedet (Bundesminister für Jugend et al. 1990). Die vordergründige Einigkeit über die im Plan festgeschriebenen drogenpolitischen Ziele und Maßnahmen konnten aber nicht über die Differenzen hinwegtäuschen, die sich zu diesem Zeitpunkt schon entwickelt hatten und sich in der Folgezeit verstärkten. Denn in erster Linie sind – wie Kaiser (1996) feststellt – die Positionen der Regierungsparteien CDU und FDP in den „Rauschgiftbekämpfungsplan" eingegangen. Die SPD-regierten Bundesländer und die Fachverbände konnten nur im Bereich der Vorsorge und Rehabilitation einige liberalere Ansätze zum Tragen bringen (Kaiser 1996).

Als Grundlinien des „Rauschgiftbekämpfungsplans" können weitgehend die traditionellen Positionen der bundesdeutschen Drogenpolitik ausgemacht werden:
- die Angebotsseite muss mit aller Schärfe verfolgt und bestraft werden,

- Repression wird als Mittel der Generalprävention angesehen,
- Die Primärprävention muss intensiviert werden,
- Hilfe muss abstinenzorientiert sein,
- am Prinzip „Therapie statt Strafe" wird festgehalten.

Resümierend ist festzustellen: „Der Nationale Rauschgiftbekämpfungsplan befürwortet und verlangt nach wie vor die Vorherrschaft der strafrechtlichen Drogenkontrolle" (Kaiser 1996: 71).

Die Wirklichkeit der bundesdeutschen Drogenpolitik sah aber schon zum Zeitpunkt der Erstellung des „Rauschgiftbekämpfungsplans" anders – zumindest vielfältiger – aus als in ihm beschrieben. Schon seit ein paar Jahren konnten sich im föderativen System der Bundesrepublik Deutschland neue, nicht primär abstinenzorientierte Hilfemaßnahmen durchsetzen (Kalke und Raschke 1996). Dies führte zu einer Erweiterung und Ausdifferenzierung des bundesdeutschen Suchthilfesystems. Es wurden „Schwellen" in der Drogenarbeit abgebaut und eine Abkehr vom Abstinenzparadigma hin zum Akzeptanzgedanken[34] eingeleitet, um die Reichweite der Hilfen zu erhöhen. Zu diesen neuen Maßnahmen gehörte die Vergabe von Einwegspritzen zur Infektionsprophylaxe, die Errichtung von sogenannten „Kontaktläden" mit Essens-, Dusch- und Waschmöglichkeiten und medizinisch-pflegerischer Akutversorgung sowie die Substitutionsbehandlung. Der Spritzentausch – heute in der Aidsprophylaxe nicht mehr wegzudenken – wurde zuerst im Stadtstaat Bremen gegen Widerstand und hohes Misstrauen eingeführt (1987). Die Methadonsubstitution wurde zunächst in einigen Städten Nordrhein-Westfalens erprobt (1989) und dann in Hamburg wesentlich ausgeweitet. Bremen verfügt über die längste Tradition in der Substitution drogenabhängiger Gefangener (seit 1991). Diese Form der Hilfen wird „akzeptierende" oder auch „niedrigschwellige" Drogenarbeit genannt (Stöver 1999a). Ihre Etablierung erfolgte von Bundesland zu Bundesland in einem unterschiedlichen Tempo mit jeweils spezifischen regionalen Ausprägungen. Ein wesentliches Ziel dieser Maßnahmen ist die Schadensminimierung („harm reduction"), d.h. der – größtenteils durch die Kriminalisierung bedingten – gesundheitlichen und sozialen Verelendung vieler Drogenabhängiger soll entgegengewirkt werden. Akzeptierende Drogenarbeit ist aber mehr als nur die Schaffung von Überlebenshilfen: „Nach dem Verständnis akzeptierender Drogenarbeit sollte mit einer neuen Praxis gleichzeitig auch die Richtung einer

---

[34] Hier ist die Abstinenz ein nachgeordnetes Ziel. Im Vordergrund der Hilfe steht die Verbesserung der gesundheitlichen und sozialen Situation der Drogenabhängigen. Es werden praktische Hilfen zur Lebensführung ohne Verpflichtung zur akuten oder zukünftigen Drogenfreiheit angeboten (Stöver 1999a).

Westdeutscher Verlag

WISSEN BEWEGT

Gleichzeitig bestelle ich zur Lieferung über meine Buchhandlung:

Expl.	Autor und Titel	Preis

Besuchen Sie uns im Internet
www.westdeutschervlg.de

Antwort

Westdeutscher Verlag GmbH
Buchleser-Service / LH
Abraham-Lincoln-Str. 46

65189 Wiesbaden

Ich interessiere mich für folgende Themen

- ❏ Soziologie
- ❏ Politikwissenschaft
- ❏ Kulturwissenschaft
- ❏ Kommunikationswissenschaft/Publizistik/Medien
- ❏ Sprachwissenschaft/Linguistik
- ❏ Literaturwissenschaft
- ❏ Psychologie

Ich bin:

- ❏ Dozent/in
- ❏ Student/in
- ❏ Praktiker/in

Bitte schicken Sie mir kostenlos ein Probeheft der Zeitschrift(en):

- ❏ Gewerkschaftliche Monatshefte
- ❏ Kölner Zeitschrift für Soziologie und Sozialpsychologie
- ❏ Leviathan
- ❏ Medienpsychologie
- ❏ Österreichische Zeitschrift für Soziologie
- ❏ Politische Vierteljahresschrift
- ❏ Publizistik
- ❏ Zeitschrift für Parlamentsfragen

Bitte in Druckschrift ausfüllen. Danke!

Hochschule/Schule/Firma

Institut/Lehrstuhl/Abt.

Vorname

Name/Titel

Straße/Nr.

PLZ/Ort

Telefon*

Fax*

Geburtsjahr*

e-mail*

Funktion im Unternehmen*

Branche*

Mein Spezialgebiet*

Anzahl der Mitarbeiter*

* Diese Angaben sind freiwillig. Wir speichern Ihre Adresse, Ihre Interessengebiete unter Beachtung des Datenschutzgesetzes.

322 01 010

Westdeutscher Verlag

neuen Drogenpolitik angedeutet werden, die vom Verzicht auf ausgrenzende Mechanismen, weitgehendem Verzicht auf das Strafrecht zur Verhaltenssteuerung, alternativen Drogenkontrollmodellen sowie ideologiefreier Informationen über psychotrope Substanzen gekennzeichnet sein sollte" (Stöver 1999a: 12). Es bestand eine weitere Tendenz in der bundesdeutschen Drogenpolitik: Der Krankheitscharakter der Drogenabhängigkeit wurde mehr und mehr anerkannt. Diese führte zwar einerseits zu einem teilweise modifizierten Bild über Drogenkonsumenten – der „Junkie" wurde nicht mehr nur als Krimineller betrachtet –, andererseits wurde aber auch – gerade von sozialarbeiterischer Seite – vor einer „Medizinalisierung" der Drogenhilfe gewarnt, bei der die gesellschaftlichen und sozialen Ursachen von Sucht ausgeblendet würden. Diese Ambivalenz des Grundsatzes „Sucht ist Krankheit" durchzieht bis heute viele fachliche Diskussionen.

Auch die suchtpräventive Arbeit wandelte sich seit der zweiten Hälfte der 80er Jahre: die einseitige Fixierung auf die illegalen Drogen wurde ebenso aufgegeben wie die generelle Abschreckungspädagogik. Suchtprävention wurde mehr und mehr als integraler Bestandteil von Bildung und Erziehung im Rahmen umfassender Gesundheitsförderung definiert (siehe z.B. Püschl und Schlömer 1999).

Ebenso lässt sich die Veränderung in der Drogenhilfepolitik an der Etablierung der ambulanten Abstinenztherapie ablesen: Diese Behandlungsform galt lange Zeit für Heroinabhängige als prinzipiell ungeeignet. Dagegen konnten sich im Bereich der Alkoholiker-Therapie schon seit Mitte der 70er Jahre in nennenswertem Umfang ambulante Behandlungsformen im Sinne einer längerfristigen und planmäßigen Entwöhnungstherapie durchsetzen. Beim Hilfeangebot für die Heroinabhängigen wurde diese Entwicklung jedoch erst zehn Jahre später in Gang gesetzt. Eine gezielte Förderung ambulanter Behandlungsprojekte für Drogenabhängige besteht erst seit Mitte der 80er Jahre (Kalke et al. 1997). Das Bundesministerium für Jugend, Familie, Frauen und Gesundheit finanzierte im Rahmen eines Modellprogramms zwischen 1987 und 1990 in 12 Drogenhilfeeinrichtungen Projekte zur ambulanten Ganztagsbetreuung. Daneben gab es verschiedene regionale Vertragswerke zur ambulanten Therapie, z.B. in Niedersachsen oder Hessen, an denen teilweise auch die Krankenkassen beteiligt waren. Die positiven Erfahrungen mit diesen Projekten führten dazu, dass im April 1991 die Empfehlungsvereinbarung zwischen den Bundesverbänden der gesetzlichen Krankenkassen und dem Verband der Deutschen Rentenversicherungsträger über die Leistungen zur ambulanten Rehabilitation von Alkohol-, Medikamenten- und Drogenabhängigen (EVARS) in Kraft traten. Einen wesentli-

chen Einfluss auf diese Vereinbarung hatte das (gerade neue) Sozialgesetzbuch V, das ausdrücklich den Vorrang ambulanter vor stationärer Leistung postulierte. Mit der EVARS wurde die ambulante Abstinenztherapie zu einer festen und unbestrittenen Angebotsform im Rahmen der bundesdeutschen Suchthilfe. Sie stellt eine wichtige Finanzierungsquelle für die kommunalen Beratungs- und Behandlungsstellen dar. Die ambulante Abstinenztherapie wurde auch in die „Therapie statt Strafe"-Regelungen des BtMG aufgenommen (siehe oben).
Dieser Wandel in der Drogen- und Suchthilfe wurde „von unten" eingeleitet: Engagierte Ärzte, Therapeuten und Drogenberater übernahmen eine Vorreiterrolle, um neue Elemente in der Drogenarbeit einzuführen (Kalke und Raschke 1996). Häufig wurden dabei juristische Grauzonen und berufspolitische Handlungsspielräume strapaziert und entsprechende Gerichtsverfahren und Sanktionen in Kauf genommen. Auf der politischen Ebene wurden die Änderungen in der Drogenhilfe insbesondere von sozialdemokratisch oder rot-grün regierten Bundesländern vorangetrieben (siehe Kapitel 2.3). Es kam insgesamt zu einer „Pragmatisierung der Drogenpolitik" (Hartwig und Pies 1995: 48).

Novelle des Betäubungsmittelgesetzes 1992

Einige der beschriebenen Entwicklungen fanden ansatzweise Eingang in die BtMG-Novelle von 1992. Dort gab es insbesondere die folgenden Erneuerungen:
- eine Klarstellung der rechtlichen Zulässigkeit von Substitutionsbehandlungen;
- eine Klarstellung, dass die Abgabe von sterilen Einwegspritzen an Drogenabhängige nicht strafbar ist (stellt kein Verschaffen einer Gelegenheit zum unbefugten Verbrauch dar);
- Erleichterungen der Voraussetzungen für die Anwendung des Prinzips „Therapie statt Strafe" bei betäubungsmittelabhängigen Straftätern.

Gleichzeitig wurden aber erneut Strafbestimmungen im BtMG verschärft. Neu eingeführt wurde eine Freiheitsstrafe von mindestens fünf Jahren für den Tatbestand der „Bandenkriminalität". Ferner wurden einige Vergehen, durch die Minderjährige ausgenutzt oder geschädigt werden, zu Verbrechen heraufgestuft. Und schließlich wurde eine Dringlichkeitsermächtigung für den Bundesgesundheitsminister geschaffen, mit der er kurzfristig neue „Designerdrogen" der gesetzlichen Kontrolle unterstellen kann. Der Gebrauch dieser neuen synthetischen Drogen hat seit Anfang der 90er Jahre stark zugenommen (siehe unten).

Ein wesentlicher Punkt der Reform von 1992 betraf die strafrechtliche Behandlung von Delikten zum Eigenverbrauch. Hier wurde das BtMG dahingehend geändert, dass von der Strafverfolgung beim Besitz von Rauschmitteln „in geringen Mengen" schon durch die Staatsanwaltschaft abgesehen werden konnte (§ 31a BtMG). Diese Bestimmung zielte vor allem auf eine Entpönalisierung von Cannabiskonsumenten.[35] Sie ging auf eine Gesetzesinitiative der Freien und Hansestadt Hamburg (1990) zurück, in der eine Verbesserung der prozessualen Einstellungsmöglichkeiten für die Staatsanwaltschaft bei Konsumenten- und Bagatelleverfahren vorgeschlagen wurde (siehe Tabelle 2.3.2, Seite 54). Die Gesetzesänderung wurde nur dadurch möglich, weil die Beratungen zu diesem Thema gemeinsam mit anderen BtMG-Änderungsvorschlägen (siehe oben) stattfanden und an das „Gesetz zur Bekämpfung der organisierten Kriminalität" (OrgKG) gekoppelt waren. Deshalb wurde nach einer großen, einvernehmlichen ‚Paketlösung' zwischen Bundestag (CDU/FDP-Mehrheit) und dem SPD-dominierten Bundesrat gesucht, bei der schließlich alle Seiten Zugeständnisse machen mussten. Auch bei dieser Neufassung betäubungsmittelrechtlicher Vorschriften konnten also die Bundesländer über den Bundesrat wirkungsvoll den Gesetzgebungsprozess mitgestalten und einige ihrer drogenpolitischen Positionen durchsetzen. Im nächsten Kapitel wird auf diese Bedeutung der Bundesländer als ‚Motoren' bzw. ‚Katalysatoren' einer neuen Drogenpolitik noch im Einzelnen eingegangen.

Weiter gehende Hilfeangebote, wie von der Mehrheit der Bundesländer gewünscht, etwa die heroingestützte Behandlung oder die Errichtung von Gesundheitsräumen, lehnte die CDU/FDP-Bundesregierung ab. So hieß es beispielsweise in einer Stellungnahme der Bundesregierung aus dem Jahr 1993 zur Frage der Heroinvergabe: „Letztlich missachtet der Staat, der Heroin als vermeintliches Therapiemittel einsetzt, damit seine ureigenste Aufgabe, die Bürgerinnen und Bürger vor der Verbreitung von todbringenden Substanzen bestmöglich zu schützen" (Deutscher Bundestag 1993: 8).

Im Bereich des Strafrechts setzte die konservativ-liberale Regierung bis zuletzt konsequent auf Repression gegen Hersteller, Händler und Konsumenten von Drogen. Ferner lehnte sie eine strafrechtliche Unterscheidung von „weichen"

---

[35] Drei rechtspolitische Begriffe tauchen häufig in der Cannabisdebatte auf, werden aber nicht immer richtig benutzt: Bei einer *Entpönalisierung* wird der Straftatbestand aufrechterhalten; es besteht aber keine Strafverfolgungspflicht für die Staatsanwaltschaft und Verurteilungspflicht für das Gericht. Bei einer *Entkriminalisierung* wird die Rechtswidrigkeit aufrechterhalten, aber auf die Strafandrohung verzichtet. Bei einer *Legalisierung* wird das Verbotene erlaubt und somit zum rechtmäßigen Handeln.

und „harten" Drogen strikt ab.[36] Genauso wandte sie sich gegen den Vorschlag der schleswig-holsteinischen Landesregierung, einen Modellversuch zur kontrollierten Abgabe von Cannabisprodukten in Apotheken durchzuführen, um zu prüfen, ob damit eine bessere Trennung der Drogenmärkte möglich sei.
Zudem reagierte die ehemalige Bundesregierung auf den zunehmenden Konsum von sogenannten neuen synthetischen Drogen („Ecstasy")[37] mit den „alten Rezepten": einer strikten Prohibitionspolitik. Seit 1991 wurden verschiedene „Designer-Drogen" unter das BtMG gestellt und in seine Anlage I eingestuft („nicht verkehrs- und nicht verschreibungsfähig"). Diese Verbotspolitik gegenüber Ecstasy wurde und wird aber auch weitgehend von der SPD und denjenigen sozialdemokratisch regierten Bundesländern mitgetragen, die sich sonst für Reformen in der Drogenpolitik einsetzen (Kalke und Michels 1999).[38] Die Haltung der sozialdemokratischen Partei gegenüber Ecstasy und anderen synthetischen Drogen ist ambivalent: Einerseits ist sie bemüht, alte Fehler nicht zu wiederholen und warnt vor einer vom Strafrecht dominierten Ecstasypolitik, andererseits hat sie bislang jedes Verbot einer neuen „Designerdroge" mitgetragen, wenn auch teilweise aus taktischen Gründen, um Fortschritte bei anderen Drogenthemen zu erreichen. So machten sozialdemokratisch regierte Bundesländer ihre Zustimmung zum Verbot von MBDB und anderen synthetischen Drogen von Zugeständnissen des Bundesgesundheitsministers bei der Methadonsubstitution abhängig (Bossong 1997). Bisher hat es keine Bundesratsinitiative einer reformorientierten Landesregierung zur Entkriminalisierung des Ecstasy-Konsums oder zur gesetzlichen Erlaubnis von „Drug-Checking" als eine sekundärpräventive Maßnahme gegeben (siehe Kapitel 2.3).
Die seit dem Herbst 1998 amtierende rot-grüne Bundesregierung verfolgt einen vorsichtigen Kurs der drogenpolitischen Erneuerung: Im Koalitionsvertrag fehlt zwar eine Aussage zur Entkriminalisierung oder Legalisierung von Cannabisprodukten, dafür spricht er sich aber für eine ärztlich kontrollierte Heroinvergabe und die Schaffung von Gesundheitsräumen aus (SPD und BÜNDNIS 90/DIE GRÜNEN 1998). Ein Leitgedanke dieser Drogenpolitik ist, dass Sucht eine Krankheit ist und Abhängige keine Kriminellen sind. In einer Broschüre des

---

[36] Das Bundesverfassungsgericht legte dagegen in seinem bekannten „Haschisch-Urteil" vom März 1994 eine differenziertere Beurteilung zur Frage von „weichen" und „harten" Drogen an den Tag als die damalige Bundesregierung (Bundesverfassungsgericht 1994).
[37] Der Begriff „Ecstasy" wird hier als Oberbegriff („Straßenbezeichnung") für die Amphetamin-Derivate MDA, MDMA, MDE/MDEA, MBDB u. ä. verwendet.
[38] Dagegen fordern BÜNDNIS 90/DIE GRÜNEN und PDS eine andere Ecstasy-Politik: Durch Änderung des BtMG und des Gaststättengesetzes soll beispielsweise ein „Drug-Checking" für die „Designerdrogen" in Diskotheken und Gaststätten ermöglicht werden (Kalke und Michels 1999).

Bundesgesundheitsministeriums heißt es: „Im Mittelpunkt der neuen Drogen- und Suchtpolitik stehen Aufklärung, Prävention und die Hilfe für Abhängige. Süchtige sollen nicht unter der Drohung des Strafrechts leben müssen. Das bedeutet nicht, dass die Strafverfolgung des kriminellen Drogenhandels vernachlässigt wird" (Bundesministerium für Gesundheit 1999: 24). Sichtbares Zeichen dieser *neuen Akzentsetzung* ist die Anbindung der Drogenbeauftragten der Bundesregierung an das Bundesministerium für Gesundheit und nicht mehr wie zuvor an das Innenministerium.

Drogenpolitik der Parteien

Bemerkenswert ist die programmatische Veränderung der SPD im Verlaufe der 80er Jahre, womit einige Feststellungen zu den drogenpolitischen Aussagen der wichtigsten politischen Parteien eingeleitet werden sollen.[39] Die sozialdemokratische Partei hat diesen Wandel mit Teilen der Gesellschaft vollzogen, bei denen seit Mitte der 80er Jahre eine Veränderung der Einstellung in Bezug auf Drogen feststellbar ist. Innerparteilich wurden die Alternativen zur traditionellen Drogenpolitik vor allem von den Jungsozialisten (JUSOS) und der Arbeitsgemeinschaft der Sozialdemokraten im Gesundheitswesen (ASG) vorangetrieben (Neumeyer und Schaich-Walch 1992). Auf dem Parteitag der SPD in Wiesbaden im November 1993 mündete dieser Umbruchprozess in neuen drogenpolitischen Grundsätzen. Die SPD tritt darin ein für die legale Abgabe von Cannabisprodukten zum Eigenverbrauch im Rahmen eines kontrollierten Verkaufs sowie für die Abschaffung der strafrechtlichen Gleichstellung von „harten" und „weichen" Drogen. In den „Wiesbadener Beschlüssen" ging die Bundes-SPD darüber hinaus erstmalig von den drogenpolitischen Leitbildern der Konsumakzeptanz und Risikominderung aus (Neumeyer 1995). Eine wichtige Rolle für die Formulierung, Fortentwicklung und Durchsetzung reformorientierter Drogenpolitik innerhalb der SPD spielte der „Drogenpolitische Koordinierungskreis der A-Länder[40] und der SPD-Bundestagsfraktion".

---

[39] Hierzu ist anzumerken, dass es so gut wie keine systematischen und wissenschaftlichen Untersuchungen über die Drogenpolitiken der Parteien gibt (siehe Kapitel 1). Von daher basieren die hier getroffenen Aussagen auf der Auswertung einiger Wahlprogramme, Fachbeiträge und Zeitungsartikel. Eine systematische Analyse der Drogenpolitik der Parteien kann und soll aber in dieser Arbeit nicht geleistet werden.

[40] Die sozialdemokratisch regierten Bundesländer werden auch als A-Länder bezeichnet, die CDU-geführten Bundesländer sind die B-Länder.

In keinem anderen Politikfeld dürfte die SPD in den letzten 15 Jahren einen solch grundlegenden Paradigmen- und Richtungswechsel vorgenommen haben wie im Bereich der illegalen Drogen. Hierbei sind zwischen den einzelnen sozialdemokratischen Landesverbänden keine nennenswerten Unterschiede feststellbar. Einige von ihnen (z.b. Hamburg) haben die Fortentwicklung der drogenpolitischen Programmatik auf der Bundesebene stark vorangetrieben.

Die drogenpolitische Programmatik der CDU basiert dagegen weiterhin auf den traditionellen Leitbildern: Unter Suchthilfe wird die Hinführung zur Abstinenz verstanden, eine Alternative zur drogenfreien Gesellschaft wird von der Gesamt-Partei nicht anerkannt. Die Christdemokraten lehnen jede Form der Legalisierung „weicher" oder „harter" Drogen ab. Eine solche Politik wird als Verharmlosung des Drogenproblems bewertet, die die gesamte Prävention als unglaubwürdig erscheinen lassen würde. Die Christdemokraten setzen stattdessen auf strafrechtliche Maßnahmen und eine Verbesserung der Ermittlungsinstrumente (Kaiser 1996). Dieses kommt deutlich in ihren programmatischen Aussagen zur Bundestagswahl 1998 zum Ausdruck: „Wir wollen keine Gewöhnung an Ordnungswidrigkeiten, Ladendiebstahl und Drogenkonsum. Wer wie Rot-Grün der Entkriminalisierung sogenannter ‚Bagatelledelikte' das Wort redet, der senkt Hemmschwellen, ermutigt Rechtsbrecher und entmündigt gesetzestreue Bürger. Am Ende steht nicht weniger, sondern mehr Kriminalität. Am Ende stehen Gewalt und Schwerverbrechen. Wir wollen eine konsequente Verfolgung aller Rechtsverstöße, bürgernahe und motivierte Polizei" (CDU und CSU 1998: 16).

Die vorgenommene Charakterisierung gilt für die Bundes-CDU, einzelne Landesverbände (z.b. Hamburg, Schleswig-Holstein) oder Bürgermeister von Großstädten (z.B. die Oberbürgermeisterin Petra Roth von Frankfurt a.M.) sprechen sich inzwischen für einen liberaleren Kurs in der Drogenpolitik aus.

Die GRÜNEN plädieren seit ihrer Gründung (1980) für eine andere Drogenpolitik. Sie fordern eine Politik, die sich auch an den Bedürfnissen der Drogenkonsumenten ausrichtet. Akzeptierende Drogenarbeit mit Substitutionsprogrammen, Gesundheitsräumen und kontrollierter Heroinvergabe sowie eine eindeutige Entkriminalisierung des Drogenkonsums sind ihre programmatischen Zielsetzungen (Kaiser 1996).[41] Im Bundestagswahlprogramm 1998 heißt es: „Das

---

[41] Schon in ihren aller ersten Wahlprogrammen forderten GRÜNE-Landesverbände eine strikt anti-prohibitive Drogenpolitik (z.B. „Keine Kriminalisierung und Verfolgung von Drogenkonsumenten", Alternative Liste 1981). Die Forderung nach Aufbau einer akzeptierenden Drogenhilfearbeit trat Mitte der 80er Jahre hinzu. Bis dahin setzten sich auch die GRÜNEN für den Ausbau von (abstinenzorientierten) sozialtherapeutischen Wohngemeinschaften ein (z.B. Grün-Alternative Liste 1982).

Betäubungsmittelgesetz muss reformiert, die Prävention und der gesundheitliche Schutz muss statt der Strafandrohung in den Mittelpunkt gestellt werden. ... Gerade auch um die Märkte für so unterschiedliche Drogen wie Heroin und Cannabis zu trennen und illegale Strukturen wirksam bekämpfen zu können, fordern wir die Legalisierung bestimmter Drogen wie Haschisch nach ähnlichen gesetzlichen Schutzvorschriften wie Alkohol" (BÜNDNIS 90/DIE GRÜNEN 1998: 127).

Sowohl zwischen den verschiedenen politischen Ebenen als auch zwischen den politischen Strömungen der Partei war die Drogenpolitik niemals ein Streitthema. Nur ganz vereinzelt sind länderspezifische Besonderheiten bei den GRÜNEN auszumachen. So nahm der Landesverband Bremen lange Zeit eine skeptische Haltung gegenüber der Methadonsubstitution ein.

Die Drogenpolitik der FDP kann als ambivalent charakterisiert werden: In Pressemitteilungen und programmatischen Aussagen wirbt sie häufig für eine veränderte Politik, vor allem seit sie im Bundestag in der Opposition ist. Sie unterstützt offensiv die Durchführung eines Modellversuches zur heroingestützten Behandlung. Auch in der sozialliberalen Koalition von Rheinland-Pfalz treten die Liberalen für vorsichtige Reformen ein; einzelne Landesverbände setzen sich sogar für eine Legalisierung von Cannabis ein (F.D.P. 1995). In der Regierungskoalition bis 1998 hat sich die FDP jedoch bei allen wichtigen Abstimmungen auf die Seite der CDU/CSU-Fraktion geschlagen. Dieses widersprüchliche Verhalten kann nicht nur mit der unterschiedlichen Interessenlage einer kleinen Partei in Regierung und Opposition erklärt werden. Ebenfalls dürfte das nach wie vor in der FDP ungeklärte Verhältnis zwischen individuellen Freiheitsrechten und strafrechtlichen Verboten dafür verantwortlich sein, wie Kaiser vermutet (Kaiser 1996).

Während sich für den Hilfebereich – so ein kurzes Resümee dieses Kapitels – ein sehr deutlicher Wandel in der bundesdeutschen Drogenpolitik konstatieren lässt, trifft dies für das Strafrecht weitgehend nicht zu: Bis auf eine Ausweitung des Opportunitätsprinzips im BtMG („geringfügige Menge") hat sich die Kriminalisierung und Strafverfolgung von Drogenbesitz und -handel in den letzten 30 Jahren nicht grundlegend geändert. Politische Initiativen, die auf eine Entkriminalisierung abzielten, wie z.B. das Cannabisprojekt des Landes Schleswig-Holstein (siehe Fallbeispiel, Seite 70), scheiterten bislang am Bund. Auch die SPD/GRÜNEN-Regierung auf der Bundesebene beabsichtigt bislang nicht, eine grundlegende strafrechtliche Umorientierung in der Drogenpolitik vorzunehmen, auch wenn es vereinzelt Anzeichen einer vorsichtigen Kursänderung gibt.

So hat die Drogenbeauftragte der Bundesregierung, Christa Nickels, jüngst ausgeführt: „Obwohl der Koalitionsvertrag hierzu nichts vorsieht, stellt sich uns die Frage, ob nicht weitere Schritte zur Entkriminalisierung des Cannabiskonsums angezeigt sind" (Nickels 2000: 13).
Zusammenfassend lässt sich die Entwicklung der bundesdeutschen Drogenpolitik in drei Phasen einteilen:[42]
- 1968-1977: Herausbildung einer eigenständigen Drogenpolitik mit stark repressiver Ausrichtung („Generalprävention durch Strafandrohung") und Abstinenzorientierung („Therapiekette").
- 1978-1987: Stabilisierung und Fortschreibung dieser Drogenpolitik mit einigen inhaltlichen Modifikationen (z.B. „Therapie statt Strafe"); ab 1985 zunehmende Zweifel an der Wirksamkeit dieser Politik.
- seit 1988: Umbruch in der bundesdeutschen Drogenpolitik mit einer Erweiterung des Suchthilfeangebots um niedrigschwellige und suchtakzeptierende Hilfen. Zudem wird die Wirksamkeit der Prohibitionspolitik zunehmend in Frage gestellt.

Die föderative Struktur der Bundesrepublik Deutschland hat es ermöglicht, dass in der Drogenpolitik schon unter der CDU/FDP-Bundesregierung in Ansätzen Reformen verwirklicht werden konnten. Diese Erneuerungspolitik durch die Bundesländer (bzw. Großstädte) stieß aber dort an ihre Grenzen, wo bundesrechtliche Regelungen – insbesondere das BtMG – eindeutig tangiert waren und die konservativ-liberale Koalition sich Veränderungen entgegen stellte. Die wichtigsten drogenpolitischen Reformprojekte der Bundesländer werden im nächsten Kapitel ausführlich dargestellt.

2.3 Bundesländer als Motoren von Reformen

Die Bundesländer haben – wie schon erwähnt – bis zu Beginn der 80er Jahre keine große Rolle in der bundesdeutschen Drogenpolitik gespielt, obwohl es sich beim BtMG um ein zustimmungspflichtiges Gesetz handelt, das im Bundesrat beraten und verabschiedet werden muss. Erstmals griffen die Bundesländer Anfang der 80er Jahre intensiv in die drogenpolitische Debatte ein: Sie konnten über den Bundesrat erfolgreich Nachbesserungen am BtMG-Entwurf der Bundesregierung durchsetzen (siehe Kapitel 2.2). Zu einer treibenden Kraft bundesdeutscher Drogenpolitik wurden die Bundesländer aber erst zu Beginn

---

[42] Diese Jahres-Unterteilung wird auch in den empirischen Analysen (Kapitel 4) benutzt, wobei der 30jährige Untersuchungszeitraum am 31.12.1997 endet.

der 90er Jahre. Der originäre Beitrag der Landesparlamente an dieser Entwicklung ist dabei bis heute nicht untersucht. Eine Vorreiterrolle haben insbesondere die SPD-geführten Länder gespielt, vor allem diejenigen, in denen Großstädte und Ballungszentren mit besonderen Drogenprobleme liegen oder bei denen es sich um Stadtstaaten handelt. An erster Stelle müssen hier die Länder Hamburg und Hessen genannt werden, die durch zahlreiche Reforminitiativen im Drogenbereich Kontroversen mit der CDU/FDP-Bundesregierung auslösten. Auch Kaiser (1996) stellt hierzu fest: „Die SPD-regierten Bundesländer und Großstädte verdeutlichen durch spezielle Programme und Gesetzesanträge die liberalere Anschauung der Sozialdemokraten im Vergleich zur Regierungskoalition" (Kaiser 1996: 65).
Als Gegenbeispiel kann der Stadtstaat Berlin gelten. Trotz eines ähnlichen Problemdrucks wie in Hamburg gab es von der dort regierenden Großen Koalition (seit 1991) weder besondere drogenpolitische Aktivitäten im Bundesrat noch spezielle Pilotprojekte auf der Länderebene. Dieser Sachverhalt kann damit erklärt werden, dass in der Hauptstadt Berlin seit fast 10 Jahren ein ‚drogenpolitischer Stillstand' herrscht, weil sich – so die These – die beiden Regierungsparteien CDU und SPD mit ihren unterschiedlichen Vorstellungen gegenseitig blockieren.
Die Reformpolitik von Bundesländern im Drogenbereich drückte sich auf den unterschiedlichen Ebenen föderativer Politikgestaltung aus: Es wurden eigene Länderprojekte aufgelegt, es gab Aktivitäten in den Länderkommissionen, und es wurden Initiativen im Bundesrat gestartet. Auf dieser Analyse- und Darstellungsebene erscheint es so – um es vorwegzunehmen –, als ob die Landesparlamente relativ wenig zu dieser Entwicklung beigetragen haben.

Länderprojekte

Die Reformbemühungen der rot(-grün) regierten Bundesländer fanden ihren Niederschlag in einer experimentierfreudigen Drogenpolitik innerhalb des eigenen Landes. Soweit die rechtlichen Möglichkeiten es zuließen, wurden neue Hilfemaßnahmen eingeführt. Beispiele dafür sind die Spritzentauschprogramme in Niedersachsen (Strafvollzug) oder die Methadonprojekte von Hamburg und Nordrhein-Westfalen (siehe Fallbeispiel, Seite 60). Diese Reformvorhaben konnte der Bund nicht blockieren, da sie im Rahmen landespolitischer Spielräume installiert wurden, auch wenn die Rechtslage nicht immer eindeutig war. Das trifft auch auf die Gesundheitsräume zu, die seit 1994 in Frankfurt a.M.,

Hamburg und Saarbrücken mit Zustimmung der politisch Verantwortlichen unter Ausnutzung rechtlicher Interpretationsmöglichkeiten eingerichtet worden sind.

Zudem waren diese Länderprojekte entweder zur politischen Absicherung als staatliche Programme organisiert, wie im Falle des Methadonerprobungsvorhabens in Nordrhein-Westfalen, das vom zuständigen Ministerium auf den Wege gebracht wurde (Ministerium für Arbeit, Gesundheit und Soziales 1987). Oder sie waren Ergebnis neokorporatistischer Aushandlungsprozesse unter den Landesakteuren – Ministerien der Justiz, des Inneren sowie für Soziales und Gesundheit, Ärzte- und Apothekerkammern, Krankenkassen, Verbände der Drogenhilfe – und damit durch ein breites Konsensbündnis vor äußerer Intervention relativ geschützt. Dies gilt für das Hamburger Methadonprogramm (Kalke und Giebel 1994). Bei dieser Art neokorporatistischer Politikgestaltung ist das Landesparlament in der Regel nicht direkt am Prozess des Aushandelns und der Konsensfindung unter den Akteuren beteiligt, ihm wird nur das Verhandlungsergebnis „zur Ratifizierung" vorgelegt.

Auf diese Länderprojekte hat der Bund teilweise mit einer retardierenden Politik reagiert, indem er diese Hilfsangebote zeitverzögert durch Ergänzungen im BtMG rechtlich absicherte, wie beim Spritzentausch und der Methadonsubstitution. Gleichzeitig hat er damit aber auch ihre Ausweitung erschwert oder blockiert. Hier zeigt sich, dass an die Stelle einer strikten Blockadestrategie eine ‚Politik der Eindämmung' treten kann, indem regionale Reformprogramme in ihren Entwicklungsmöglichkeiten durch rechtliche Restriktionen auf das politisch ‚Nicht-Verhinderbare' begrenzt werden.

Es sind aber auch Vorhaben von Landesregierungen zu nennen, die überhaupt nicht realisiert werden konnten, weil der Bund diese Projekte strikt ablehnte und nicht ansatzweise rechtliche Spielräume des Landes vorhanden waren. Hierunter fällt das Cannabis-Projekt des Landes Schleswig-Holstein, mit dem überprüft werden sollte, inwieweit durch eine kontrollierte Abgabe von Cannabisprodukten in Apotheken eine Trennung der Drogenmärkte gelingen kann (siehe Fallbeispiel, Seite 70).

Aktivitäten der Länderkommissionen

Ein weiterer Motor der Drogenreformpolitik der Bundesländer waren gemeinsame Aktivitäten in den für Drogenfragen relevanten Länderkommissionen.[43] An erster Stelle muss die Gemeinsame Gesundheitsministerkonferenz der Länder (GMK) genannt werden. In zahlreichen Beschlüssen, u.a. zur Substitutionsbehandlung und zur Entkriminalisierung von Cannabis, hat sie wegweisende Alternativen zur Drogenpolitik der damaligen Bundesregierung formuliert (siehe Tabelle 2.3.1).[44] So hat sie schon im März 1987 eine Regelung gefordert, dass in ärztlich begründeten Einzelfällen unter strenger Kontrolle Drogenabhängige mit Substitutionsmittel behandelt werden können. Daran schlossen sich in den folgenden Jahren mehrere Beschlüsse zur Ausweitung und Optimierung der Substitutionsbehandlung an. Meistens wurden diese Initiativen von der Freien und Hansestadt Hamburg in die jährlichen Zusammenkünfte der Gesundheitsminister der Länder eingebracht.

---

[43] Diese Darstellung der Länderkommissionen beschränkt sich hier auf diejenigen, die für die Sucht- und Drogenhilfe zuständig sind und die für die Reformdiskussionen der letzten Jahre eine gewisse Bedeutung hatten. Im Bereich der polizeilichen Drogenbekämpfung existieren auch Bund-Länder- bzw. reine Ländergremien, z.B. die Interministerielle AG zur Bekämpfung des Drogen- und Rauschmittelmissbrauches (siehe Anlage 3 in Bundesminister für Jugend et al. 1990).

[44] Darüber hinaus hat die GMK zahlreiche Beschlüsse zu den legalen Suchtmitteln gefasst, z.B. den „Aktionsplan Alkohol" (70. GMK 1997), Maßnahmen zum Schutz von Kindern und Jugendlichen vor den Gesundheitsgefahren des Tabakkonsums (69. GMK 1996 und 64. GMK 1991).

Tabelle 2.3.1: Wichtige drogenpolitische Beschlüsse der Gesundheitsminister-Konferenz (GMK) seit 1987

Beschlüsse	
• Einführung einer Substitutionsbehandlung in Einzelfällen	58. GMK, 1987
• Weiterentwicklung des Hilfesystems einschließlich Substitutionstherapie	60. GMK, 1989
• Entwicklung eines Nationalen Drogenkonzepts	61. GMK, 1989
• Ausweitung und Optimierung der Substitutionsbehandlung	64. GMK, 1991
• Verbesserte Koordination der Drogenpolitik auf der Bundesebene	65. GMK, 1992
• Trennung der Märkte von „harten" und „weichen" Drogen	67. GMK, 1994
• Erweiterung und Verbesserung der Substitutionsbehandlung	67. GMK, 1994
• Ausweitung und Optimierung der Substitutionsbehandlung	68. GMK, 1995
• Trennung der Märkte von „harten" und „weichen" Drogen	68. GMK, 1995
• Verbesserung Prävention, Hilfe und Forschung Ecstasy-Konsum	70. GMK, 1997
• Stärkung Länderkompetenz in Suchthilfe und Drogenpolitik	71. GMK, 1998

Ein wichtiges Datum für die Entwicklung der bundesdeutschen Drogenpolitik stellt auch die 60. Sitzung der GMK (1989) dar: Die Gesundheitsminister sprachen sich für eine weitere Differenzierung des Hilfeangebots unter Einbeziehung niedrigschwelliger und ambulanter Formen aus. Zudem verlangten sie die Zulassung der Methadonsubstitution bei bestimmten Indikationen sowie den Ausbau des Prinzips „Therapie statt Strafe" (Gesundheitsminister-Konferenz 1989a).[45] Dieser Beschluss wiederum ging in eine umfangreiche drogenpolitische Entschließung der Innen-, Justiz-, Jugend-, Kultus- und Gesundheitsminister der Bundesländer ein. Auf einer Sonderkonferenz im März 1990 forderten

---

[45] Bei dieser GMK-Sitzung fand im Übrigen der Vorschlag Bayerns keine Mehrheit, den Satz „Die Legalisierung weicher Drogen (z.B. Haschisch) wird abgelehnt" in die drogenpolitische Stellungnahme aufzunehmen (Gesundheitsminister-Konferenz 1989b).

die Teilnehmer, neue Wege zur Bekämpfung der Drogensucht und Drogenkriminalität in Deutschland zu gehen und mehr Modellversuche in der Suchthilfe zuzulassen. Unter anderem sollten die niedrigschwelligen Angebote ausgebaut und eine geordnete Substitutionsbehandlung ermöglicht werden (siehe die Entschließung in Bundesminister für Jugend et al. 1990: 54-62).
Ebenfalls war die GMK zwischen 1994 und 1997 eine treibende Kraft bei der Vorbereitung und Initiierung eines Modellvorhabens zur Trennung der Drogenmärkte (siehe Tabelle 2.3.1). 1995 forderte sie mit breiter Mehrheit die Durchführung eines Modellversuchs, bei dem unter kontrollierten Bedingungen Cannabisprodukte abgegeben werden sollten, um praktische Erfahrungen zur Trennung der Drogenmärkte zu sammeln und gegebenenfalls zu einer rechtlichen Neubewertung des Cannabiskonsums zu gelangen (Gesundheitsminister-Konferenz 1995).
Der jüngste Initiative der GMK zielt auf eine Stärkung der Länderkompetenzen in Suchthilfe und Drogenpolitik ab (siehe Tabelle 2.3.1). Auf Vorschlag des Bundeslandes Hessen fasste die GMK den Beschluss, zu prüfen, welche Rechtsnormen zwingend bundeseinheitlich gestaltet sein müssen und welche im Interesse regional adäquater Lösungen und differenzierter Erprobungsmöglichkeiten in klarere Länderzuständigkeiten überführt werden können. Die Stärkung der Länderkompetenz soll außerdem zu einer ‚Befriedung' der drogenpolitischen Diskussion beitragen, weil dann regional unterschiedliche Lösungen in strittigen Fragen gefunden und sich im Wettbewerb bewähren können (Gesundheitsminister-Konferenz 1998). Die Landesparlamente finden in dem Votum und seiner Begründung keine Erwähnung.
Als ein weiteres föderales Gremium im Sucht- und Drogenbereich ist der „Ständige Arbeitskreis der Drogenbeauftragten des Bundes und der Länder" (StAK) zu nennen. Daneben existiert auf der Ebene der reinen Länder-Koordination der „Ausschuss Suchthilfe" der Arbeitsgemeinschaft der Obersten Landesgesundheitsbehörden (AOLG).[46] Die beiden Gremien tagen in der Regel einmal im Jahr in zeitlicher und örtlicher Nähe zueinander.[47]

---

[46] Bis 1997 hieß dieses Gremium „Arbeitsgemeinschaft der Leitenden Medizinalbeamten der Länder" (AGLMB).
Neben diesen beiden Gremien existiert noch ein Bund-Länder-Koordinierungskreis zur Suchtprävention bei der Bundeszentrale für gesundheitliche Aufklärung (BZgA). Dort findet ein regelmäßiger Informationsaustausch zwischen den für die Suchtprävention verantwortlichen Ländervertretern sowie der Bundeszentrale über geplante Kampagnen und Projekte sowie über neue Entwicklungen und Trends in der Suchtproblematik statt (Bundesministerium für Gesundheit 2000).
[47] Die Protokolle und Beschlüsse dieser beiden Gremien werden nicht veröffentlicht. Deshalb wurde, um einige Grundinformationen zu erhalten, ein kurzes schriftliches Interview (Februar

Den StAK gibt es seit Anfang der 80er Jahre, als in den meisten Länder die Institution eines Drogenbeauftragten geschaffen worden ist. Neben den Ländern und dem Bund sind in diesem Koordinationskreis auch die Wohlfahrtsverbände und Organisationen der Suchthilfe vertreten. Auf der Ebene der Fachbeamten werden im StAK vor allem gemeinsame Modellvorhaben im Bereich der Suchthilfe geplant und entwickelt, Entwicklungen im europäischen und internationalen Bereich diskutiert und Fachmeinungen für Verbesserungen der Prävention und Suchthilfe abgestimmt (Bundesministerium für Gesundheit 2000). Der StAK war ursprünglich gedacht als ein Abstimmungsgremium zwischen Bund und den Ländern, um dort die ersten Modellprojekte des Bundes zu besprechen. Daraus hat sich eine kontinuierliche Koordination entwickelt. Das Gremium hatte in zentralen Fragen lange Zeit eine einheitliche Position: Das Drogenproblem wurde als ein soziales Problem angesehen, notwendig seien therapeutische Hilfen, am besten Langzeittherapie und drogenfreie Selbsthilfe (Michels 2000).

Im StAK traten zum Ende der 80er Jahre die gleichen drogenpolitischen Konflikte auf, die es auch in anderen Bereichen der Suchthilfe gab: traditionelle Therapien versus niedrigschwellige und medikamentöse Hilfen für Abhängige. Die neuen Ansätze wurden aber nur von einer Länderminderheit favorisiert (Hamburg, Hessen, Nordrhein-Westfalen). Als die neuen Bundesländern Anfang der 90er Jahre hinzukamen, verschob sich das Kräfteverhältnis weiter zugunsten der traditionellen Linie. In den neuen Bundesländern war die Angst vor einer „Drogenwelle" groß, da die immensen Probleme mit der Alkoholabhängigkeit bekannt waren; Experimente mit einer liberalen Drogenpolitik waren nicht erwünscht. Als Reaktion auf die Politik der Mehrheit im StAK gründete sich – initiiert von den A-Ländern – der „Ausschuss Suchthilfe" der Länder, um Positionen der Länder selbstständiger formulieren und durchsetzen zu können. Hierbei ging es u.a. um die Ausweitung der Substitutionsbehandlung und die Durchführung eines Modellversuchs zur kontrollierten Heroinverschreibung. Mit dem Regierungswechsel 1998 hat der Ausschuss diese Funktion verloren.

Die Landtage haben bislang wenig bis keinen Einfluss auf die Arbeit dieser Bund-Länder- bzw. Ländergremien im Sucht- und Drogenbereich. Die Parlamentarier werden nicht kontinuierlich und nicht in allen Einzelheiten über die Aktivitäten in diesen Gremien informiert; wesentliche Beratungsergebnisse werden jedoch meistens in den zuständigen Fachausschüssen vorgetragen. Dieses dürfte der Praxis anderer Kommissionen oder Planungsstäbe auf der Bund-Länder- bzw. reinen Länderebene entsprechen.

2000) mit Dr. Ingo Ilja Michels geführt, der als Drogenbeauftragter der Freien und Hansestadt Bremen (1994-1999) beiden Gremien angehörte.

Bundesratsinitiativen

Der Bundesrat war in den 90er Jahren häufig ein Ort drogenpolitischer Reformvorstöße der Länder. Das zeigt die tabellarische Auflistung der wichtigsten Gesetzesentwürfe und Anträge zum Thema „illegale Drogen" seit 1990, die auch die Aktivitäten konservativer Landesregierungen mit umfasst (siehe Tabelle 2.3.2). Die aufgeführten Drucksachen machen deutlich, wie die CDU- bzw. CSU-regierten Bundesländer Baden-Württemberg und Bayern in ihren Gesetzesinitiativen das Strafrecht in den Mittelpunkt ihrer Drogenpolitik stellen, während die SPD-geführten Länder eine Reform der Drogenhilfe und eine Entkriminalisierung des Drogenkonsums anstreben. Es gab eine Fülle von drogenpolitischen Aktivitäten sozialdemokratischer (bzw. rot-grüner) Landesregierungen zu den Themen Spritzenvergabe, Methadonsubstitution, heroingestützte Behandlung, Gesundheitsräume und Entkriminalisierung von Cannabis (siehe Tabelle 2.3.2). Auf diese Initiativen wird im Einzelnen noch in den folgenden fünf Fallbeispielen weiter unten Bezug genommen (ab Seite 58).

Tabelle 2.3.2: Gesetzesinitiativen und Entschließungsanträge zur Drogenpolitik von Bundesländern im Bundesrat (1990 bis 1998)

Anträge zur Verschärfung des Betäubungsmittelrechtes und anderer Strafbestimmungen
Gesetzesantrag von *Baden-Württemberg und Bayern* zur Bekämpfung des illegalen Rauschgifthandels und der Organisierten Kriminalität durch Verschärfung bestehender und Einführung neuer Straftatbestände sowie durch neue Regelungen zum Einsatz verdeckter Ermittler und Rasterfahndungen (BR-Drs.* 919/90 vom 19.12.1990).
Gesetzesantrag von *Baden-Württemberg* zur Festlegung von unteren Grenzwerten für „nicht geringe Mengen" von Betäubungsmitteln sowie zur Einführung neuer Strafbestimmungen beim Einsatz von Kindern bei Betäubungsmitteldelikten (BR-Drs. 65/92 vom 29.1.1992).
Antrag von *Bayern* zur Schaffung von Rechtsgrundlagen zur Feststellung und Ahndung des Führens eines KFZ unter Einfluss von Drogen (BR-Drs. 420/94 vom 6.5.1994).
Gesetzesantrag von *Bayern* zum Einsatz technischer Mittel zur Wohnraumüberwachung (Lauschangriff) im Rahmen der Verfolgung von Straftaten organisierter Kriminalität und illegalen Rauschgifthandels (BR-Drs. 493/94 vom 25.5.1994).
Gesetzesantrag von *Bayern* zur Einführung von lebenslangen Freiheitsstrafen für Bandenmitglieder bei Betäubungskriminalität (BR-Drs. 494/94 vom 25.5.1994).
Anträge zur Entkriminalisierung des Drogenkonsums
Gesetzesantrag von *Hamburg* zur Verbesserung der prozessualen Einstellungsmöglichkeiten für die Staatsanwaltschaft bei Konsumenten- und Bagatellverfahren durch Verzicht auf die richterliche Zustimmung (BR-Drs. 57/90 vom 23.1.1990).

Antrag von *Hessen*, die Bundesregierung aufzufordern, die internationalen Suchtstoffübereinkommen so zu verändern, dass sie eine nationale Reform des Betäubungsmittelgesetzes in der Richtung ermöglichen, dass Cannabisprodukte aus dem BtMG genommen werden können und der Umgang mit ihnen in Anlehnung an das Branntweinmonopolgesetz geregelt werden kann (BR-Drs. 582/92 vom 24.8.1992).

Gesetzesantrag von *Rheinland-Pfalz* zur Trennung von händler- und konsumrelevanten Tatbeständen sowie zur teilweisen Entkriminalisierung durch Einstufung des Umgangs mit kleineren Mengen Cannabis als Ordnungswidrigkeit (BR-Drs. 58/93 vom 21.1.1993).

Antrag von *Schleswig-Holstein*, auf ein Verbot des Verkaufs von Cannabissamen in sogenannten „Head- Shops" zu verzichten (BR-Drs. 881/2/97 vom 17.12.1997)

Anträge zur Reform der Drogenhilfe

Gesetzesantrag vom *Saarland* zur Einführung eines Zeugnisverweigerungsrechts für Beratung in Fragen der Betäubungsmittelabhängigkeit (BR-Drs. 97/91 vom 11.2.1991).

Gesetzesantrag von *Hamburg* zur rechtlichen Zulässigkeit von Substitutionsbehandlungen und Vergabe von Einwegspritzen, Rücknahme der Strafverfolgung von abhängigen Konsumenten und Ausbau des Prinzips „Hilfe vor Strafe" (BR-Drs. 104/91 vom 15.2.1991).

Gesetzesantrag von *Hamburg* zur Erprobung der kontrollierten Verschreibung von Originalpräparaten (Heroinverschreibung) (BR-Drs. 296/92 vom 5.5.1992).

Antrag von *Hamburg*, die Bundesregierung aufzufordern, Methadon als verschreibungsfähiges Betäubungsmittel zuzulassen (BR-Drs. 297/92 vom 5.5.1992).

Antrag von *Hamburg und Hessen*, die Bundesregierung aufzufordern, eine grundlegende Reform der Betäubungsmittel-Verschreibungsverordnung vorzunehmen (BR-Drs. 678/2/93 vom 25.11.1993).

Gesetzesantrag von *Hamburg* zur Ermöglichung des Konsums von Betäubungsmitteln in staatlich anerkannten Drogenhilfeeinrichtungen („Gesundheitsräume", „Fixerstuben") (BR-Drs. 389/95 vom 28.6.1995).

* BR-Drs.= Drucksache des Bundesrates

Aufgrund der Mehrheitsverhältnisse im Bundesrat – vom Mai 1991 bis Februar 1999 existierte dort eine Mehrheit der SPD-geführten Länder[48] – haben die sozialdemokratischen bzw. rot-grünen Initiativen in der Länderkammer meistens Zustimmung gefunden, wurden dann aber vom Bundestag mit seinen anderen Mehrheitsverhältnissen wieder gestoppt oder in ‚entschärfter' Form beschlossen. Die seit 1998 amtierende rot-grüne Regierungskoalition hat dagegen zwei der wesentlichen Länder-Forderungen – die heroingestützte Behandlung und die rechtliche Absicherung von sogenannten „Gesundheitsräumen" – zu ihrem Programm erklärt.

Die Anträge der CDU-regierten Bundesländer wurden aufgrund der (damaligen) Mehrheitsverhältnisse im Bundesrat entweder schon dort abgelehnt oder gingen in größeren Kompromisslösungen zwischen dem SPD-dominierten Bundesrat und der CDU/FDP-Bundestagsmehrheit auf. So ist der Gesetzesantrag von Bayern und Baden-Württemberg zur Bekämpfung des illegalen Rauschgifthandels und der Organisierten Kriminalität durch Verschärfung bestehender und Einführung neuer Straftatbestände in den politischen Kompromiss zur BtMG-Novelle 1992 eingeflossen (BR-Drs. 919/90, siehe Tabelle 2.3.2).

Der Entschließungsantrag von Bayern hinsichtlich der strengen Ahndung des Führens eines KFZ bei Drogenkonsum, nach dem der Entzug des Führerscheins auch schon dann möglich sein sollte, wenn eine Drogeneinnahme auch außerhalb des Fahrens festgestellt wird (BR-Drs. 420/94, siehe Tabelle 2.3.2), fand zwar in dieser Form im Bundesrat keine Mehrheit, war aber insofern erfolgreich, als die CDU/FDP-Bundesregierung dieses Anliegen aufgriff und einen eigenen Gesetzesentwurf zur Änderung des Straßenverkehrsgesetzes einbrachte, der weitgehend den Zielsetzungen der Bayerischen Initiative entsprach (Neumeyer 2000). Dieser wurde dann im Bundesrat mit den Stimmen SPD-geführter Länder beschlossen, die im Gegenzug eine *eingeschränkte* Alkohol-Promillegrenze von 0,5‰ durchsetzen konnten.[49] Dieses Beispiel zeigt, wie der Bundesrat auch unabhängig von den dort bestehenden Mehrheitsverhältnissen ein geeigneter Ausgangspunkt sein kann, ein politisches Anliegen erfolgreich auf den Weg zu bringen.

---

[48] Inwieweit die SPD-Mehrheit im Bundesrat in den Jahren 1991 bis 1999 „absolut" oder nur „relativ" war, hing von der Anzahl bestehender Großer Koalitionen oder sozialliberaler Regierungen auf der Länderebene ab, weil sich diese Stimmen häufig im Bundesrat neutral verhielten.

[49] Das geänderte Straßenverkehrsgesetz sieht Grenzwerte vor, ab denen die Verkehrstauglichkeit als nicht mehr gegeben gilt: Bei Cannabisprodukten ab 2 Nanogramm pro Millimeter Blut; bei Speed, Ecstasy und anderen amphetaminartigen Drogen ab 50 ng/ml; bei Crack und Kokain ab 150 ng/ml und bei Morphinen wie Heroin ab 20 ng/ml.

Die wichtigsten Gesetzes- und Entschließungsanträge von Länderregierungen im Bundesrat spiegeln den Rechts-Links-Konflikt in der Drogenpolitik wider. Der Streit zwischen dem Bund und den Ländern war und ist eben *auch* ein Parteienkonflikt. Denn bei den illegalen Drogen existiert – wie schon dargestellt – eine deutliche Konfliktlinie zwischen dem rot-grünen und dem konservativen Lager. Während Sozialdemokraten und Bündnisgrüne auf Neuerungen drängen, hält die CDU/CSU an einer abstinenzorientierten und repressiven Drogenpolitik fest.

In diesem Zusammenhang soll kurz auf die Frage eingegangen werden, inwieweit die Parteien den Bundesrat in der Drogenpolitik für parteipolitische Interessen genutzt haben; aus einer normativen verfassungstheoretischen Sicht könnte auch formuliert werden: als Oppositionsorgan missbraucht haben (siehe Kapitel 3).

Für die Zeit, als die SPD-geführten Länder über eine Mehrheit im Bundesrat verfügten, fällt die Antwort hierauf nicht eindeutig aus: Einerseits kann nicht von einer gezielten sozialdemokratischen Oppositionsstrategie über den Bundesrat gegen die Drogenpolitik der Bundesregierung gesprochen werden. Es wurden dort nicht systematisch Gesetzesvorhaben der Regierung blockiert, zudem war eine prinzipielle Kompromissbereitschaft vorhanden. Eher zeichnete sich die Bundesratsmehrheit durch eine offensive Formulierung von drogenpolitischen Gegenentwürfen aus, die erstmalig hier – und das ist der eigentlich interessante politologische Befund – und eben nicht im Bundestag eingebracht worden sind. Dabei dürften auch spezifische Länderinteressen eine wichtige Rolle gespielt haben, wie z.B. die jeweiligen Problemkonstellationen vor Ort („Offene Szenen" etc.) und die Erfahrungen mit der geringen Reichweite der etablierten Drogenhilfeangebote. Andererseits war das Agieren der SPD-Länder im Bundesrat auch kein ausschließliches Ergebnis zufällig gleich gelagerter föderaler Interessenlagen, sondern wurde im „Koordinationskreis" (siehe Kapitel 2.2) zwischen den A-Ländern und der Bundestagsfraktion abgestimmt, an dem im Übrigen keine Landesparlamentarier beteiligt waren. Zumindest partiell kann deshalb der SPD bescheinigt werden, dass sie den Bundesrat strategisch bewusst zur Formulierung drogenpolitischer Reformalternativen genutzt hat.

Für die kurze Zeit, seitdem im Bundesrat keine eindeutigen Mehrheitsverhältnisse mehr vorhanden sind (seit Februar 1999), kann von einem Fall berichtet werden, in dem die CDU gezielt über den Bundesrat Oppositionspolitik gegenüber einem Drogenprojekt der rot-grünen Bundesregierung betrieben hat: Die Blockade des Gesetzesentwurfes zur rechtlichen Absicherung von Gesundheitsräumen, der erst durch einen Kompromiss im Vermittlungsausschuss noch die nötige Mehrheit fand. In den Ablehnungsgründen der CDU-Ländervertreter wurden vorwiegend allgemeine drogenpolitische Argumente vorgetragen und nur wenige länderspezifische Gesichtspunkte erwähnt (siehe unten). Bossong sieht daher in diesem Verhalten den bewussten Versuch der CDU, wieder ein Sachthema in die Öffentlichkeit zu bringen, um von der zu diesem Zeitpunkt stark beachteten Spendenaffäre abzulenken (Bossong 2000).[50]

Im Folgenden soll anhand von fünf thematischen Fallbeispielen die innovative und reformorientierte Drogenpolitik der Bundesländer beschrieben und ihre Kontroverse mit dem Bund dargestellt werden. Im Einzelnen geht es um die Spritzenvergabe, Methadonsubstitution, heroingestützte Behandlung, Gesundheitsräume sowie die Entkriminalisierung von Cannabis. Bei diesen ausgewählten Themen wird deutlich, dass die Bundesländer teilweise unterschiedliche politische Wege und Strategien eingeschlagen haben: Mal wurden eigene Länderprojekte konzipiert, dann wieder Bundesratsinitiativen formuliert und schließlich auch Länderkommissionen mobilisiert – meistens ist aber eine Kombination dieser Elemente anzutreffen. Dabei ist die Akzentsetzung jedoch von Fall zu Fall unterschiedlich gelagert. Die Tabelle 2.3.3, die sich am Ende der Darstellung der fünf Beispiele befindet, zeigt im Überblick, welche Komponenten föderativer Politikgestaltung jeweils in welchen inhaltlichen Bereichen zur Anwendung gekommen sind (siehe Seite 73).

Spritzenvergabe

Im Juni 1992, sieben Jahre nach der Einführung erster Spritzentauschprogramme auf lokaler und Landesebene, erfolgte durch Beschluss des Deutschen Bundestages – ausgehend von einer Gesetzesinitiative der Freien und Hansestadt Hamburg (BR-Drs. 104/91, siehe Tabelle 2.3.2) – eine gesetzliche Klarstellung der Rechtmäßigkeit der Spritzenvergabe im BtMG. Seitdem können problemlos sterile Einwegspritzen in Hilfeeinrichtungen und Apotheken an Drogenabhängige abgegeben werden, um der Übertragung des HI-Virus oder anderer schwerer Krankheiten vorzubeugen. In dem geänderten Gesetzesartikel wird klargestellt, dass die Abgabe von Einwegspritzen an Drogenabhängige „kein Verschaffen einer Gelegenheit zum Verbrauch" im Sinne des § 29 Abs 1. BtMG ist.

---

[50] Vor allem im Falle des Landes Hessen liegt diese Vermutung nahe, da die Landesregierung noch kurz zuvor Zustimmung zum Gesetzesentwurf der Bundesregierung signalisiert hatte, dann aber überraschend auf Ablehnungskurs gegangen war. Ministerpräsident Koch war zu dieser Zeit wegen der Spendenaffäre der Hessischen CDU zunehmend in große politische Bedrängnis geraten.

Bis zu diesem Zeitpunkt hatte die CDU/FDP-Bundesregierung die Initiativen auf der kommunalen Ebene zur Einführung von Spritzentauschprogrammen nicht gefördert, z.b. die Entwicklung in der Hansestadt Bremen, wo zuerst in Deutschland (1987) Versuche zur Etablierung dieser Hilfemaßnahmen unternommen worden sind. Die dortige Landesregierung tolerierte diese Bemühungen von Drogenhilfeeinrichtungen.
Zwar konnte sich die damalige Bundesregierung einerseits aus gesundheitspolitischen Motiven („Schutz der Allgemeinbevölkerung") nicht gänzlich gegen ein solches Hilfeangebot sperren, andererseits musste sie aber Rücksicht nehmen auf die konservativen Drogenpolitiker in den eigenen Reihen. So stimmte eine christdemokratische Minderheit in der AIDS-Enquête-Kommission des Deutschen Bundestages der Vergabe von sterilem Spritzbesteck nicht zu, weil sie sich von einer solcher Maßnahme nicht die erwartete Wirkung versprach und vielmehr den öffentlichen Eindruck befürchtete, der Staat würde den Drogengebrauch jetzt billigend in Kauf nehmen (Stöver und Schuller 1992). Unterstützung erfuhr die Position der Bundesregierung auch von einigen Bundesländern, z.B. von der CDU-geführten Landesregierung in Baden-Württemberg, die die Einführung des Spritzentausches für i.v. Drogenabhängige als therapeutisch kontraproduktiv strikt ablehnte (Böllinger et al. 1995). Im Nationalen Rauschgiftbekämpfungsplan von 1990 wurde die Vergabe von Einmalspritzen an Drogenabhängige aber schon als ein mögliches Instrument der Schadensminimierung bezeichnet (Bundesminister für Jugend et al. 1990).
Das Verhalten der konservativ-liberalen Bundesregierung bei der Einführung von Spritzentauschprogrammen ist ein Beispiel für eine retardierende Politik im Drogensektor. Die CDU/FDP-Bundesregierung verhinderte aus politischen Gründen, eine frühzeitige Einführung dieser aids-präventiven Maßnahme bei Drogenabhängigen. Erst als durch Einrichtungen der Drogenhilfe und entschlossene Landesregierungen, die den juristischen Regelverstoß einkalkulieren mussten, lokale und regionale Spritzentauschprogramme installiert worden waren und ihre Erfolge sichtbar wurden, sicherte die Bundesregierung eine sich ausweitende und unumkehrbare Praxis im Rahmen der BtMG-Novellierung 1992 rechtlich ab (siehe Kapitel 2.2).
Auch bei der Einführung der Spritzenvergabe im Strafvollzug haben einzelne Bundesländer eine Vorreiterrolle übernommen. Zu nennen sind hier die Modellprojekte der Länder Niedersachsen (Lingen, Vechta), Hamburg (Neuengamme) und Berlin (Lichtenberg, Lehrter Straße). Die Entscheidung, eine solche infektionsprophylaktische Maßnahme durchzuführen, liegt ausschließlich bei den Justizverwaltungen der Länder. Bundesweite Rechtsvorschriften stehen

dem nicht entgegen. Als Begründung für die Einführung des Spritzentausches im Gefängnis wird auf das sogenannte Äquivalenzprinzip verwiesen, nach dem grundsätzlich bei den Hilfen für Drogenabhängige im Strafvollzug die allgemeinen Standards der Medizin, Drogen- und AIDS-Hilfe zu gelten haben (d.h. der Strafvollzug darf nicht durch eine schlechtere medizinische Versorgung zusätzlich bestrafen) (Stöver 1999b).[51] Der Bund hat die Ausweitung bzw. Vereinheitlichung des geregelten Spritzentausches im Strafvollzug über eigene Initiativen (Bund-Länder-Konferenzen, Kongresse, etc.) bislang nicht gefördert.

Methadonsubstitution

In Deutschland galt bis in die zweite Hälfte der 80er Jahre hinein die Behandlung Drogenabhängiger mit Methadon oder anderen Substitutionsmittel als ärztlicher Kunstfehler.[52] Nur die drogenfreie Therapie war als einzig sachgerechte Behandlung anerkannt; mit dieser konnten allerdings nur ca. 4% der Drogenabhängigen erreicht werden (Bossong 1998).
1988 startete das erste Methadonprogramm in einem Bundesland (Nordrhein-Westfalen). Es traf auf die entschiedene Gegnerschaft der deutschen Bundesregierung, aber auch von Verbänden der Suchtkrankenhilfe und der organisierten Ärzteschaft wurde es kritisiert.[53] Es war in Form eines wissenschaftlich begleiteten staatlichen Programms mit restriktiven Eingangsvoraussetzungen und begrenzter Teilnehmerzahl organisiert, um angesichts der breiten Front der Kritiker und der unsicheren Rechtslage überhaupt den Einstieg in die medikamentengestützte Therapie zu finden.
In Hamburg folgte ein halbes Jahr später ein von der Ärztekammer getragenes Substitutionsprogramm, bei dem erstmalig in Deutschland die Krankenkassen die Finanzierung des Substitutionsmittels und der ärztlichen Behandlung übernahmen. Das Hamburger „Einzelfallkonzept" sah keine Limitierung des Teil-

---

[51] Dieser Angleichungsgrundsatz ist sowohl im deutschen Strafvollzugsgesetz auch als in internationalen Empfehlungen festgeschrieben.
[52] Dieses war in vielen europäischen Staaten der Fall. Nur in der Schweiz, den Niederlanden und Großbritannien wurde die Substitutionsbehandlung als eine geeignete Therapieform offensiv vertreten (Bossong 1998).
[53] Zu diesem Zeitpunkt waren die ‚parteipolitischen Fronten' in der Methadon-Frage noch nicht ganz deutlich: Während – im Gegensatz zur offiziellen Linie der Bundesregierung – die damals amtierende Bundesgesundheitsministerin Süssmuth (CDU) der Methadonsubstitution offen gegenüberstand, war ihr Drogenbeauftragter Manfred Franke (SPD) ein scharfer Gegner des ersten Modellvorhabens in Nordrhein-Westfalen, das wiederum unter der Federführung des Sozialdemokraten Hermann Heinemann (Gesundheitsminister des Landes) entstanden war.

nehmerkreises vor und ließ eine Methadonbehandlung auch aus psychosozialen Gründen zu. Dem Beispiel Nordrhein-Westfalens ist das Saarland gefolgt, in Schleswig-Holstein, Berlin und Hessen entstanden Substitutionskonzepte in Anlehnung an das Hamburger Modell.
Die Bundesregierung und die sie tragenden Parteien kritisierten diese Programme und sahen das Abstinenzparadigma infrage gestellt.[54] Trotzdem konnte der Bund diese Länderprogramme nicht blockieren, da sie unter Ausnutzung landespolitischer Spielräume installiert wurden und die rechtlichen Zuständigkeiten nicht eindeutig waren. Zudem waren sie, wie im Falle Hamburgs, Ergebnis eines neokorporatistischen Arrangements unter den relevanten Landesakteuren (siehe oben).
Der entscheidende Durchbruch zur Etablierung der Methadonbehandlung in Deutschland gelang im März 1990: Eine gemeinsame Konferenz der Gesundheits-, Jugend-, Kultus-, Innen- und Justizminister der Länder sprach sich (mit Ausnahme von Bayern, Baden-Württemberg und Rheinland-Pfalz) für die Einführung einer geregelten und flächendeckenden Methadonsubstitution aus (Bossong 1998).[55] Diese sollte – so die Forderung – bei bestimmten Indikationen und unter verbindlichen Rahmenbedingungen in den Leistungskatalog der gesetzlichen Krankenversicherung aufgenommen werden. Vorausgegangen waren zwei ‚Pro-Methadon-Beschlüsse' der Gesundheitsminister-Konferenz der Länder (GMK). Im Februar 1991 folgte eine Bundesratsinitiative des Stadtstaates Hamburg zur rechtlichen Zulässigkeit von Substitutionsbehandlungen (BR-Drs. 104/91, siehe Tabelle 2.3.2). Dieser Vorstoß führte dazu, dass ein Jahr später im BtMG eine rechtliche Klarstellung über die Zulässigkeit von Substitutionsbehandlungen erfolgte (siehe unten).
Aufgrund des zunehmenden politischen Drucks erließ der Bundesausschuss der Ärzte und Krankenkassen – ein Gremium der Selbstverwaltung im Gesundheitswesen[56] – im Juli 1991 bundeseinheitliche Richtlinien zur Methadonsubsti-

---

[54] So kam beispielsweise der Bundesfachausschuss Jugendpolitik der CDU 1989 zu einer negativen Bewertung des Einsatzes von „Ersatzdrogen" (Kaiser 1996).
[55] In dieser Entschließung forderten die Bundesländer den Bund auch auf, neue geeignete Ansätze in der Drogenvorbeugung, -hilfe und -bekämpfung mehr als bisher in Absprache mit den Ländern modellhaft zu fördern (siehe Anlage I in Bundesminister für Jugend et al. 1990).
[56] Der Bundesausschuss der Ärzte und Krankenkassen hat den gesetzlichen Auftrag, die zur Sicherung der ärztlichen Versorgung erforderlichen Richtlinien über die Gewähr für eine ausreichende, zweckmäßige und wirtschaftliche Versorgung der Versicherten zu beschließen. Der Bundesausschuss wird aus der Kassenärztlichen Bundesvereinigung, den Bundesverbänden der Krankenkassen, der Bundesknappschaft und Verbänden der Ersatzkassen gebildet. Jeweils neun Vertreter der Ärzte und der Krankenkassen sowie drei unparteiische Mitglieder werden von den Verbänden in dieses Gremium bestellt.

tution, die NUB-Richtlinien (Neue Behandlungs- und Untersuchungsmethoden). Diese Richtlinien sind in ihren Indikationen und Behandlungsanforderungen restriktiv ausgelegt und trafen sich mit dem Wunsch der Bundesregierung, die Substitutionsbehandlung, wenn überhaupt, nur als eine „Ultima-Ratio-Therapie" zuzulassen. Trotz ihres restriktiven Charakters expandierte mit den NUB-Richtlinien die Methadonsubstitution in Deutschland, weil sie erstmalig Rechtssicherheit schufen. Sie wurden in der Folgezeit regional unterschiedlich ausgelegt, was auch dadurch bedingt war, dass sie teilweise in bestehende Länderprogramme integriert wurden (Kalke et al. 1998).

Die CDU-geführte Bundesregierung machte nur zögerlich Zugeständnisse bei der rechtlichen Absicherung der Methadonsubstitution. Im Sommer 1992 erfolgte jedoch eine Klarstellung im BtMG, nach der eine Substitutionsbehandlung in medizinisch begründeten Einzelfällen unter strenger ärztlicher Kontrolle zulässig ist. Mit dieser Gesetzesnovelle versuchte die Bundesregierung aber gleichzeitig eine Ausweitung und Liberalisierung der Substitutionstherapie zu blockieren. Statt unter Berücksichtigung von wissenschaftlichen Erkenntnissen aus den Länderprogrammen (Kalke et al. 1998) die Methadonbehandlung zu flexibilisieren, führten die Vertreter der Bundesregierung ‚Abwehrkämpfe' um einen restriktiven Behandlungsmodus, der praktischen Erfordernissen längst nicht mehr entsprach. Auch die Mehrheit der Landesgesundheitsminister war nach wie vor unzufrieden mit dem erreichten Stand der Substitutionstherapie in Deutschland. Auf der turnusmäßigen Sitzung der GMK im Jahre 1994 wurde deshalb erneut ein umfassender Beschluss zur Methadonsubstitution gefasst. In ihm wurde die Bundesregierung aufgefordert, „die Möglichkeiten der Substitutionsbehandlung bei Drogenabhängigen deutlich zu verbessern und in der praktischen Handhabung zu erleichtern" (Gesundheitsminister-Konferenz 1994: 1). Zudem wünschte sich die GMK politische Bemühungen seitens der Bundesregierung beim Bundesausschuss der Ärzte und Krankenkassen, damit der medizinische Indikationskatalog und die Zulassungsvoraussetzungen für die Substitutionsbehandlung ausgeweitet werden.

Die rot-grüne Bundesregierung hat sich zwar im Koalitionsvertrag für eine Ausweitung der Methadon- und Codeinbehandlung ausgesprochen (SPD und BÜNDNIS 90/DIE GRÜNEN 1998), eine Gesetzesnovelle, mit der diese Zielsetzung erreicht werden könnte, ist jedoch nicht geplant. Es besteht aus Sicht des Bundes das Problem, dass eine solche rechtliche Intervention als Eingriff in die Angelegenheiten der gesundheitlichen Selbstverwaltung aufgefasst werden könnte.

Aufgrund der dargestellten politischen Entwicklung differiert bis heute die konkrete Substitutionspraxis in den Bundesländern. Vor allem in der ersten Hälfte der 90er Jahre sahen die Zulassungskriterien, Indikationskataloge, psychosozialen Betreuungsangebote, Vergabemodalitäten sowie Finanzierungsregelungen von Bundesland zu Bundesland verschieden aus. Durch die bundesweit gültigen NUB-Richtlinien ist es zwar zu einer gewissen Angleichung gekommen, aber Besonderheiten auf der regionalen oder Länderebene sind nach wie vor feststellbar. Die seit dem Juni 1999 geltenden AUB-Richtlinien (Anerkannte Untersuchungs- und Behandlungsmethoden), die nach wie vor die Substitutionsbehandlung in Deutschland stark reglementieren, dürften an dieser Situation wenig ändern. Im Gegenteil: Es könnte sogar sein, dass sich durch den erweiterten Indikationskatalog der neuen Richtlinien die länderspezifischen Zulassungspraktiken weiter ausdifferenzieren. Es ist nicht auszuschließen, dass bei extremen Abweichungen zwischen den einzelnen Bundesländern erneut Initiativen in Politik (etwa im Bundesrat) oder im Gesundheitswesen (z.B. Ärztekammern) ergriffen werden, um zu einer bundesweiten Vereinheitlichung zu gelangen.

Auch in einer anderen Substitutionsfrage – dem rechtlichen Umgang mit der Codeinsubstitution – kam es 1997 zu einem Konflikt zwischen dem sozialdemokratisch dominierten Bundesrat und der CDU/FDP-Bundesregierung: Im Zusammenhang mit einer ungeregelten Vergabepraxis („graue Substitution") und Todesfällen in Bayern verfolgte das Bundesgesundheitsministerium das Ziel, Codeinpräparate als „Substitutionsmittel zweiter Wahl" unter das BtMG zu stellen und damit diese Behandlungsmethode zu kontrollieren und einzuschränken. Die A-Länder wiederum befürchteten, dass durch diese Beschränkung die Zahl unbehandelter Drogenabhängiger wieder ansteigen würde. Deshalb machten sie ihre Zustimmung davon abhängig, ob es zu Verbesserungen bei den Rahmenbedingungen der Methadonbehandlung kommen würde. Nach längeren Verhandlungen verständigten sich Bundesrat und Bundesgesundheitsministerium auf eine gemeinsame Linie: Die Methadonsubstitution wurde erleichtert, z.B. durch eine Ausweitung der Mitgabe-Regelungen und der Institutionen, die Methadon ausgeben dürfen;[57] im Gegenzug wurden Codeinpräparate unter das Betäubungsmittelrecht gestellt (Aufnahme in Anlage III BtMG) (siehe hierzu Bundesrat 1997).

---

[57] Beispielsweise kann nach der Regelung eine „Take-Home-Dosis" schon nach sechs Monaten erfolgreicher Substitutionsbehandlung mitgegeben werden, und auch in Apotheken darf nun Methadon ausgegeben werden.

Heroingestützte Behandlung

Die kontrollierte Heroinvergabe ist ein weiteres Beispiel dafür, wie die Bundesländer über Jahre versucht haben, eine Neuerung im Drogenhilfebereich durchzusetzen, die aber bis 1998 an der Ablehnung der (alten) Bundesregierung scheiterte. Seit Beginn der 90er Jahre gab es verstärkt Bestrebungen von Bundesländern und Großstädten, das therapeutische Spektrum um eine staatlich kontrollierte Heroinvergabe zu erweitern, weil durch die bisherigen Hilfen nicht alle Drogenkonsumenten erreicht werden konnten und die Zahl sozial und psychisch verelendeter Abhängiger kontinuierlich zunahm. Auch in anderen Industriestaaten wurden Überlegungen in diese Richtung angestellt und erste Modellprojekte initiiert. In der Schweiz wurde inzwischen ein Erprobungsvorhaben erfolgreich abgeschlossen.[58]

Im Mai 1992 unternahm die Freie und Hansestadt Hamburg einen ersten Vorstoß zur Heroinvergabe im Bundesrat (BR-Drs. 296/92, siehe Tabelle 2.3.2). Sie beantragte eine Veränderung des Betäubungsmittelrechts, um Modellversuche zur Erprobung der kontrollierten Heroinverschreibung durchführen zu können. Als Zielgruppe wurden diejenigen Abhängigen genannt, die für eine andere Behandlungsform nicht gewonnen werden können und bei denen der Prozess fortschreitender gesundheitlicher und sozialer Verelendung auf anderem Wege nicht aufzuhalten sei. Der Antrag wurde zunächst in die Ausschüsse des Bundesrates überwiesen. Dort erfolgte eine Konkretisierung der Rahmenbedingungen und Durchführungsbestimmungen des Pilotprojektes: Danach sollte das Bundesgesundheitsamt (BGA) einem Arzt die Erlaubnis zur Einfuhr, zum Erwerb und zur Verabreichung von Heroin und anderen Originalpräparaten erteilen, wenn die oberste Landesgesundheitsbehörde geltend gemacht hat, dass das Forschungsvorhaben erforderlich ist, um wissenschaftliche Erkenntnisse über die Behandlung von Betäubungsmittelabhängigkeit oder chronischer Schmerzzustände zu gewinnen. Im Juni 1993 beschloss der Bundesrat mehrheitlich, diesen modifizierten Gesetzesentwurf in den Bundestag einzubringen, der durch die Einbeziehung der obersten Landesbehörden als Genehmigungsstelle eine föderale Komponente enthielt. Da während der 12. Wahlperiode (1990-94) die Beratungen nicht abgeschlossen werden konnten, wurde die Gesetzesinitiative

---

[58] In der Schweiz wurde im Dezember 1993 ein dreijähriges nationales Forschungsprogramm zur diversifizierten Verschreibung von Betäubungsmitteln (Heroin, Morphin) gestartet, das aufgrund seines Erfolges verlängert worden ist. Eine Gesetzesrevision, mit der die heroingestützte Behandlung zu einem festen Behandlungsangebot in der breiten Palette des Schweizer Drogenhilfesystems werden soll, ist in der Vorbereitung. Auch in den Niederlanden wird seit 1998 versuchsweise Heroin an Drogenabhängige abgegeben (Krausz et al. 1999).

im Januar 1995 erneut in den Bundestag eingebracht und von dort in die Ausschüsse überwiesen. Hier kam trotz umfassender Beratungen und Informationsreisen in die Schweiz keine abschließende Beschlussempfehlung zustande, auch weil es zunehmend Differenzen in dieser Frage zwischen den Koalitionspartnern FDP und CDU/CSU gab. Vor allem das CSU-geführte Bundesgesundheitsministerium leistete von Anfang an vehementen Widerstand gegen die Reforminitiative der Bundesländer. Nach Auffassung der Bundesregierung war eine staatlich kontrollierte Heroinvergabe mit dem drogenpolitischen Ziel, Suchtkranke zu rehabilitieren, absolut unvereinbar. Denn „eine staatliche Heroinverabreichung wird die ohnehin schwachen Kräfte des Süchtigen zum Ausstieg aus der Sucht endgültig lähmen", und „alle Süchtigen werden versuchen, Heroin zu bekommen, statt den schweren Weg eines Drogenentzugsprogramms zu gehen" (Deutscher Bundestag 1993: 8). Auch Folgekriminalität, sei es im Straßenverkehr oder in Form von Gewalt, sei unter dem Einfluss von Heroin nicht auszuschließen. Außerdem befürchtete die Bundesregierung, dass die staatliche Vergabe harter Drogen zu einem weiteren Anstieg der Zahl der Süchtigen führen und die Drogenprävention ihre Glaubwürdigkeit verlieren würde (Deutscher Bundestag 1993).

Parallel zur Hamburger Bundesratsinitiative versuchte die Stadt Frankfurt am Main über einen anderen politischen Weg, ein Heroinmodell zu installieren. Sie stellte im Februar 1993 beim BGA[59] den Antrag auf „Erteilung einer betäubungsmittelrechtlichen Erlaubnis gemäß § 3 BtMG zur wissenschaftlichen Erforschung der kontrollierten Verabreichung von Diamorphin (Heroin)".[60] Dieses Forschungsprojekt, mit dem die Auswirkungen einer kontrollierten Heroinvergabe an schwer i.v. Opiatabhängige geprüft werden sollten (dabei war vorgesehen, fünf Jahre lang drei Mal täglich Heroin an 100 Abhängige auszugeben), wurde im Januar 1994 abgelehnt. Die Begründung des BGA – das formal weisungsunabhängig vom Bundesgesundheitsministerium ist – liest sich wie eine Abschrift der Stellungnahmen des ehemaligen Ressortministers Seehofer (CSU): Die Heroinvergabe würde nicht den gesetzlichen Zweckbestimmungen des BtMG entsprechen; es bestünde die Gefahr der Weitergabe des Stoffes an Neueinsteiger; die Therapie der Sucht wäre nicht das primäre Behandlungsziel; es sei die Gefahr der Überdosierung mit Todesfolge gegeben. Außerdem beste-

---

[59] Das Bundesgesundheitsamt (BGA) heißt seit 1995 Bundesinstitut für Arzneimittel und Medizinprodukte.
[60] Der Antrag der Stadt Frankfurt basierte auf § 3 (2) BtMG. Dort heißt es: „Eine Erlaubnis für die in Anlage I bezeichneten Betäubungsmittel kann das Bundesinstitut für Arzneimittel und Medizinprodukte nur ausnahmsweise zu wissenschaftlichen oder anderen im öffentlichen Interesse liegenden Zwecken erteilen" (Betäubungsmittelgesetz 1995, S. 212).

he eine Unvereinbarkeit mit den internationalen Suchtstoffabkommen. Schließlich weist das BGA auf negative Erfahrungen mit dieser Behandlungsmethode in anderen Ländern hin (Bundesgesundheitsamt 1994). Die Stadt Frankfurt legte gegen den ablehnenden Bescheid des BGA erfolgreich Widerspruch beim Bundesverwaltungsgericht in Berlin ein. Eine Fortsetzung dieses Rechtsstreits ist aber aufgrund der politischen Entwicklung auf der Bundesebene obsolet geworden.

Die Blockadehaltung der ehemaligen CDU/FDP-Bundesregierung gegenüber Veränderungen in der Drogenpolitik wird insbesondere bei dieser Diskussion um die Heroinvergabe deutlich. Die Regierungsvertreter lehnten nicht nur jede gesetzliche Änderung zu diesem Zweck ab, sondern sie waren nicht einmal bereit, ein über das BGA genehmigtes, zudem zeitlich befristetes Pilotprojekt zuzulassen, um wissenschaftliche Erkenntnisse und praktische Erfahrungen zu sammeln.

Erst mit dem Regierungswechsel im Jahr 1998 fand der Wille der Mehrheit der Bundesländer Berücksichtigung: Die rot-grüne Koalition vereinbarte im Koalitionsvertrag die Durchführung eines Heroinversuches (SPD und BÜNDNIS 90/DIE GRÜNEN 1998). Sie entschied sich dabei für den politischen Weg, den die Stadt Frankfurt eingeschlagen hatte: ein Erprobungsvorhaben im Rahmen des bestehenden Betäubungsmittelrechts (siehe oben). Zu diesem Zwecke wurde eine Trägergemeinschaft gegründet, die aus dem Bundesgesundheitsministerium, sieben Städten (Essen, Frankfurt, Hamburg, Hannover, Karlsruhe, Köln, München) und vier Bundesländern besteht. Zu den letztgenannten gehören Hamburg, Hessen, Niedersachsen und Nordrhein-Westfalen – allesamt Bundesländer, die schon in den letzten 10 Jahren durch eine reformorientierte Drogenpolitik aufgefallen sind. Weitere Bundesländer wollen sich aus unterschiedlichen Gründen nicht an dem Projekt beteiligen: In Ländern wie Schleswig-Holstein gab es eine andere drogenpolitische Prioritätensetzung (Cannabis-Projekt, Qualitätssicherung in der Drogenhilfe). Bundesländer wie Bayern lehnen dagegen die kontrollierte Heroinverschreibung aus grundsätzlichen drogenpolitischen Erwägungen ab, mit Argumenten, die schon die alte CDU/FDP-Bundesregierung hervorbrachte (siehe oben).

Der Heroinversuch der Trägergemeinschaft aus Bund, Ländern und Kommunen ist als eine klinische Arzneimittelprüfung mit einer Laufzeit von insgesamt drei Jahren konzipiert. Ca. 700 Patienten sollen an dem Erprobungsvorhaben teilnehmen. Die Kosten sollen sich der Bund und die beteiligten Länder und Städte teilen. Die Trägergemeinschaft bereitet seit 1999 den entsprechenden Antrag an das Bundesinstitut für Arzneimittel und Medizinprodukte vor.

Die Vorgehensweise des Bundesgesundheitsministeriums in Sachen Heroinverschreibung knüpft in einem wesentlichen Punkt an den ursprünglichen Gesetzesentwurf des Bundesrats an: Die föderale Eigenständigkeit soll gewahrt bleiben – Bundesländer und Städte sollen selbst entscheiden, ob und in welchem Umfang sie sich an der Durchführung des Modellversuchs beteiligen. Das Gesundheitsministerium in Bonn hat es von Anfang an abgelehnt, ein zentralisiertes Modellprogramm aufzulegen.

Gesundheitsräume

Seit Beginn der 90er Jahre haben in Deutschland die Forderungen zugenommen, nach Schweizer Muster „Fixerstuben" einzurichten. In diesen Einrichtungen – auch „Gesundheitsräume", „Druckräume" oder „Drogenkonsumräume" genannt – können sich Drogenabhängige unter hygienisch einwandfreien Bedingungen und medizinischer Aufsicht Heroin applizieren.
Die ersten Gesundheitsräume wurden 1994 in Frankfurt und Hamburg mit Zustimmung der politisch Verantwortlichen in diesen Bundesländern eingerichtet.[61] Auch in Hannover und Saarbrücken bestehen seit einiger Zeit solche Einrichtungen. Der Stadtstaat Hamburg kann inzwischen auf 6 Jahre Erfahrungen mit Gesundheitsräumen zurückblicken; seit 1999 gibt es 24 Konsumplätze für mehrere hundert Kontakte täglich (Dworsky 1999) – Zahlen, die auf den Bedarf von Überlebenshilfen und gesundheitlicher Basisversorgung in der städtischen Suchthilfepolitik hinweisen.
Die Einrichtung der Gesundheitsräume in diesen Städten erfolgte unter einer unklaren Rechtssituation. Es war juristisch und politisch umstritten, ob sie den Tatbestand einer Verschaffung einer Gelegenheit zum unbefugten Drogengebrauch (§ 29 BtMG) erfüllten oder nicht. Um hier eine eindeutige Rechtslage zu schaffen, brachte die Freie und Hansestadt Hamburg 1995 einen Gesetzesantrag zur Ermöglichung des Konsums von Betäubungsmitteln in staatlich anerkannten Drogenhilfeeinrichtungen in den Bundesrat ein (BR-Drs. 389/95, siehe Tabelle 2.3.2). Eine Gesetzesänderung wurde jedoch von der CDU/FDP-Bundesregierung abgelehnt. Begründung: Gesundheitsräume seien ein verhängnisvolles Signal für die Drogenprävention, mit ihnen würde der Drogenkonsum verharmlost und der Weg der Drogenabstinenz infrage gestellt.
Die neue rot-grüne Bundesregierung nahm dagegen die Forderung SPD-geführter Bundesländer nach rechtlicher Absicherung der Gesundheitsräume

---

[61] Zur Entstehungsgeschichte der Gesundheitsräume siehe Schütze (1999).

mit in ihren Koalitionsvertrag auf (SPD und BÜNDNIS 90/DIE GRÜNEN). Im Juli 1999 verabschiedete das Bundeskabinett auf Vorschlag des Bundesgesundheitsministerium einen Gesetzesentwurf, der eine bundeseinheitliche Rahmenvorschrift für den Betrieb solcher Einrichtungen enthält. Danach ist es den Landesregierungen freigestellt, ob sie auf dem Verordnungsweg – unter Beachtung bundesweiter Mindeststandards – die entsprechenden Voraussetzungen für eine Erlaubnis zum Betrieb dieser niedrigschwelligen Hilfeform schaffen oder nicht. In dem Gesetzesentwurf heißt es: „Einer Erlaubnis der zuständigen obersten Landesbehörde bedarf, wer eine Einrichtung betreiben will, in deren Räumlichkeiten Betäubungsmittelabhängigen eine Gelegenheit zum Verbrauch von mitgeführten, ärztlich nicht verschriebenen Betäubungsmitteln verschafft oder gewährt wird (Drogenkonsumraum). ... Die Landesregierungen werden ermächtigt, durch Rechtsverordnung die Voraussetzungen für die Erteilung einer Erlaubnis nach Absatz 1 zu regeln" (Bundesregierung 1999: 1). Diese föderative Ausrichtung des Gesetzesentwurfes wird mit den Kenntnissen über die landesspezifische Drogensituation und das Hilfesystem begründet: „Da ein Drogenkonsumraum nicht ohne Berücksichtigung insbesondere der örtlichen Drogensituation, der dort vorhandenen Hilfsangebote für Suchtkranke und der finanziellen Gesamtplanung der Suchtkrankenhilfe eröffnet werden kann, soll die Erlaubnis ... von der zuständigen obersten Landesbehörde und nicht vom Bundesinstitut für Arzneimittel und Medizinprodukte erteilt werden" (Bundesregierung 1999: 7).[62]

Vereinzelt wurde an dieser rechtlichen Konstruktion auch Kritik geübt, weil Städte wie München, deren Landesregierung aus Prinzip solche Einrichtungen ablehnt, keine Möglichkeit haben, Drogenkonsumräume einzurichten. Die Drogenbeauftragte der Bundesregierung, Christa Nickels, entgegnete auf diese Kritik, dass „es dem Bundesgesetzgeber aber aufgrund der Verfassung nicht gestattet ist, an den Ländern, die für Gesundheitspolitik zuständig sind, vorbei, den Städten Kompetenzen in diesem Bereich zuzuweisen" (Nickels 1999).[63]

---

[62] Auch ein weiteres Zitat der Drogenbeauftragten Nickels (GRÜNE) macht die föderative Ausrichtung des Gesetzes deutlich: „Die Eröffnung und der Betrieb von Drogenkonsumräumen liegt in der Hand der Länder. Sie gewährleisten die bestmögliche Sicherheit und Kontrolle beim Verbrauch von Betäubungsmitteln in Drogenkonsumräumen dadurch, dass qualifizierte Beratung und Hilfe geleistet werden" (Bundesministerium für Gesundheit 2000, S. 10).

[63] Trotzdem ist es vorstellbar, dass in einigen Städten Gesundheitsräume eingerichtet werden, obwohl keine entsprechende Landesverordnung existiert und die Landesregierung den Betrieb solcher Einrichtungen nicht unterstützt. So wollen in Berlin einige Bezirke Gesundheitsräume auch gegen die politische Auffassung der Großen Koalition einrichten. Der Innensenator vertritt hierzu die Auffassung, dass ein Betrieb von Gesundheitsräumen auf der bezirklichen Ebene

Der Gesetzesentwurf der Bundesregierung, der von den Fraktionen der SPD und BÜNDNIS 90/GRÜNEN in den Bundestag eingebracht worden war und dort eine deutliche Mehrheit erhalten hatte (als einzige Fraktion stimmte die CDU/CSU dagegen), fand im Bundesrat im Februar 2000 keine Mehrheit. Die CDU/CSU-geführten Bundesländer lehnten – mit Ausnahme des Saarlandes – das Reformvorhaben generell als falschen drogenpolitischen Weg ab.[64] Ihre Argumente glichen denjenigen der alten Bundesregierung (siehe oben). Als einziges länderbezogenes Argument wurde ins Feld geführt, dass der Gesetzesentwurf 10 Mindeststandards für Gesundheitsräume formuliere – z.B. Vorhandensein einer einsatzfähigen medizinischen Notfallversorgung oder die Dokumentation und Evaluation der Arbeit der Einrichtung –, deren Umsetzung hohe Kosten in den Ländern verursachen würde. Diese Argumentation wird aber fragwürdig, wenn sie von Ländern vorgetragen wird, die prinzipiell gegen diese neue Maßnahme sind, da diese selbst – wie schon dargestellt – unter Abwägung ihrer landesspezifischen Drogensituation entscheiden können, ob sie Gesundheitsräume einrichten oder nicht. Das Verhalten einzelner CDU-regierter Bundesländer kann in dieser Angelegenheit deshalb als widersprüchlich gekennzeichnet werden: Gerade Bayern und Baden-Württemberg, die sonst an der Spitze derjenigen Bundesländer stehen, die mehr föderale Eigenständigkeit einfordern (siehe Kapitel 3), versagen einem Gesetzesentwurf ihre Zustimmung, der genau dieses für eine drogenpolitische Maßnahme vorsieht.[65] Im Vermittlungsausschuss konnte dann allerdings ein Kompromiss gefunden werden. Nachdem als neue Vorgabe in den Gesetzesentwurf der Bundesregierung aufgenommen worden war, dass die Beratung in den Gesundheitsräumen dem Ausstieg aus dem Drogenkonsum zu dienen hat, konnte auch das CDU-regierte Hessen zustimmen.

Das verabschiedete Gesetz trägt sowohl von seiner Entstehungsgeschichte als auch von seiner Konzeption her eine stark föderale Handschrift. Die Bundesländer können bei den Gesundheitsräumen auf eine erfolgreiche Vorgehensweise zurückblicken (eigene Länderprojekte plus Bundesratsinitiative). Zudem könnte das Gesetz beispielhaft werden für die Kompetenzverteilung zwischen Bund und Ländern in der Drogenhilfepolitik.

---

zwar gegen Landesrecht verstoßen würde, aber das neue Bundesgesetz eine Strafverfolgung verhindere (siehe hierzu Haak 2000).

[64] Die „Großen Koalitionen" aus Berlin, Brandenburg und Bremen enthielten sich der Stimmen, so dass die notwendigen 35 Ja-Stimmen nicht zustande kamen.

[65] Auch die CDU/CSU-Bundestagsfraktion vertritt in dieser Frage eine antiföderale Position: Sie kritisiert den „drogenpolitischen Flickenteppich", der durch die Regelungen der Bundesregierung entstehen würde (CDU/CSU-Bundestagsfraktion 2000).

Entkriminalisierung von Cannabis

Verschiedene SPD-geführte Bundesländer haben seit Anfang der 90er Jahre Initiativen ergriffen, um eine Entkriminalisierung bzw. kontrollierte Abgabe von Cannabisprodukten zu erreichen. Als ein erster Schritt in diese Richtung kann die erfolgreiche Gesetzesinitiative aus Hamburg betrachtet werden, die eine Verbesserung der prozessualen Einstellungsmöglichkeiten für die Staatsanwaltschaft bei Konsumenten- und Bagatelleverfahren beinhaltete (BR-Drs. 57/90, siehe Tabelle 2.3.2). Der Antrag Hessens (initiiert von der damaligen sozialdemokratischen Justizministerin), Cannabisprodukte aus dem BtMG zu nehmen und den Umgang mit ihnen in Anlehnung an das Branntweinmonopolgesetz zu regeln (BR-Drs. 582/92, siehe Tabelle 2.3.2), fand dagegen keine sofortige Zustimmung im Bundesrat und ‚schmorte' über Jahre in den Gremien des Bundesrats. Auch einigen SPD-regierten Bundesländern ging dieser Vorschlag offensichtlich zu weit. Die neue CDU/FDP-Landesregierung zog im Juni 1999 den Entschließungsantrag offiziell zurück. Auf den Antrag der sozialliberalen Landesregierung von Rheinland-Pfalz, den Besitz von bis zu 20 g Haschisch und bis zu 100 g Marihuana als Ordnungswidrigkeit einzustufen (BR-Drs. 58/93, siehe Tabelle 2.3.2), gab es ebenfalls nicht nur positive Signale der A-Länder, was den Plan im Sande verlaufen ließ. Die Regierungsmehrheit von CDU/CSU und FDP im Deutschen Bundestag hätte aber in jedem Falle beide Initiativen im weiteren Gesetzgebungsverfahren gestoppt. Die Staatssekretärin im Bundesgesundheitsministerium, Sabine Bergmann-Pohl, machte in einer Rede vor dem Bundesrat die Position der Regierung deutlich: „Die Bundesregierung erteilt daher jeglichen Forderungen nach Freigabe des Drogenkonsums, egal, ob für alle Drogen oder nur für Cannabis, eine Absage. Der Staat darf kein falsches Signal geben. Auch Cannabis ist eindeutig gesundheitsschädlich. Im Gegensatz zu Alkohol erzeugt Cannabis bereits in einer tausendfach kleineren Blutkonzentration einen Rausch" (Deutscher Bundesrat 1992: 102).
Aufgrund dieser strikten Weigerung der Bundesregierung, das BtMG für entkriminalisierende Maßnahmen zu ändern, blieb den Bundesländern nur die Möglichkeit, im Rahmen des *geltenden* Rechts einen Reformvorstoß zu unternehmen. Im November 1994 beschloss die Gesundheitsministerkonferenz der Länder (GMK) mit großer Mehrheit, einen Modellversuch zur Trennung der Drogenmärkte durchzuführen, um dadurch eine empirische Grundlage für eine Neubewertung von „weichen" Drogen zu schaffen. Ein wesentlicher Bezugspunkt war dabei das sogenannte „Haschisch-Urteil" des Bundesverfassungsgerichtes vom März 1994. In ihm hatte es geheißen: „Angesichts der dargestellten

offenen kriminalpolitischen und wissenschaftlichen Diskussion über die vom Cannabiskonsum ausgehenden Gefahren und den richtigen Weg ihrer Bekämpfung hat der Gesetzgeber die Auswirkungen des geltenden Rechts unter Einschluss der Erfahrungen des Auslandes zu beobachten und zu überprüfen. Dabei wird er insbesondere einzuschätzen haben, ob und inwieweit die Freigabe von Cannabis zu einer Trennung der Drogenmärkte führen und damit zur Eindämmung des Betäubungsmittelkonsums insgesamt beitragen kann oder ob umgekehrt nur die strafbewehrte Gegenwehr gegen den Drogenmarkt insgesamt und die sie bestimmende organisierte Kriminalität hinreichenden Erfolg verspricht" (Bundesverfassungsgericht 1994: 194).

Die GMK präzisierte ein Jahr später ihren Beschluss, indem sie einen Modellversuch nach § 3 BtMG forderte, um praktische Erfahrungen zur „Trennung der Märkte" zu sammeln. Dieser Verfahrensvorschlag ging im wesentlichen auf die Empfehlung einer gemeinsamen Expertenkommission des Kieler Sozial- und Justizministeriums zurück, die verschiedene Varianten für eine reglementierte Cannabisabgabe geprüft hatte.[66] Dabei kristallisierte sich mehr und mehr ein Antrag nach § 3 BtMG heraus, um einen Modellversuch zur kontrollierten Abgabe von Cannabisprodukten aus „wissenschaftlichen oder anderen im öffentlichen Interesse liegenden Zwecken" durchführen zu können (§ 3(2) BtMG). Mit dem wissenschaftlichen Gesamtvorhaben sollte überprüft werden, inwieweit die general-präventiven Effekte, die mit dem umfassenden Verbot von Cannabis auf den Konsum von illegalen Drogen angestrebt sind, nicht genauso gut oder besser durch eine kontrollierte Abgabe von Cannabis zum Eigengebrauch erreicht werden können (Raschke und Kalke 1997).

Schleswig-Holstein wurde von der GMK gebeten, für einen solchen Modellversuch konkrete Vorschläge zu erarbeiten. Als potentiell geeignete Abgabestellen wurden dann Apotheken favorisiert – deshalb wird das schleswig-holsteinische Cannabisprojekt auch als „Apothekenmodell" bezeichnet.

Im Februar 1997 stellte das Land Schleswig-Holstein beim Bundesinstitut für Arzneimittel und Medizinprodukte einen entsprechenden Antrag. Dieser löste eine heftige politische Kontroverse im Lande (und auf der Bundesebene) aus, in

---

[66] Im Gespräch war zuerst ein sogenanntes „§ 31b-Modell", das ein Absehen von der Strafverfolgung bei der Abgabe durch staatlich genehmigte Stellen vorsah – eine Art deutsche „Coffee-Shop"-Lösung, die aber nicht auf dem niederländischen Opportunitätsprinzip, sondern auf einer Ausnahme vom deutschen Legalitätsprinzip fußte. In einem anderen Modell wurde die Umstufung von Cannabisprodukten aus der Anlage I BtMG in eine neue Anlage IV in Erwägung gezogen, mit der Möglichkeit, diese Stoffe über Apotheken abzugeben. Nach einer rechtlichen Bewertung wurden aber beide Lösungswege wegen der Probleme bei der Beschaffung der Cannabisprodukte und der Vereinbarkeit mit internationalen Verträgen verworfen (Raschke und Kalke 1997).

die sich auch intensiv die Landtagsabgeordneten einschalteten (Kreutzfeldt und Schmidt 1997). Obwohl das Cannabisprojekt politisch von der GMK auf den Weg gebracht worden war, unterstützten in der öffentlichen Auseinandersetzung offensiv nur wenige Bundesländer das Land Schleswig-Holstein. Das Bundesinstitut lehnte drei Monate später den Antrag mit der Begründung ab, dass bei dem Modellversuch die Kontrolle des Betäubungsmittelverkehrs nicht gewährleistet sei, das Projekt ein ausschließlich sozialwissenschaftliches Design besitzen und nicht die wissenschaftlichen Kriterien analog einer klinischen Arzneimittelprüfung erfüllen würde (Bundesinstitut für Arzneimittel und Medizinprodukte 1997).
Das Sozialministerium in Kiel legte Widerspruch ein; nachdem auch dieser zurückgewiesen wurde, verzichtete das Land auf weitere rechtliche Schritte. Stattdessen kündigte die zuständige Sozialministerin Heide Moser (SPD) an, dass sie bei veränderten Mehrheitsverhältnissen im Bundestag eine Gesetzesinitiative in den Bundesrat einbringen werde, mit dem Ziel, dass Modellversuche wie das Cannabisprojekt auf der Länderebene realisiert werden können.[67] Da im Koalitionsvertrag der neuen Bundesregierung aber keine Aussagen zu einer Entkriminalisierung oder einer kontrollierten Abgabe von Cannabis gemacht werden, wurde dieser Plan von der schleswig-holsteinischen Landesregierung fallen gelassen. In der neuen Koalitionsvereinbarung der rot-grünen Landesregierung wird im drogenpolitischen Teil nur noch ganz allgemein von der Leitlinie der Entkriminalisierung und einer an wissenschaftlichen Erkenntnissen orientierten Weiterentwicklung des Betäubungsmittelgesetzes gesprochen (SPD und BÜNDNIS 90/DIE GRÜNEN 2000). Es kann aber insgesamt nicht ausgeschlossen werden, dass ein reformorientiertes Bundesland über kurz oder lang das Thema „Entkriminalisierung von Cannabis" erneut auf die drogenpolitische Agenda hebt.

---

[67] Das konsequente Eintreten von Schleswig-Holstein für eine veränderte Cannabispolitik zeigte sich auch darin, dass das Land im Bundesrat den Antrag stellte, auf ein Verbot des Verkaufs von Cannabissamen in sogenannten „Head-Shops" zu verzichten (BR-Drs. 881/2/97, siehe Tabelle 2.3.2). Dieses Begehren wurde jedoch abgelehnt, auch mit den Stimmen SPD-regierter Länder.

Tabelle 2.3.3: Drogenpolitische Reforminitiativen der Bundesländer in unterschiedlichen Bereichen föderativer Politikgestaltung (1987-2000)

	Länderprojekte	Länderkommissionen	Bundesratsinitiativen
Spritzenvergabe	Ja (JVA)	Nein	Ja
Methadonsubstitution	Ja	Ja	Ja
Heroingestützte Behandlung	Ja, zusammen mit Bund und Städten	Ja	Ja
Gesundheitsräume	Ja, zusammen mit Städten	Nein	Ja
Entkriminalisierung von Cannabis	Ja, aber gescheitert	Ja	Ja

Im Gegensatz zu den fünf vorgestellten Reformprojekten gibt es bislang keine Initiativen von (sozialdemokratisch regierten) Bundesländern, die auf einen anderen politischen und rechtlichen Umgang mit der Ecstasy-Problematik abzielen: Weder werden für die Konsumenten dieser neuen synthetischen Drogen entkriminalisierende Maßnahmen verlangt noch die Einführung von „Drug-Checking" als ein sekundär-präventives Angebot gefordert. Dabei hätte sich eigentlich diese Thematik als ein ‚Testfeld' für die neuen Grundlinien akzeptierender Drogenpolitik angeboten. Denn die Ausweitung des Ecstasykonsums in Deutschland fiel in die Zeit, als antiprohibitive Ansätze in der Drogenpolitik zunehmend an Bedeutung gewannen. Zudem lässt sich der Gebrauch von Ecstasy – was das gesundheitliche Gefahrenpotential, das Konsumverhalten und die Einbettung in eine Jugendfreizeitkultur betrifft – durchaus mit dem Cannabiskonsum vergleichen (Schmidt 1998).
Die reformorientierten Bundesländer machten aber trotz dieser günstigen Voraussetzungen den Ecstasykonsum nicht zum Gegenstand ihrer Drogenpolitik, weil sie befürchteten, dass eine hoch emotionalisierte Debatte in der Öffentlichkeit kontraproduktiv für andere Reformprojekte sein könnte. Bossong stellt hierzu fest: „... zugleich aber mochten sie (die reformwilligen Bundesländer, J.K.) auch nicht in einem radikalen Schritt die in Rede stehenden Designer-Drogen dauerhaft legalisieren – den zu erwartenden und in seiner Wirkkraft unberechenbaren Vorwurf der ‚Drogen-Verharmlosung' und ‚Jugendgefähr-

dung' wollten sie auf keinen Fall auf sich ziehen, ebensowenig das für lange Zeit zu erwartende Ende jedweden drogenpolitischen Dialogs mit dem Bund" (Bossong 1997: 216). Der letzte von Bossong angesprochene Aspekt ist seit dem Regierungswechsel 1998 obsolet geworden, aber auch das Bundesgesundheitsministerium hat keine eindeutige Position zur Ecstasy-Problematik; es prüft schon seit längerer Zeit die Einführung von „Drug-Checking"-Maßnahmen. Es ist also offen, wie sich dieses drogenpolitische Thema im Verhältnis zwischen Bund und Ländern weiterentwickeln wird.

Zusammenfassend kann festgehalten werden, dass sich in vier der fünf aufgezeigten Beispiele weitgehend die Positionen der Bundesländer durchgesetzt haben: Spritzentausch, Methadonsubstitution, heroingestützte Behandlung und Gesundheitsräume sind inzwischen als Hilfeformen etabliert oder sollen erprobt werden. Einem Teil dieser Maßnahmen konnte aber erst durch den Regierungswechsel im Herbst 1998 zum Durchbruch verholfen werden. Beim fünften Fallbeispiel, der Entkriminalisierung von Cannabis, waren die Länderbemühungen bisher nicht so erfolgreich. Zwar wurden die prozessualen Einstellungsmöglichkeiten für die Staatsanwaltschaft bei Konsumentendelikten verbessert; die Diskussion um weiter gehende Lösungen ist aber vorerst von der politischen Agenda verschwunden, weil offensichtlich auch die amtierende Bundesregierung keine Veränderungen des Status-Quo beabsichtigt. Dennoch ist nicht auszuschließen, dass über kurz oder lang ein sozialdemokratisch oder rot-grün geführtes Bundesland erneut eine Initiative zur Entpönalisierung oder Entkriminalisierung von Cannabisprodukten im Bundesrat starten wird. Ein typisches Verhaltensmuster in der Drogenpolitik – die Bundesländer als Motoren der Reformen – wäre dann wieder sichtbar.
Die Beispiele in fünf ausgewählten Bereichen der Drogenpolitik dokumentieren eindrucksvoll, wie die Bundesländer drogenpolitische Reformen in Deutschland vorangetrieben haben. Auch Schmidt-Semisch weist daraufhin, dass sich der Bruch zwischen Abstinenz- und Akzeptanzparadigma in den Auseinandersetzungen zwischen Bund und Ländern manifestiert hat (Schmidt-Semisch 2000). Die Bundesländer beschritten dabei verschiedene politische Wege, die von Anträgen im Bundesrat, über Resolutionen auf der GMK bis hin zur Verwirklichung eigener Ländermodelle im Rahmen rechtlicher Gestaltungsspielräume reichten.
Die vorangegangene Beschreibung und Analyse von Reformprojekten im Drogenbereich lässt den Eindruck entstehen, als ob es vor allem die Länderexekutiven (bzw. Landesregierungen) waren, die diese neue Politik in Kernbereichen

föderaler Politikgestaltung vorangetrieben haben. Ein wesentlicher Beitrag der Landtage ist auf diese Weise nicht zu erkennen. Ob dieser Anschein wirklich zutrifft, und welche Rolle die Landesparlamente tatsächlich bei der Initiierung und Formulierung von Drogenreformprojekten gespielt haben, ist eine der Hauptfragestellungen dieser Arbeit. Sie wird in Kapitel 4 mit Hilfe der Analyse von Parlamentsdrucksachen empirisch untersucht.

3. Zum Bedeutungs- und Machtverlust der Landtage

Nachdem im vorangegangenen Abschnitt die Entwicklung der bundesdeutschen Drogenpolitik beschrieben worden ist, erfolgt in diesem Kapitel ein Problemaufriss zur These vom Bedeutungsverlust der Landesparlamente. Dieser Teil ist als theoretischer Hintergrund notwendig, um die Ergebnisse der empirischen Analysen im Kontext der Parlamentarismusforschung einordnen zu können (siehe Kapitel 4).
Es gibt verschiedene Möglichkeiten, Parlamente zu analysieren und zu klassifizieren. Ein bekanntes Muster ist die Unterscheidung zwischen Rede- und Arbeitsparlament (Rudzio 1983). Auch können parlamentarische Prozesse und Strukturen nach dem Konzept von Regierungsmehrheit und Opposition untersucht werden (Steffani 1991). Ein weiteres Raster, um parlamentarische Aktionen, Reaktionen und Interaktionen zu erfassen, kann in der Analyse von Parlamentsfunktionen bestehen (Schüttemeyer 1992). Dieser methodische Zugang wurde hier gewählt, weil die Parlamentsfunktionen über die Drucksachen in geeigneter Form empirisch operationalisiert werden können (siehe Kapitel 4.2).
In diesem Teil der Untersuchung wird zunächst die Entwicklung des bundesdeutschen Föderalismus kurz beschrieben; daran schließt sich eine Vorstellung der verschiedenen Parlamentsfunktionen der Landtage an. Beides sind grundlegende Voraussetzungen, um im nächsten Schritt die These vom Bedeutungsverlust der Landtage verstehen und politikwissenschaftlich problematisieren zu können.

3.1 Die Entwicklung des bundesdeutschen Föderalismus

Die Bundesrepublik Deutschland ist ein demokratischer, sozialer und föderativer Rechtsstaat. Der Föderalismus ist als eines dieser Staatsstrukturprinzipien in der sogenannten „Ewigkeitsklausel" (Art. 79) des Grundgesetzes verankert.[68]

---

[68] Der Begriff Föderalismus ist von dem lateinischen Wort foedus = „Bund/Bündnis" abgeleitet. Föderalismus bedeutet also Bundesstaatlichkeit, die Zusammenfassung mehrerer Staaten (Gliedstaaten) zu einem Gesamtstaat (Bund). Der Begriff des Föderalismus wurde während des

Der bundesrepublikanische Föderalismus wird in Politik und Politikwissenschaft unterschiedlich bewertet: Für die einen bildet er neben dem gesellschaftlichen Korporatismus das zweite zentrale Element des erfolgreichen Konsensmodells deutscher Nachkriegspolitik. Die anderen sehen in ihm das strukturelle Haupthindernis für die erforderlichen politischen und gesellschaftlichen Modernisierungen (Schultze 1999).

Der deutsche Föderalismus unterscheidet sich von allen anderen bundesstaatlichen Ordnungen durch die unmittelbare Mitwirkung der gliedstaatlichen Regierungen an den Entscheidungen des Zentralstaates und das dadurch bedingte höhere Ausmaß der vertikalen und horizontalen Politikverflechtung.[69] Diese besondere Gestalt des bundesdeutschen Föderalismus wird historisch darauf zurückgeführt, dass die Länder schon vor dem Bund existierten und sich die Alliierten nach dem Ende des Nationalsozialismus für ‚starke' Bundesländer eingesetzt hatten (Scharpf 1994). Die westlichen Militärgouverneure hatten den Ministerpräsidenten 1948 den Auftrag gegeben, eine Verfassung „föderalistischen Typs" für die zu gründende westdeutsche Republik zu entwerfen (Abromeit und Wurm 1996). Und schon vor der Gründung der Bundesrepublik Deutschland hatten in den Ländern der westlichen Besatzungszonen 1946/1947 Wahlen zu den Landesparlamenten stattgefunden.[70] Diese starke Stellung der Bundesländer bezieht sich aber nur auf ihre Mitwirkungsmöglichkeiten auf der Bundesebene und nicht auf eigene Landesbefugnisse. So verfügen beispielsweise die Bundesländer nicht über eigenständige Besteuerungsmöglichkeiten. Die meisten anderen Föderalstaaten hingegen wie die USA, Kanada oder Schweiz gewähren ihren Gliedstaaten eigene Besteuerungsrechte und lassen damit einen Steuerwettbewerb in ihrem politischen System zu.[71]

Der Bund ist in den wichtigsten Aufgabenbereichen für die Gesetzgebung zuständig, während die Länder zwar einige eigene Gesetzgebungskompetenzen

---

englischen Bürgerkrieges 1645 geprägt. Föderalismus wird als Schutz gegen die Allmacht des Zentralstaates angesehen. Als Vorteile föderalistischer Ordnungen werden im Allgemeinen genannt: Berücksichtigung regionaler Unterschiede, Verbindung von Einheit und Vielfalt, vertikale Gewaltenteilung, Anwendung des Subsidiaritätsprinzips, vermehrte Experimentier- und Partizipationschancen, Verbesserung der Funktionsfähigkeit des politisch-administrativen Systems.

[69] Die Entwicklungstendenzen im deutschen Bundesstaat lassen sich nicht allein durch das Verhältnis zwischen Bundes- und Landesebene beschreiben, auch die kommunale und die europäische Ebene sind von Bedeutung. Diese können aber angesichts der Fragestellung dieser Arbeit nur gestreift werden.
[70] Zur Wiederentstehung der bundesstaatlichen Ordnung nach 1945 und der historischen Entwicklung des Föderalismus in Deutschland insgesamt siehe die ausführliche Darstellung in Laufer und Münch (1998).
[71] Siehe zu den verschiedenen föderalistischen Systemen in der Welt Elazar (1998).

besitzen, darüber hinaus aber vor allem für den Vollzug der Bundesgesetze zuständig sind. Die Landesregierungen bestimmen jedoch im Bundesrat als einer strukturell nicht-parlamentarischen Gesetzgebungskammer und in Bund-Länder-Verhandlungen über die Richtung der Bundespolitik mit. Daraus haben sich Kooperationsbeziehungen zwischen dem Bund und den Ländern entwickelt, die ein zentrales Strukturmerkmal des föderativen Systems in Deutschland sind. Es gibt inzwischen eine fast unübersichtliche Anzahl von Ausschüssen, Räten, Arbeitsgemeinschaften, Kommissionen und Arbeitskreisen, in denen Vertreter von Bund und Ländern mit der Planung und dem Aushandeln von Richtlinien und Finanzierungsprogrammen zeitaufwendige Gemeinschaftsleistungen vollbringen.[72] Diese zunehmende vertikale Politikverflechtung zwischen Bund und Ländern hat nach Meinung einiger Politikwissenschaftler die Problemlösungsfähigkeit von Bund und Ländern wesentlich beschränkt (Scharpf 1991). Der extreme Konsenszwang und die „antagonistische Kooperation" in diesem Verflechtungssystem hätten Reformblockaden und ein ineffektives Muster der Politikformulierung bewirkt.

Der bundesdeutsche Föderalismus kann – aufgrund der verfassungsrechtlich institutionalisierten Mitwirkung der Länderregierungen an der Gesetzgebung des Bundes – tendenziell als „Verbundföderalismus" charakterisiert werden, im Unterschied zum „Verflechtungsföderalismus" der Schweiz und dem „Dualföderalismus" der USA (Steffani 1997). Der US-amerikanische Föderalismus basiert verfassungstheroretisch auf der klaren Trennung der Kompetenzen des Bundes und der Einzelstaaten. In der Verfassung ist eine gemeinsame Aufgabenwahrnehmung des Bundes und der Staaten nicht vorgesehen, weder als konkurrierende Gesetzgebung oder Rahmengesetzgebung des Bundes noch als Vollzug von Bundesgesetzen durch die Gliedstaaten. Trotzdem haben sich auch in den USA Verflechtungsbeziehungen zwischen der Bundes- und Staatenebene herausgebildet, die aber „Ad-hoc-Arrangements und politikfeldorientiert" bleiben (Sturm 1997). Das deutsche Föderalismusmodell hat sich dagegen von Anfang als ein „intrastaatlicher Föderalismus" dargestellt, der unter anderem dadurch gekennzeichnet ist, dass „die Kompetenzen ... nicht nach Politikfeldern

---

[72] Nach der Erhebung einer Expertenkommission im Auftrag des nordrhein-westfälischen Landtages gab es Anfang der 90er Jahre etwa 300 Bund-Länder-Kommissionen und fast 150 reine Länderkommissionen (Lhotta 1991). Im Drogen- und Suchtbereich existiert als Bund-Länder-Gremium der Ständige Arbeitskreis der Drogenbeauftragten des Bundes und der Länder (StAK); auf der Ebene der Länder-Koordination gibt es dem „Ausschuss Suchthilfe" der Arbeitsgemeinschaft der Leitenden Medizinalbeamten der Länder (AGLMB) (siehe Kapitel 2.3). Zudem beschäftigt sich auch die Gemeinsame Gesundheitsministerkonferenz der Länder (GMK) mit drogenpolitischen Fragen.

oder Staatsaufgaben verteilt (sind), wie dies in den USA der Fall ist, sondern die Verteilung ... weitgehend nach Kompetenzart (erfolgt): Während der Zentralstaat in erster Linie für den Bereich der Gesetzgebung zuständig ist, liegt der Vollzug dieser Gesetze fast ausschließlich bei den Gliedstaaten" (Laufer und Münch 1998: 23).[73] Es gibt in Deutschland nur wenige Politikfelder, die nach dem Trennsystem zugeordnet worden sind – z.B. die Außen- und Verteidigungspolitik zum Bund, die Kultur- einschließlich der Schulpolitik zu den Ländern. Die zunehmende Politikverflechtung war nach der Ansicht von Schultze bislang kontraproduktiv für Versuche, Kompetenzen nach Politikfeldern zu differenzieren (Schultze 1999).

Die Entwicklung des bundesdeutschen Föderalismus ist durch eine Unitarisierung zugunsten des Bundes gekennzeichnet. Als *Erscheinungsformen* werden genannt: Ausschöpfung der konkurrierenden Gesetzgebungsmöglichkeiten des Bundes, intensive Rahmengesetzgebung des Bundes[74], Kompetenzerweiterung des Bundes durch Grundgesetzänderungen, extensive Interpretation der Bundeszuständigkeiten durch das Bundesverfassungsgericht, im Rahmen des „Regierungsföderalismus" getroffene Abmachungen im Bereich der Gemeinschaftsaufgaben, Gewährung von Finanzhilfen sowie der Aushandlung von Staatsverträgen und Verwaltungsabkommen (Kilper und Lhotta 1996).[75] Die bisherigen 43 Revisionen des Grundgesetzes veränderten meistens das Bund-Länder-Verhältnis zu Lasten der Handlungsspielräume der Länder (Greß und Huth 1998). Als wesentliche *Ursachen* für die fortschreitende Konzentration von Kompetenzen beim Bund werden die Homogenität der westdeutschen Gesellschaft, das Prinzip der Sozialstaatlichkeit und die spezifische Konstruktion des Bundesrates angesehen (Abromeit und Wurm 1996). Weitere Einflussfakto-

---

[73] Dabei sind die Aufgaben der Landesregierungen bei der Umsetzung von Bundesgesetzen stetig gestiegen (Hoffmann-Riem 1993).

[74] Nach Auffassung von Arnim (1998) hat der Bund in vielen Fällen die Rahmengesetzgebung schon soweit im Detail geregelt, dass den Ländern kaum noch etwas an Gesetzgebungskompetenz übrig geblieben ist. Auch Lhotta spricht von einer Tendenz zur bundesrechtlichen Vollregelung in den Bereichen der konkurrierenden Gesetzgebung und der Rahmengesetzgebung des Bundes (Lhotta 1991).

[75] Es gab in der Vergangenheit nur selten Macht- oder Kompetenzverschiebungen zugunsten der Länder, so das Finanzreformgesetz von 1969, das der ‚inoffiziellen' Einmischung des Bundes in die Bewältigung von Länderaufgaben durch Mitfinanzierung (sog. Fondsverwaltung des Bundes) ein Ende setzte. Für die jüngere Vergangenheit sind hier außerdem die Sanierung der Bundesanstalt für Arbeit auf Kosten der Sozialhilfeleistungen aus den Gemeindeetats, die Unterbringung von Asylbewerbern in der Verantwortung der Länder oder die Regionalisierung der Bahn zu nennen. Diese Aufgabenverlagerung geschah teilweise gegen den Widerstand der Länder aus finanzieller Not des Bundes. Sie können deshalb nicht als Beleg für eine „Renaissance" des Föderalismus herhalten.

ren: das vertikal hochintegrierte Parteiensystem sowie die auf die Bundespolitik ausgerichteten Handlungsmuster der Parteieliten (Schultze 1999).

Die Große Koalition der Jahre 1966-1969 hat unter dem Leitbild des „Kooperativen Föderalismus"[76] entscheidend die Zentralisierung staatlicher Planungs- und Entscheidungsprozesse beschleunigt. Ein Beispiel hierfür sind die 1969 entstandenen „Gemeinschaftsaufgaben" (Art. 91 GG): In den Bereichen Aus- und Neubau von Hochschulen, Verbesserung der regionalen Wirtschafts- und Agrarstruktur sowie des Küstenschutzes ist die Zusammenarbeit zwischen Bund und Ländern fest institutionalisiert. Der Hochschulbau war vorher ausschließlich den Ländern vorbehalten (Stolorz 1997).

Auch die anfänglichen Hoffnungen, dass der Regierungswechsel im Jahr 1982 zu einer partiellen Reföderalisierung führen würde – genährt durch den Abbau der Mischfinanzierung im Bereich der Studentenwohnungen, des Städtebaus und des Krankenhausbaus –, haben sich dann in der Folgezeit nicht erfüllt (Lhotta 1991).

Auch in jüngster Zeit schreitet die Unitarisierung weiter voran – Abromeit vertritt deshalb die Auffassung, dass der deutsche Bundesstaat ständig auf der Kippe zu einem „dezentralisierten Einheitsstaat" stehe (Abromeit 1992): Das Bundesverfassungsgericht erklärte im Mai 1998 unter Hinweis auf das Bundesrecht besondere Regelungen der Länder und Kommunen bei der Abfallwirtschaft („Abfallabgaben") als verfassungswidrig, was erneut eine Einschränkung föderaler Gestaltungsspielräume bedeutete. Rath kommentierte das Urteil in der „tageszeitung" bissig: „Allerdings wird der eh nur noch rudimentär vorhandene deutsche Föderalismus dabei weiter beschnitten. Auf die Möglichkeit, zu experimentieren und verschiedene Lösungen vergleichen zu können, wird verzichtet. Entweder überall Ökosteuern oder nirgends" (Rath 1998: 11).

Außerdem wurden Aufgabenbereiche der Länder durch die Entwicklung auf der europäischen Ebene über Bonn nach Brüssel oder Straßburg „hinaufgezont" (Thaysen 1997). Die Landesregierungen haben in der Regel dieser Ausweitung von Bundeskompetenzen zugestimmt[77] und Einschränkungen ihrer eigenen Zuständigkeiten in Kauf genommen – dies unter Hinweis auf das Ziel der Her-

---

[76] Steffani (1997) weist darauf hin, dass der Fachterminus „Kooperativer Föderalismus" zur Beschreibung des US-amerikanischen Föderalismus entstanden ist. Er warnt davor, diesen wegen der gleichen Bezeichnung mit dem bundesdeutschen Föderalismus zu verwechseln.

[77] Alle Bundestags-Fraktionen haben fast immer, und zwar unabhängig von den jeweiligen Mehrheitsverhältnissen, den Verfassungsänderungen zugunsten des Bundes zugestimmt (Klatt 1989). Größere parteiinterne Konflikte gab es wegen dieser Kompetenzverlagerungen nicht.

stellung von gleichen Lebensverhältnissen im ganzen Bundesgebiet.[78] Kompensiert wurde der Kompetenzverlust der Länder häufig durch erweiterte Mitwirkungsrechte der Landesregierungen in den Bund-Länder-Gremien oder im Bundesrat (Scharpf 1994). Nahezu jede Angelegenheit, die der Bundesgesetzgeber auf Kosten der Länder regelte, löst jetzt die Zustimmungsbedürftigkeit der Länderkammer aus. Der Bundesrat kann deshalb als Wegbereiter der Unitarisierung angesehen werden (Greß und Huth 1998), durch die der dezentrale Gestaltungsföderalismus zunehmend von einem zentralisierten Beteiligungsföderalismus abgelöst worden ist. Dettling (1998) hat hierzu festgestellt, dass die Länder heute zwar bei über 50 Prozente der Gesetze des Bundes[79] mitwirken würden, „dafür aber die eigenen Freiheiten zur Gestaltung des politischen Lebens verkauft haben" (Dettling 1998). Und Arnim (1998) bezeichnet deshalb die Landesregierungen als „Mitspieler an der Bundespolitik" (Arnim 1998: 6).

Je wichtiger der Bundesrat aber im gesamtstaatlichen Gesetzgebungsprozess wurde, desto mehr lenkte er die Aufmerksamkeit der Bundesparteien auf sich (Abromeit 1992). Die Bundesparteiführungen nahmen verstärkt Einfluss auf das Länderverhalten im Bundesrat. Dieser Prozess wurde noch dadurch verstärkt, dass in den Zeiten der sozialliberalen Koalition (1969-1982) die CDU-regierten Bundesländer über eine Mehrheit im Bundesrat verfügten und sich so für die christdemokratische Opposition im Bundestag die Möglichkeit bot, effektiv Einfluss auf die Bundespolitik zu nehmen. In dieser Parteipolitisierung des Bundesrates wird aber ein verfassungspolitisches Problem gesehen, weil zum einen Verantwortlichkeiten und Zurechenbarkeiten verwischen und zum anderen die erwünschte korrigierende Funktion des Bundesrates nicht über die Länderinteressen, sondern als Instrumentalisierung von parteipolitischen Interessen erfolgt. Dieses schade dem bundesdeutschen Föderalismus (Abromeit 1992).

Es gab in der Vergangenheit immer wieder Vorschläge zur Neugestaltung des föderativen Systems in Deutschland, beispielsweise von der „Ernst-Kommission" und der Enquete-Kommission des Bundestages von 1970 (siehe hierzu Laufer und Münch 1998). Als ein hervorstechendes Ereignis ist die Konferenz der Ministerpräsidenten vom Juli 1990 zu nennen, bei der eine generelle

---

[78] Das grundgesetzliche Postulat von der „Einheitlichkeit der Lebensverhältnisse" im Bundesgebiet wurde 1994 durch die neue Formulierung „gleichwertige Lebensverhältnisse" abgeschwächt (Art. 72 (2) GG). Dadurch sollte der föderale Gedanke der Verfassung zum Ausdruck gebracht werden. Die Grundgesetzänderung hatte vor allem einen symbolischen Charakter, denn eine Reföderalisierungspolitik hatte sie (bislang) nicht zur Folge.

[79] Der Bundesrat wirkt als ein Organ des Bundes an der Gesetzgebung mit – er kann Gesetze scheitern lassen („Zustimmungsgesetz"), Einspruch einlegen („Einfaches Gesetz") und Gesetzesentwürfe initiieren.

Entschlackung der Kompetenzkataloge des Bundes und die Einführung einer (begrenzten) finanziellen Autonomie der Länder gefordert wurden (Abromeit 1992). Realisiert wurden die Empfehlungen der Experten aber nur selten – es kann deshalb von einer Diskrepanz zwischen den Inhalten der Reformdiskurse und den tatsächlichen Föderalismusreformen gesprochen werden (Schultze 1999). Das betrifft auch die Verfassungsreform von 1994, bei der die leistungsstärkeren Bundesländer mit ihrem Versuch scheiterten, den deutschen Bundesstaat zugunsten der Länder zu reformieren – auch deshalb, weil sich die leistungsschwachen, also vor allem die ostdeutschen Länder weigerten, ressourcenintensive Aufgaben zu übernehmen (Laufer und Münch 1998). Schultze kommentierte die Reföderalisierungs-Ergebnisse der Verfassungsreform 1994 wie folgt: „Man beließ es weitgehend bei Anpassungsreformen und dem Ausbau des Beteiligungsföderalismus zur doppelten Politikverflechtung, mit der Konsequenz, dass sich Koordinierungsaufwand und Kooperationszwang zwischen Ländern, Bund und EU weiter erhöhten; und die beschlossenen Kompetenzverlagerungen vom Bund auf die Länder blieben halbherzig selbst hinter den schon nicht sehr weitreichenden Forderungen der Länder zurück" (Schultze 1999: 182).

In jüngster Zeit ist die Debatte um eine Reföderalisierung der Bundesrepublik wieder aufgeflammt. Es geht dabei um den Länderfinanzausgleich und die Zusammenlegung von Bundesländern zu größeren, leistungsfähigen Einheiten (Dettling 1998, Kropp 1997).[80] Unmittelbar damit verknüpft ist die Forderung nach einem „kompetitiven Föderalismus" als Gegenmodell zum „kooperativen Föderalismus", der unter Einbeziehung der Steuer- und Fiskalpolitik für mehr Wettbewerb zwischen den Bundesländern eintritt (Suntum 1998). Es geht um eine Neubestimmung des Föderalismus mit den zentralen Eckpunkten Autonomie und Wettbewerb statt Kooperation und Einheitlichkeit der Lebensverhältnisse. Es wird eine klare Aufgabentrennung zwischen Bund und Ländern anstelle der Aufgabenwahrnehmung im ebenenübergreifenden Verbund gewünscht (Trennföderalismus statt Verbundföderalismus).[81]

Es sei an dieser Stelle auch erwähnt, dass es Stimmen gibt, die als Alternative zu einer Reföderalisierung für einen Ausbau der in Deutschland stark unterentwickelten plebiszitären Entscheidungsbefugnisse plädieren. So kann beispielsweise nach Meinung von Rath (1997) durch die direkte Demokratie die Trans-

---

[80] Auch die Steueraufteilung zwischen Bund und Ländern spielt in dieser Diskussion gelegentlich eine Rolle. So forderten beispielsweise im Juli 1998 einige CDU-Ministerpräsidenten ein stärkeres Steuererhebungsrecht der Länder („die tageszeitung" vom 27.07.1998).
[81] Schultze plädiert beispielsweise für größere Handlungsspielräume der Bundesländer in der Entwicklungs-, Regional- und Industriepolitik (Schultze 1999).

parenz von Entscheidungen wesentlich mehr erhöht werden als durch eine Verlagerung von Kompetenzen zugunsten der Bundesländer. Hier werden aber zwei Modelle unzutreffend als Entscheidungsalternative gesehen, weil auch eine dezentralisierte Politik mit plebiszitären Elementen verknüpft werden kann. Diese Diskussion soll nicht weiter vertieft werden; es sollte nur die Vielschichtigkeit des Föderalismusthemas angedeutet werden.

Die aktuelle Diskussion betrifft also elementare Fragen nach der zukünftigen Architektur des demokratischen Systems in Deutschland (zur Föderalismus-Kontroverse siehe auch Hartwich 1999). Die Landtage werden dabei nur nachrangig behandelt, obwohl eine stärkere Eigenfinanzierung der Bundesländer im Zuge eines kompetitiven Föderalismus auch neue Gesetzgebungsbefugnisse nach sich ziehen wird.

Die finanzkräftigeren Bundesländer (Bayern, Baden-Württemberg) plädieren für eine Reform der Finanzverfassung, die die Autonomie der Länder und den föderativen Wettbewerb stärken soll.[82] Hier besteht jedoch ein Grundproblem: Nur die leistungsfähigen Länder können es sich erlauben, eine Rückübertragung von Gesetzgebungskompetenzen auf die Länder und eine Ausweitung der Handlungsspielräume der Landesparlamente zu fordern, weil dies in den meisten Fällen eine finanzielle und administrative Mehrbelastung nach sich ziehen würde, die die kleineren Länder nicht aufbringen könnten. Deshalb ist aus Sicht der größeren Länder auch über die Auflösung mehrerer kleinerer Länder nachzudenken, was die letztgenannten jedoch ablehnen.

Es müssten also erst diese Interessenwidersprüche innerhalb der Bundesländer zugunsten einer einheitlichen Strategie gelöst werden, wenn die Reföderalisierung erfolgreich vorangetrieben werden soll. Es bestehen aber berechtigte Zweifel, ob der deutsche Föderalismus mit seinen unitaristischen Tendenzen überhaupt reformierbar ist. Trotzdem gibt es auch Autoren, die aufgrund der dynamischen Komponente im bundesdeutschen Föderalismus eine zentrifugale Entwicklung für denkbar halten. Sie verweisen darauf, dass in den Bereichen moderner Staatstätigkeit, die sich nicht auf rechtliche Regelungen und finanzielle Zuteilungen beschränken, eine politische Gestaltung durch Länder und Kommunen möglich erscheint, weil sie die größere Bürgernähe besitzen (Laufer und Münch 1998). Ein Beispiel hierfür könnte die Drogenpolitik sein, bei der es eine

---

[82] Am 11.11.1999 hat das Bundesverfassungsgericht über die Verfassungsklagen der Länder Bayern, Baden-Württemberg und Hessen zum Länderfinanzausgleich entschieden. Im Urteil wird eine Neuordnung der Finanzierungsregelungen zwischen den Ländern (und dem Bund) bis zum Jahr 2002 gefordert.

Tendenz zur Föderalisierung der Hilfeangebote gibt. Das hat die vorangegangene Analyse der bundesdeutschen Drogenpolitik ergeben (siehe Kapitel 2). Außerdem verweisen einige Autoren auf die Chancen, die die zunehmende Europäisierung den Bundesländern bzw. Regionen eröffnet, da sie am ehesten in der Lage wären, die Möglichkeiten einer dezentralen und interregionalen Kooperation zu nutzen (siehe Kropp 1997).
Zusammenfassend kann von einer Phasenentwicklung des bundesdeutschen Föderalismus gesprochen werden, die von einer generellen Unitarisierungstendenz zum kooperativen Föderalismus und schließlich zu vereinzelten Reföderalisierungsversuchen in den 90er Jahren reicht. Heute beherrscht die Kontroverse um den „kompetitiven Föderalismus" die aktuellen Diskussionen.

3.2 Die Parlamentsfunktionen der Landtage

In diesem Abschnitt werden die verschiedenen Parlamentsfunktionen vorgestellt. Der Schwerpunkt liegt dabei auf denjenigen, die für die Beschreibung und Analyse des Länderparlamentarismus und somit für das Verständnis von der These des „Bedeutungsverlustes der Landtage" wesentlich sind. Damit sollen gleichzeitig definitorische und methodische Vorarbeiten für die folgenden empirischen Analysen der drogenpolitischen Tätigkeiten geleistet werden, die mit Hilfe eines Kataloges parlamentarischer Funktionen systematisiert werden. In Kapitel 4 wird ein empirisches Analysekonzept entwickelt, bei dem die einzelnen Drucksachen den verschiedenen Parlamentsfunktionen zugeordnet werden. So kann die These vom Bedeutungsverlust der Landtage in operationalisierter Form für ein Politikfeld überprüft werden.
In der politikwissenschaftlichen Literatur werden unterschiedliche Parlamentsfunktionen genannt.[83] Ein Konsens über einen einheitlichen Katalog konnte bislang nicht erzielt werden. Nach wie vor gibt es unscharfe Definitionen sowie einen Streit über die Reichweite und Gewichtung einzelner Parlamentsfunktionen. Plöhn (1991) und Schindler (1994) haben die von ausgewählten Autoren genannten Parlamentsfunktionen in Übersichten zusammengestellt; eine Liste von 36 verschiedenen Parlamentsfunktionen und ihrer – sich teilweise überschneidenden Definitionen – findet sich bei Ockermann und Glende (1997). Dabei muss beachtet werden, dass es eine klar definierbare Rolle des Parlaments

---

[83] Den ersten grundlegenden, als klassisch zu bezeichnenden Funktionskatalog des Parlaments formulierte der Engländer Walter Bagehot 1867 (siehe Schindler 1994).

nicht gibt, weil die Situation, in der es arbeitet, sich ständig ändert (Hesse und Ellwein 1997).

In dieser Arbeit werden die von verschiedenen Gegenwartsautoren (z.B. Plöhn 1991 und Schindler 1994) genannten Parlamentsfunktionen der *Gesetzgebung, Kontrolle, Artikulation und Öffentlichkeit* benutzt, weil sie die gemeinsame Schnittmenge der anerkannten und zeitgemäßen Funktionskataloge darstellen. Die *Wahlfunktion* spielt in der Drogenpolitik keine Rolle, so dass sie hier vernachlässigt werden kann.[84] Auch Schüttemeyer erscheint es gerechtfertigt, von diesen Parlamentsfunktionen zur Beschreibung und Analyse moderner Parlamente auszugehen (Schüttemeyer 1992). Sie sind auch für das Verständnis der These vom Bedeutungsverlust der Landtage grundlegend.

Zudem werden in dieser Untersuchung noch die *Informationsfunktion* (Ockermann und Glende 1997) und die sogenannte *„Politische Laborfunktion"* (Greß und Huth 1998) verwendet. Die letztgenannte Funktion beschreibt, dass (Landes-)Parlamente Stätten politischer Experimente sein können: in bezug auf neue Koalitionen, aber auch hinsichtlich neuer Handlungsformen und politischer Forderungen (Greß und Huth 1998). Diese Funktion wird in dieser Arbeit als *„Innovationsfunktion"* bezeichnet, weil dieser Begriff in geeigneterer Weise das *„Neue"* an parlamentarischen Formen und Inhalten zum Ausdruck bringt. Beides sind parlamentarische Funktionen, die in letzter Zeit häufiger im Zusammenhang mit den Landtagen genannt werden.

Bei dem so gewonnenen Funktionskatalog handelt es sich aber nicht um ein geschlossenes analytisches Raster, sondern um den Versuch, die weitgehend in der Politikwissenschaft anerkannten Parlamentsfunktionen zu berücksichtigen und diese zugleich um neuere, landtagsspezifische Funktionen („Innovationsfunktion") zu ergänzen.

Es muss betont werden, dass es sich hierbei um Idealtypen handelt, deren folgenden *theoretischen Definitionen* auf den Angaben in der ausgewerteten Literatur basieren (siehe obige und folgende Quellen). Dabei wird darauf hingewiesen, dass die Funktionen nicht immer trennscharf zu fassen sind bzw. sich überlagern können und parlamentarische Tätigkeiten gleichzeitig verschiedene Funktionen erfüllen können (Ockermann und Glende 1997).

---

[84] Die Wahlfunktion (auch Kreations- oder Elektoralfunktion genannt) bezieht sich auf die Regierungsbildung und die Besetzung weiterer wichtiger öffentlicher Ämter. Der Wahlfunktion der Parlamente wird von einigen Politikwissenschaftlern insgesamt eine relativ geringe Bedeutung beigemessen, weil über die Person des Bundeskanzlers bzw. der Ministerpräsidenten (und teilweise auch der Kabinettsmitglieder) schon in der Parlamentswahl entschieden wird (Hesse und Ellwein 1997).

Insgesamt ergeben sich nach den genannten Überlegungen *sechs* verschiedene Funktionen, die für den Länderparlamentarismus besonders relevant sind und deshalb in den folgenden empirischen Untersuchungen zur Drogenpolitik verwendet werden:

1. *Gesetzgebungsfunktion:* Die Gesetzgebungsfunktion – auch Rechtsetzungsfunktion genannt – beschreibt die spezifische Aufgabe des Parlaments, Gesetze zu beschließen oder zu ändern. Die Landesverfassungen beschreiben dies als eine zentrale Aufgabe der Parlamente. Es kann aber auch sein, dass in bestimmten Fällen die Exekutive ermächtigt wird, in Verordnungen Recht zu setzen.[85] Der Begriff Gesetz ist dabei nur eindeutig in seinem formalen Gehalt: Es ist das, was in dafür vorgesehenen Verfahren vom Gesetzgeber als Gesetz beschlossen wird.

2. *Artikulationsfunktion:* Über seine Artikulationsfunktion bringt das Parlament die Meinungen der Bevölkerung zum Ausdruck, der Abgeordnete wird quasi zum „Sprachrohr" des Volkes. Im Parlament werden die die Gesellschaft bewegenden Fragen offen diskutiert. Regierungs- und Oppositionsparteien artikulieren ihre Meinungen in der Absicht, die Öffentlichkeit für ihre politischen Positionen (weiter) zu gewinnen. Dabei soll das Parlament die Bevölkerung repräsentieren und die vielschichtigen, teilweise einander widerstreitenden Interessen angemessen berücksichtigen.
Nach Ansicht einiger Politikwissenschaftler leidet die Ausübung der Artikulationsfunktion darunter, dass unter den Bedingungen die Konkurrenzdemokratie oftmals die sachbezogene Debatte zugunsten von Argumentationen, die wählerwirksam erscheinen, vernachlässigt wird (Euchner 1986).

3. *Kontrollfunktion:* Das Parlament beobachtet und überwacht die Handlungen der Regierung und Verwaltung. Unterschieden werden kann dabei zwischen der Richtungs- und der Sachkontrolle. Während im ersten Fall die politische Richtung und das Programm der Regierung überprüft wird, bezieht sich letztere auf die konkrete Kontrolle der Verwaltungsführung (Hesse und Ellwein 1997). Die Kontrolle durch das Parlament ist ein wichtiges Element der Gewaltenteilung. Die Kontrollfunktion wird heutzutage – so die herrschende Auffassung –

---

[85] Außerdem ist zu berücksichtigen, dass viele Landtage nicht über das Monopol der Gesetzgebung verfügen, da diese auch durch Volksbegehren und Volksentscheid möglich ist. Von dieser Volksgesetzgebung sind allerdings Haushalts- und Abgabengesetze ausdrücklich ausgenommen. Ein Volksentscheid zur einer drogenpolitischen Fragestellung hat bislang in keinem Bundesland stattgefunden.

vorwiegend von der Opposition wahrgenommen, weil sich Parlamentsmehrheit und Regierung in einer Aktionseinheit befinden.

4. *Öffentlichkeitsfunktion:* Sie ist der Sammelbegriff für alle Funktionen, die nach außen gerichtet sind und die Öffentlichkeit erreichen sollen, z.B. die Öffentlichkeitsarbeit im Plenum und in den Ausschüssen, die Darstellung von unterschiedlichen Standpunkten und Transparenz von Entscheidungsprozessen. Die Ergebnisse der Willensbildungsprozesse sollen öffentlich begründet werden.

5. *Informationsfunktion:* Das parlamentarische Geschehen soll Parlament und Öffentlichkeit informieren. Die Bevölkerung soll die Stellungnahmen von Regierung und Opposition kennen lernen. Debatten, Fragestunden und andere Instrumente bieten den politischen Akteuren die Möglichkeit, das Parlament und die Öffentlichkeit im einzelnen über ihre Pläne und Ansichten zu informieren.

6. *Innovationsfunktion:* Mit dieser Funktion, die nicht zum klassischen Aufgabenkatalog gehört, ist gemeint, dass Parlamente „Test- und Versuchseinrichtungen" der Parteien sein können, in denen neue Aktionsmuster, Koalitionen und politische Forderungen ausprobiert werden. Diese Funktion wurde bislang nur im Zusammenhang mit den Landesparlamenten genannt (Greß und Huth 1998).

In den Landesverfassungen sind die Funktionen, die die Arbeit der Landtage ausmachen, nur unzureichend beschrieben. In 9 von 16 Verfassungen finden sie überhaupt keine explizite Erwähnung (siehe Tabelle 3.2.1).[86] Es fällt auf, dass in den allermeisten Verfassungen der *neuen* Bundesländer ein zeitgemäßer Aufgabenkatalog existiert. Von den Landtagen der *alten* Bundesrepublik stellt Schleswig-Holstein mit einer differenzierten Nennung der Funktionen die Ausnahme dar. Der im nördlichsten Bundesland geltende Verfassungsartikel könnte ein Vorbild auch für andere Landtage sein, die sich eine moderne Funktionsbeschreibung des Parlaments in ihrer Verfassung wünschen: „Der Landtag ist das vom Volk gewählte oberste Organ der politischen Willensbildung. Der Landtag

---

[86] Eine Zuordnung wurde hier nur vorgenommen, wenn eine Parlamentsfunktion in den Verfassungsartikeln, die speziell die Aufgaben, Funktionen und Zuständigkeiten des Landtages beschreiben, explizit genannt wird.
Die in einigen Landesverfassungen als Aufgabe des Landtags genannte Wahl des Ministerpräsidenten (Wahlfunktion) wurde in dieser tabellarischen Auflistung außer Acht gelassen, weil sie für den Gegenstand dieser Arbeit nicht von Bedeutung ist (siehe oben).

wählt die Ministerpräsidentin oder den Ministerpräsidenten. Er übt die gesetzgebende Gewalt aus und kontrolliert die vollziehende Gewalt. Er behandelt öffentliche Angelegenheiten" (Art. 10) (Verfassungen 1995: 689).

Tabelle 3.2.1: In den Landesverfassungen ausdrücklich genannte Parlamentsfunktionen (nach Verfassungen 1995)

Bundesland	Genannte Parlamentsfunktionen
Baden-Württemberg:	Gesetzgebung, Kontrolle (Art. 27)
Bayern:	–
Berlin:	–
Brandenburg:	–
Bremen:	Gesetzgebung (Art. 101)
Hamburg:	–
Hessen:	–
Mecklenburg-Vorpom.:	Gesetzgebung, Kontrolle, Artikulation, Öffentlichkeit (Art. 20)
Niedersachsen:	Gesetzgebung, Kontrolle (Art. 7)
Nordrhein-Westfalen:	–
Rheinland-Pfalz:	–
Saarland:	Gesetzgebung, Kontrolle (Art.65)
Sachsen:	Gesetzgebung, Kontrolle, Artikulation (Art. 39)
Sachsen-Anhalt:	Gesetzgebung, Kontrolle, Öffentlichkeit (Art. 41)
Schleswig-Holstein:	Gesetzgebung, Kontrolle, Artikulation, Öffentlichkeit (Art. 10)
Thüringen:	Gesetzgebung, Kontrolle, Öffentlichkeit (Art. 48)

In der politikwissenschaftlichen Literatur herrscht Übereinstimmung darüber, dass im Verlaufe der letzten Jahrzehnte die Bedeutung der Gesetzgebungsfunktion in den Landtagen stetig abgenommen hat, einerseits durch ein „abgearbeitetes Gesetzgebungsprogramm", andererseits durch die Verlagerung von Zuständigkeiten auf die Bundes- und die EU-Ebene (Hoffmann-Riem 1993). Umstritten ist aber, ob im Kontext dieser Entwicklung auch die Bedeutung der anderen Parlamentsfunktionen zurückgegangen ist – also ein allgemeiner Bedeutungsverlust der Landtage stattgefunden hat –, oder ob diese nicht vielmehr einen Bedeutungszuwachs erfahren haben und deshalb eher von einem „Funktionswandel" gesprochen werden muss. Dieser Frage soll im Einzelnen im nächsten Abschnitt nachgegangen werden.

3.3 Kooperativer Föderalismus schwächt Landtage

In der Politikwissenschaft ist die Ansicht verbreitet, dass der „kooperative Föderalismus" in Deutschland durch die zunehmende Politikverflechtung zwischen den Landesexekutiven und dem Bund zu einer Zentralisierung geführt und so die Landtage geschwächt hat. „Die Praxis der bundesstaatlichen Politikverflechtung und Kooperation hat die Länderexekutiven gegenüber den Landtagen gestärkt. Eigene Rechtsetzungskompetenzen der Länderparlamente sind gegen die Mitwirkung der Länderregierungen an der Gesetzgebung des Bundes im Bundesrat gleichsam ‚eingetauscht' worden" (Kropp 1997: 256). Der Landtag habe so seine Gesetzgebungsfunktion weitgehend verloren (siehe Tabelle 3.3.1). Es wird von einem „Macht- oder Bedeutungsverlust" und „Funktionswandel" der Landtage gesprochen (z.b. Klatt 1989).[87] Dabei seien die Landesparlamente auf die Funktion von „Ratifizierungsorganen" reduziert worden (Kilper und Lhotta 1996). „In wichtigen Politikbereichen reduzieren parlamentarische Rechte sich auf bloßes ‚Abstempeln', was die Landesparlamente naturgemäß härter trifft als den Bundestag, haben sie doch ohnehin kaum Gesetzgebungsrechte" (Abromeit und Wurm 1996: 13). Der Einigungszwang im System der Politikverflechtung präjudiziere die Entscheidungen der Landesparlamente, Widerspruch zu Planungsentscheidungen der Bund-Länder-Gremien sei kaum möglich. „Gerade bei der gemeinsamen Planung und Finanzierung der Gemeinschaftsaufgaben wird deutlich, in welch großem Maße die Landtage bei Zielbestimmung und Alternativenauswahl der Aufgabenerfüllung an den Rand gedrängt werden" (Klatt 1989: 1795). Auch verbliebe den Landtagen nur ein geringer Spielraum für eigenständige Verfassungsregelungen, die Gesetzgebungsverluste der Länder hätten die innerstaatliche Balance verändert. Ebenso seien ihre Kontroll- und Öffentlichkeitsfunktionen durch die unitarisch-kooperativen Tendenzen beeinträchtigt worden, genauso wie die Artikulation politischer Willensbildung (Stolorz 1997) (siehe Tabelle 3.3.1).[88] Würden sich die Tätigkeiten der Landesparlamente weiter in Richtung Verwaltungsaufgaben (Verwal-

---

[87] Wegen der geringen Macht der Landesparlamente wird der bundesdeutsche Föderalismus von einigen Autoren auch als „symbolischer Föderalismus" bezeichnet (Abromeit und Wurm 1996).
[88] Hoffmann-Riem konstatiert zwar, dass die Kontrollrechte in einigen Landesparlamenten ausgebaut worden sind; dies würde aber gleichzeitig einher gehen mit erweiterten Spielräumen und Kompetenzen der Landesregierungen (Hoffmann-Riem 1993).

tungskontrolle) bewegen, wäre der Übergang vom föderativen System zum dezentralisierten Einheitsstaat eine unausweichliche Konsequenz. Zudem können die Landtage keine bindenden Weisungen für das Verhalten der Landesregierung im Bundesrat erteilen.[89] Und schließlich konstatieren einige Autoren, dass die Landesparlamentarier durch „Selbstentmachtung" zu dieser Entwicklung beigetragen hätten, weil die Bereitschaft, die Landesregierung zu kontrollieren und neue Kompetenzen zu übernehmen, nur gering ausgeprägt sei (Kilper und Lhotta 1996). Als Beispiel wird hier das Feld der Gentechnologie angeführt, bei dem das Interesse der Landesparlamentarier überwogen habe, diese neu anfallende Materie dem Zuständigkeitsbereich des Bundes zuzuweisen (Lhotta 1991). Die Landesregierungen seien so insgesamt zu Lasten der Landtage zu den Hauptakteuren des deutschen Föderalismus geworden. Diese Erscheinung wird manchmal als „Exekutivföderalismus" bezeichnet, und es wird darauf verwiesen, dass der deutsche Bundesstaat sich schon seit der Bismarck-Verfassung als eine „Angelegenheit der Exekutiven" verstanden hat (Scharpf 1994). „Der sich aus den Mechanismen des kooperativen Föderalismus ergebende Machtverlust für die Länderparlamente hat viele Facetten, geht aber im Grunde von der deutschen Tradition aus, die Föderalismus weniger als Ausdruck von Differenzierung, sondern als ein weiteres Element der Gewaltenteilung sieht, dessen institutionelle Ausgestaltung geprägt ist durch den Exekutiv-Föderalismus" (Greß und Huth 1998: 126). Der Bedeutungsverlust für die Landtage wurde durch die Politik der Großen Koalition (1966-1969) entscheidend beschleunigt (Schneider 1979). In dieser Zeit entstand das Leitbild vom Kooperativen Föderalismus mit seinen zentralen Elementen der Gemeinschaftsaufgaben nach Artikel 91 GG und die Investitionshilfen nach Artikel 104 GG (Lhotta 1991) (siehe Kapitel 3.1).

---

[89] Nach Ansicht einer Sachverständigenkommission des nordrhein-westfälischen Landtages wäre eine solche Einwirkungsmöglichkeit des Landtages auf die Landesregierung aber aus demokratietheoretischen Gründen wünschenswert. Die Kommission hatte deshalb vorgeschlagen, ein Landesgesetz zu erlassen, in dem es u.a. heißen sollte: „Der Landtag kann die Landesregierung durch Beschluss zu einem bestimmten Verhalten in bezug auf die genannten Entscheidungen (hierunter fallen auch Gesetzesbeschlüsse im Bundesrat, J.K.) verpflichten. Von diesem Beschluss kann die Landesregierung nur unter Berufung auf Rechtsgründe oder schwerwiegende politische Interessen des Landes abweichen" (nach Lhotta 1991, S. 282). Realisiert wurde dieser Vorschlag aber nicht.

Tabelle 3.3.1: Zentrale Thesen vom Bedeutungsverlust und Funktionswandel der Landtage

„Weitgehender Verlust der Gesetzgebungsfunktion" *(Kropp 1997; Kilper und Lhotta 1996)*
„Die Gesetzgebungsverluste beziehen sich nicht auf die absolute Anzahl, sondern auf den relativen Anteil von Gesetzesanträgen" *(Ockermann und Glende 1997)*
„Auch die Kontroll-, Öffentlichkeits- und Artikulationsfunktion wurden geschwächt" *(Stolorz 1997)*
„Bedeutung der Kontroll-, Öffentlichkeits- und Artikulationsfunktion haben zugenommen" *(Plöhn und Steffani 1997; Thaysen 1997)*
„Bedeutungszuwachs der Informationsfunktion" *(Lhotta 1991)*
„Wichtige politische Laborfunktion der Landtage" *(Greß und Huth 1998)*

Diese Entwicklung ging vor allem zu Lasten der Landesparlamente, die aus den meisten Gesetzgebungsbereichen zurückgedrängt wurden, mit Ausnahme des Kultur-, Ordnungs-, Kommunal- und Rundfunkrechts (Stolorz 1997).[90] Außerdem haben die Landtage ihre erheblichen Befugnisse in den Bereichen Raumordnung, Straßenbau, Energieversorgung und Bildung (bisher) sichern können. Aber selbst da, wo die Länder noch Gesetze erlassen können, haben die Landtage kaum mehr etwas zu sagen, konstatieren einige Autoren. Als Beispiel wird hier die Rechtschreibreform angeführt, die im wesentlichen in die Zuständigkeit der Länder fiel, bei der sich die Länderexekutiven untereinander geeinigt hatten, ohne ihre Landtage einzuschalten (Rath 1997).
Im Bereich der Drogenpolitik haben die Länder so gut wie keine formalrechtlich verankerten Gesetzgebungsbefugnisse, durch die Zahlung und Vertei-

---

[90] In dem Grundgesetz-Kommentar von Kunig (1996) werden folgende Gesetzgebungsbefugnisse der Länder genannt: Bauordnungsrecht, Denkmalschutz, Facharztwesen, Feiertagswesen, Gemeinderecht, Kulturhoheit, Polizeirecht, Rundfunk, Sammlungswesen, Schulrecht, Spielbankenrecht (Kunig 1996).

lung von freiwilligen Leistungen an die Drogenhilfe verfügen sie aber über wesentliche Einfluss- und Gestaltungsmöglichkeiten (siehe Kapitel 2.1). Für den deutschen Bundestag lässt sich dagegen ein zunehmender Gesetzgebungsverlust nicht ausmachen.[91] Dies belegen Hesse und Ellwein (1997) anhand von Zahlen aus der Parlamentsstatistik, die zeigen, dass die Gesetzgebung seit 1949 eine gleichbleibend wichtige Funktion inne hat. „Für die Landtage lässt sich das so nicht sagen. Legislative Aktivitäten sind hier deutlich begrenzt, die Tätigkeitsschwerpunkte verschieben sich" (Hesse und Ellwein 1997: 251).

Es hat in der Bundesrepublik eine Reihe von Versuchen gegeben, im Zuge einer „Reföderalisierung" den Landtagen neue Kompetenzen zu verleihen. In verschiedenen Kommissionen wurden in den vergangenen 20 Jahren hierzu Vorschläge gemacht (siehe Kilper und Lhotta 1996). Noch älter ist der Vorschlag vom ehemaligen Bundesminister Hans Apel, den Bundesrat in eine von den Landtagen zu beschickende Länderkammer umzuwandeln (Schneider 1979). Vor allem seit 1990 gibt es im Kontext der deutschen Einheit und des EU-Integrationsprozesses eine neue Diskussion über die Belebung des bundesdeutschen Länderparlamentarismus.[92] Von den diversen Empfehlungen wurden bislang ausgesprochen wenige umgesetzt. Daran ändern auch die erweiterten Beteiligungs- und Mitspracherechte der Länder an der Europapolitik des Bundes (Grundgesetz Art. 23) nichts Wesentliches, weil sie über den Bundesrat ausgeübt werden, so dass die Landesparlamente keinen formalisierten Einfluss auf die Entscheidungen haben. Kropp (1997) schätzt sogar, dass dadurch ein System der „doppelten Politikverflechtung" entstehen und die gesetzgeberischen Kompetenzen der Länderparlamente weiter schmälern wird (Kropp 1997: 258). Faktische Fortschritte gab es bislang nur bei einer verbesserten Unterrichtung der Landtage (Lhotta 1991).

Es ist eher die Ausnahme, dass in diesen Vorschlägen zur Reföderalisierung konkrete Politikbereiche angegeben werden, in denen die Zuständigkeit auf die Länder (bzw. Landtage) übertragen werden sollte. Eine vom Landtag Nordrhein-Westfalen eingesetzte Expertenkommission hat einige Themenfelder genannt, die aus ihrer Sicht für eine ausschließliche Landesgesetzgebung geeig-

---

[91] Dem Bundestag wird zwar kein Gesetzgebungsverlust, aber von einigen Autoren ebenfalls ein stetiger „Machtverlust" zugeschrieben. Dieser wird teilweise mit etwas anderen Argumenten begründet als bei den Landtagen. Zeh (1997) hat hierzu die wesentlichen, sehr pauschalen Feststellungen in der Literatur zusammengetragen, u.a.: Der Bundestag habe sich zum bloßen Notar der Regierungsvorhaben gewandelt und seine parlamentarische Beteiligung an langfristigen politischen Entscheidungen sei ungenügend; auch gegenüber den Verbänden und Medien hätte der Bundestag an Entscheidungskompetenz verloren.

[92] z.B. Renzsch (1990), Thaysen (1990), Lhotta (1991).

net wären, u.a.: Förderung der wissenschaftlichen Forschung, Jagdwesen, Naturschutz und Landschaftspflege mit Ausnahme des Artenschutzes, Versammlungsrecht, Bergbau (Lhotta 1991). Die Drogenhilfe befand sich nicht darunter. Kilper und Lhotta kommen insgesamt zu der skeptischen Einschätzung: „Solange die Landesparlamente nicht einmal in der Lage sind, die ihnen zustehenden Handlungsmöglichkeiten (beispielsweise im Bereich der Kontrolle) intensiver wahrzunehmen und dadurch ihren Gestaltungsspielraum zu erweitern, macht es wenig Sinn, über neue Zuständigkeiten oder die Rückholung von Kompetenzen zu diskutieren" (Kilper und Lhotta 1996: 202). Noch pessimistischer sind Abromeit und Wurm, die es als das wahrscheinlichste Szenario anzusehen, dass die Landesparlamente in der Bedeutungslosigkeit versinken (Abromeit und Wurm 1996).

Werden die eben beschriebenen Sachverhalte und Entwicklungslinien als Grundlage genommen, kann dem bundesdeutschen Landesparlamentarismus ohne Zweifel ein "Bedeutungsverlust" attestiert werden. Es stellt sich aber die Frage, ob dieser auf alle Politikfelder und Parlamentsfunktionen gleichermaßen zutrifft oder ob es nicht sogar welche gibt, in denen die Landtage einen Bedeutungszuwachs erfahren haben? Auch Thaysen (1997) hat jüngst eine Geringschätzung der Artikulations-, Kontroll- und Öffentlichkeitsfunktion der Landesparlamente in Politik und Wissenschaft im Vergleich zur Gesetzgebungsfunktion konstatiert (siehe Tabelle 3.3.1). In die gleiche Richtung zielt die Kritik von Ockermann und Glende (1997), die die These vom Bedeutungsverlust der Landtage für zu pauschal halten, weil sie die „tatsächlichen Wandlungen der Parlamentsfunktionen selbst wie auch die Wandlungen in der Rangordnung der Parlamentsfunktionen" außer Acht lässt (Ockermann und Glende 1997: 32/33). Plöhn (1991) mahnt deshalb eine empirische Parlamentarismusforschung an, anstatt ein an der Legislativfunktion orientiertes Parlamentarismusmodell für dauerhaft gültig zu erklären. Plöhn und Steffani (1997) weisen darüber hinaus auf die Bedeutung der gesamtstaatlichen Kontrollbefugnisse der Landtage hin: „Der vielbeklagte ‚Funktionsverlust' der Landesparlamente stellt sich demnach zunächst als ein Problem des Maßstabs dar: Eine Gleichsetzung von Parlamenten mit Legislativorganen wird ihnen angesichts der verfassungsmäßigen Kompetenzverteilung nicht gerecht. Ihr Profil wird vielmehr von ihren gesamtstaatlich bedeutsamen Kontrollbefugnissen geprägt, die ihnen gestatten, nicht nur das Handeln der jeweiligen Landesverwaltung, sondern auch die Politik der Landesregierung auf jeder möglichen Handlungsebene zu diskutieren. Landesparlamente dienen im parlamentarischen Bundesstaat der Bundesrepublik

Deutschland daher insbesondere dazu, Politik im föderativen System öffentlich zu machen" (Plöhn und Steffani 1997: 33/34). Schneider behauptete schon 1979, dass in den Landtagen nicht die Debatte oder Gesetzgebung im Vordergrund der Tätigkeiten stünden, sondern die Kontroll- und Artikulationsfunktion, bei denen es vorrangig um Detailprobleme ginge. „Im deutschen politischen System entlasten die Landtage den Bundestag durch die Ausübung ihrer Kontroll- und Artikulationsfunktionen" (Schneider 1979: 126). Auch Hahn (1987) hat in einer Studie über den Landtag von Baden-Württemberg festgestellt, dass dem Bedeutungsverlust beim Gesetzgebungsprozess ein Bedeutungsgewinn bei der Regierungs- und Verwaltungskontrolle gegenübersteht.[93] Die Landesparlamente könnten sogar – so seine Einschätzung – durch machtpolitisches Verhalten im Einzelfall Landeszuständigkeiten zurückgewinnen (Hahn 1987). Bei der Kontroll- und Öffentlichkeitsfunktion gibt es schon Beispiele (Schleswig-Holstein) dafür, wie durch bewusstes Handeln der Landtage Einbußen bei der Gesetzgebung durch eine Stärkung dieser Funktionen begegnet wird (Thaysen 1997). Für den Landtag Nordrhein-Westfalen lässt sich nach Auffassung einer Expertenkommission ebenfalls eine immer stärkere Akzentuierung der Kontrollfunktion nachweisen (Lhotta 1991). Greß und Huth (1998) sehen schließlich die Bedeutung der Landtage darin, das sie eine „politische Laborfunktion" wahrnehmen (siehe Tabelle 3.3.1). Nach ihrer Ansicht vollziehen sich in den Landtagen im Vergleich zum Bundestag neue Koalitions- und Aktionsmuster sowie soziale Entwicklungen schneller. Auch neue Politikfelder würden dort schneller erschlossen und innovative Lösungsansätze für Sachfragen erprobt. Diese „Vorreiter-Rolle" könne in den Landesparlamenten ohne die Gefahr all zu großer Rückwirkungen auf die Bundespolitik wahrgenommen werden. Als Beispiele für die „politische Laborfunktion" geben Greß und Huth (1998: 54-57) unter anderem an: Regierungsbeteiligung der GRÜNEN (Hessen; neues Koalitionsmuster), Abgeordnete ausländischer Herkunft (Berlin; soziale Entwicklung), Datenschutz (Hessen; neues Politikfeld), Senkung des Wahlalters bei Kommunalwahlen auf 16 Jahre (Niedersachsen; Experiment in einer Sachfrage).[94]
Es gibt aber auch die Gegenthese, dass neue Herausforderungen an die Staatstätigkeit zunächst vom Bund und nicht von den Ländern aufgegriffen werden. Als Beleg für diese Annahme wird beispielsweise angeführt, dass die Themen

---

[93] Nach Ansicht von Schüttemeyer haben zu diesem Bedeutungszuwachs, zur „Re-Parlamentarisierung" der Landtage, auch die GRÜNEN beigetragen (Schüttemeyer 1992).
[94] Darüber hinaus sieht Schultze in Landtagswahlen ein Experimentierfeld für politische Um- und Neuorientierungen der Wähler (Schultze 1999).

„Transplantation von Organen" und „künstliche Befruchtung beim Menschen" als Gegenstände in den Katalog der konkurrierenden Gesetzgebung des Grundgesetzes aufgenommen worden sind (Laufer und Münch 1998). Dieser Sachverhalt steht aber nur im scheinbaren Widerspruch zur These der „Laborfunktion" der Landtage, weil zwischen dem erstmaligen Aufgreifen einer Thematik in den Ländern und einer (einheitlichen) Gesetzesregelung durch den Bund unterschieden werden muss.

Neben der – eben dargestellten – neueren Tendenz in der Parlamentarismusforschung, die Bedeutung der Landtage nicht mehr nur allein an ihren Gesetzgebungsleistungen zu messen, ist zudem eine differenziertere Betrachtung der These von den Gesetzgebungsverlusten erforderlich. Denn bei der Gesetzgebung muss unterschieden werden zwischen neuen Gesetzen, Änderungsgesetzen und periodischen Gesetzen. Bei einer Bestandsaufnahme der Gesetzgebung in Nordrhein-Westfalen ließ sich zeigen, dass die Anzahl verabschiedeter Gesetze pro Legislaturperiode im Zeitraum 1947-1995 trotz einiger Schwankungen weitgehend gleichgeblieben ist. Verändert hat sich aber die Zusammensetzung der Gesetze: Die Anzahl neuer Gesetze hat abgenommen, die der Änderungs- und periodischen Gesetze ist gestiegen (Ockermann und Glende 1997). Trotz der gleichbleibenden absoluten Zahlen kann von einem Verlust der Gesetzgebungsfunktion des nordrhein-westfälischen Landtages gesprochen werden, weil im Verhältnis zur gesamten Anzahl der Drucksachen der relative Anteil von Gesetzesentwürfen drastisch gesunken ist (siehe Tabelle 3.3.1).

Es zeigt sich also, dass zunehmend die Aufgaben und Funktionen der Landtage differenzierter beurteilt werden. Die pauschale Feststellung des „Machtverlustes" ist einer komplexeren Funktionsbeschreibung gewichen. Diese Studie will im Sinne dieser Forschungstendenz einen Beitrag zur weiteren Differenzierung leisten: Mit Hilfe einer empirischen Dokumentenanalyse werden die einzelnen Funktionen der Landtage in der Drogenpolitik untersucht, um die These vom „Bedeutungsverlust der Landtage" (bzw. Funktionswandel) in einem ausgewählten Politikfeld zu überprüfen.

4. Die Rolle der Landtage in der Drogenpolitik – empirische Analysen

4.1 Methodik: Inhaltsanalyse von Parlamentsdrucksachen

Methodischer Ansatz

Um die zentrale Frage dieser Arbeit – „Welche Bedeutung die Landtage in der Drogenpolitik haben?" – empirisch beantworten zu können, wurden Parlamentsdokumente (Drucksachen) nach quantitativen und qualitativen Gesichtspunkten EDV-gestützt erfasst und ausgewertet. Dadurch soll festgestellt werden, in welcher Weise und in welchem Umfang sich die Landesparlamente mit der Drogenpolitik beschäftigen, um daraus empirisch gestützte Schlüsse über die Rolle der Landesparlamente in diesem Politikfeld ableiten zu können.
Diese Methode ist in der Parlamentsforschung neu. Zwar werden gelegentlich Plenarprotokolle genutzt, um politische Debatten zu untersuchen (z.B. Münch 1997), und ebenso werden in verschiedenen Studien Parlamentsstatistiken zur Beschreibung der Landtagsarbeit herangezogen (z.B. Greß und Huth 1998). Aber systematische und operationalisierte Analysen von parlamentarischen Drucksachen lassen sich – außer einer (eigenen) Untersuchung (Raschke und Kalke 1994) – auch bei einer umfangreichen Literaturrecherche nicht finden. Dieses Verfahren ist jedoch geeignet, den Erkenntnisstand über die Strukturen, Prozesse und Inhalte parlamentarischer Tätigkeiten zu erhöhen.
Es gibt verschiedene Möglichkeiten, das parlamentarische Geschehen empirisch zu analysieren: Möglich wäre z.B., die Berichterstattung in der Presse zu untersuchen und Gespräche mit Parlamentsexperten zu führen. Ebenfalls könnten parlamentarische Reden oder die Ausschussarbeit als Untersuchungsgegenstände betrachtet werden. Alle diese denkbaren Ansätze sind aber nicht oder nur ungenügend geeignet, die verschiedenen *Parlamentsfunktionen*, um die es in dieser Arbeit geht, zu analysieren und ihre Entwicklung empirisch abzubilden: Eine Presseanalyse hätte den Nachteil, dass durch die ‚Außensicht' der Berichterstatter und Kommentatoren in den Zeitungsartikeln möglicherweise der empi-

rische Gehalt der Untersuchung verzerrt werden und damit eine höhere Selektivität entstehen könnte. Das Gleiche trifft auf die Befragung von Experten zu. Mit einer Auswertung der Ausschussarbeit oder der Plenar-Debatten hätten bestimmte Funktionen nicht erfasst werden können, z.b. die Öffentlichkeitsfunktion (Ausschussarbeit) oder die Kontrollfunktion (Plenar-Debatten). Es war aber das Anliegen, eine methodische Vorgehensweise zu finden, mit der möglichst alle relevanten Parlamentsfunktionen operationalisiert werden können. Deshalb wurden hier aus folgenden Gründen die Parlamentsdrucksachen als empirische Datengrundlage gewählt:

1. Mit den Drucksachen ist es möglich, ein fundiertes Analysekonzept für *alle wichtigen* Parlamentsfunktionen zu entwickeln. Es sind klare und nachvollziehbare kategoriale Zuordnungen von Drucksachen (Form und Inhalt) zu Parlamentsfunktionen möglich (siehe Kapitel 4.2).
2. Die Drucksachen sind als eine zentrale Ausdrucksform von parlamentarischen Tätigkeiten anerkannt. Sie dienen gegenüber der Öffentlichkeit als Tätigkeitsnachweis und Legitimation parlamentarischer Arbeit. In jedem Landtag gibt es Parlamentsdokumentationen oder -archive, in denen Statistiken über die Entwicklung und Zusammensetzung der Drucksachen geführt werden. Diese werden auch veröffentlicht.[95]
3. In der Literatur finden sich einige Hinweise auf die parlamentarischen Funktionen der verschiedenen Drucksachentypen (Große Anfragen, etc.). Es sind also konkrete theoretische Anknüpfungspunkte vorhanden, die empirisch überprüft werden können (siehe Kapitel 4.2).
4. Die Drucksachen sind in ihrer formalen Struktur (Angaben zu Dokumententyp, Einbringer, Datum) über einen relativ langen Zeitraum in allen Landtagen gleich geblieben. Deshalb ist auf Basis dieser Indikatoren eine empirische Analyse und eine Validierung durch Dritte möglich.
5. Es kann mit einem vertretbaren Erhebungsaufwand eine relativ große Anzahl von Drucksachen EDV-gestützt erfasst und ausgewertet werden.

Zur Reichweite dieses methodischen Ansatzes muss aber einschränkend angemerkt werden, dass auch mit ihm nicht sämtliche parlamentarische Aktivitäten erfasst werden können. Wäre der Gegenstand dieser Untersuchung eine umfassende politikwissenschaftliche Analyse über die Strukturen, Prozesse und Inhalte parlamentarischer Tätigkeiten, müssten auch die Plenar-Debatten und die Ausschussarbeit miteinbezogen werden. Diese beiden Bereiche sind aber für

---

[95] Diese statistischen Daten sind gelegentlich auch Grundlage von Reformdiskussionen über die Parlamentsarbeit, z.B. der exorbitante Anstieg von Schriftlichen Kleinen Anfragen in Hamburg (Raschke 1992).

eine wesentliche Fragestellung dieser Studie nicht primär von Interesse, da sich über sie die Parlamentsfunktionen nur schwer erschließen lassen (siehe oben). Auch bezüglich der inhaltlichen Analyse der Drogenpolitik wäre durch die Einbeziehung dieser beiden Bereiche kein erhöhter Erkenntnisgewinn zu erzielen gewesen, denn sowohl die Ausschussarbeit (über diese werden Ausschussberichte angefertigt) als auch die Plenardiskussionen (diese werden in der Regel auf der Grundlage von Drucksachen geführt) spiegeln sich zum größten Teil in den Drucksachen wider (Raschke 1992).

Zusammenfassend lässt sich feststellen, dass die Drucksachen eine anerkannte Ausdrucksform parlamentarischer Tätigkeiten sind sowie aus methodischen und forschungspraktischen Gründen eine geeignete Grundlage für eine Analyse drogenpolitischer Aktivitäten der Landtagen darstellen.

Auswahlentscheidung

Das „Drogenproblem" stellt sich in Stadtstaaten und Flächenstaaten unterschiedlich dar. In Großstädten gibt es „Offene Szenen", Straßenhandel und viele verelendete Drogenabhängige. Ebenso ist die Zahl der Drogentoten hoch. Es besteht ein hoher Problemdruck, dem nicht nur die Drogenabhängigen unterliegen, sondern dem auch die städtische Bevölkerung infolge der Beschaffungskriminalität und den Belastungen in einzelnen Stadtteilen ausgesetzt ist (Renn 1999). In den ländlichen Regionen leben dagegen vergleichsweise wenig Drogenabhängige, und die Probleme sind nicht so evident. Die Untersuchung sollte deshalb – als ein Auswahlkriterium – sowohl größere Flächenstaaten als auch Stadtstaaten[96] umfassen.

Das zweite Entscheidungsmerkmal war, dass in den auszuwählenden Bundesländern jeweils unterschiedliche Regierungsmehrheiten mit differierender drogenpolitischer Ausrichtung existieren sollten. Es sollten einerseits Bundesländer mit einer traditionellen SPD-Mehrheit und Reformorientierung in der Drogenpolitik dabei sein, andererseits sollte die Untersuchung aber auch Bundesländer mit langer CDU-Dominanz und konservativer drogenpolitischer Ausrichtung einschließen.

---

[96] Bei Stadtstaaten handelt es sich um Einheitsgemeinden, die einen Doppelcharakter von Bundesland und Kommune besitzen.

Mit diesen beiden Auswahlkriterien sollte eine gewisse Repräsentativität für die Drogenpolitik westdeutscher Landtage insgesamt hergestellt werden.[97] Die Landtage der neuen Bundesländer werden in der Analyse vernachlässigt, weil dort das Thema der illegalen Drogen bis heute keine nennenswerte Bedeutung hat und zudem der Untersuchungszeitraum sehr kurz gewesen wäre.
Anhand der beiden Auswahlkriterien wurden die Landtage der Bundesländer *Baden-Württemberg, Berlin, Nordrhein-Westfalen und Hamburg* für diese empirische Untersuchung ausgewählt.
Der Flächenstaat Nordrhein-Westfalen und der Stadtstaat Hamburg werden seit langem von SPD-Regierungen geführt, Baden-Württemberg ist ein traditionell CDU-regiertes Bundesland, und in Berlin gab es in den letzten drei Jahrzehnten wechselnde Koalitionen (siehe Tabelle 4.1.1). Hamburg und Nordrhein-Westfalen haben sich den Ruf erworben, zu den Reformländern in Sachen Drogenpolitik zu gehören, während in der Großstadt Berlin in den letzten zehn Jahren eher ein ‚drogenpolitischer Stillstand' zu registrieren ist. Bei Berlin ist zu berücksichtigen, dass es seit 1990 einen Spezialfall darstellt, weil sein Gebiet einen Teil der ehemaligen DDR umfasst und hier die Probleme der deutschen Wiedervereinigung besonders zum Tragen gekommen sind. Baden-Württemberg zählt zu den Bundesländern mit einer traditionellen drogenpolitischen Ausrichtung, d.h. es ist stark repressions- und abstinenzorientiert. Davon zeugen auch die Gesetzesinitiativen dieses Flächenstaates im Bundesrat (siehe Kapitel 2.3). Insgesamt wurden so die Landtage von vier Bundesländern ausgewählt, die sich in ihrer geographischen Struktur, Regierungsmehrheit und drogenpolitischen Grundlinie unterscheiden.

---

[97] Auch Schultze sieht in den Konfliktlinien Flächenstaaten versus Stadtstaaten sowie SPD- versus CDU-geführten Landesregierungen wesentliche Unterscheidungsmerkmale zur Analyse bundesdeutscher Politik (Schultze 1999).

Tabelle 4.1.1: Charakteristika der ausgewählten Bundesländer

	Struktur des Bundeslandes	*Regierungs- Mehrheit*	*Drogenpolitische Ausrichtung*
Baden-Württemberg	Flächenstaat	CDU-regiert	Traditionell
Berlin	Stadtstaat	Wechselnde Koalition	Traditionell
Hamburg	Stadtstaat	SPD-regiert	Reformorientiert
Nordrhein-Westfalen	Flächenstaat	SPD-regiert	Reformorientiert

Die Entscheidung für die vier Bundesländer unterlag also einem inhaltlich begründeten Auswahlverfahren. Es sollte einerseits für die Bildung einer Gesamtstichprobe mit entsprechend hoher Fallzahl eine ausreichende Homogenität unter den vier Teileinheiten (Landtage mit gleichem Untersuchungszeitraum) vorhanden sein, andererseits sollte aber auch durch ihre Verschiedenartigkeit – Flächenstaat versus Stadtstaat, SPD- versus CDU-geführte Regierung, traditionelle versus reformorientierte Drogenpolitik – ein subnationaler Vergleich parlamentarischer Institutionen ermöglicht werden. Diese Art der komparatistischen Datenanalyse ermöglicht Ergebnisse „mittlerer Reichweite", bei der eine Balance zwischen „vielen N mit geringen Gemeinsamkeiten und wenigen N mit großen Gemeinsamkeiten" angestrebt wird (Hartmann 1995: 36).

Untersuchungszeitraum

Der Untersuchungszeitraum umfasst die Jahre 1968 bis 1997, insgesamt also 30 Jahre. Bei vier Landtagen ergeben sich somit insgesamt 120 untersuchte Länderjahre. Das erste erfasste Jahr ist 1968: In diesem Jahr beschäftigte das Thema „Rauschgifte", wie es damals hieß, erstmals intensiver die bundesdeutsche Öffentlichkeit und Politik. Das Jahr 1997 bildet den Abschluss der Untersuchung, weil zum Zeitpunkt der Erhebung für dieses Jahr noch vollständige Informationen über die Drucksachen vorlagen. Beim Jahr 1998 war dies nicht mehr der Fall.
Aus der in Kapitel 2 vorgenommenen Literaturanalyse lassen sich drei Entwicklungsabschnitte bundesdeutscher Drogenpolitik ableiten: In den Jahren 1968-

1977 bildete sich eine Drogenpolitik mit stark repressiver Ausrichtung und Abstinenzorientierung heraus; in der Dekade 1978-1987 kam es zu einer Stabilisierung und Fortschreibung dieser Politik (z.b. BtMG-Novelle 1981); 1988 setzte ein Umbruch in der bundesdeutschen Drogenpolitik ein, der mit den Begriffen „Niedrigschwelligkeit", „Akzeptanz" und „Entkriminalisierung" beschrieben werden kann. Dieser Prozess dauert bis heute (2000) an.
Die zeitliche Periodisierung in 10-Jahres-Abschnitte (1968-1977, 1978-1987, 1988-1997), die verschiedene Entwicklungsstufen bundesdeutscher Drogenpolitik charakterisieren, ist damit gut geeignet, um in übersichtlicher Form die drogenpolitischen Aktivitäten der Landtage im Zeitverlauf abzubilden; deshalb wird dieses Zeitschema in den folgenden empirischen Analysen häufig benutzt. An einigen Stellen werden die drogenpolitischen Aktivitäten mit den Landtagstätigkeiten insgesamt – sofern sie sich in Drucksachen ausdrücken – verglichen. Bei diesem Vergleich konnten insgesamt 6 Jahre nicht mit berücksichtigt werden, weil für diese Zeiträume entweder die entsprechenden statistischen Angaben aus den vier Landtagen nicht vorhanden waren (1968-1971) oder die Parlamentsstatistiken wegen laufender Legislaturperioden noch nicht veröffentlicht waren (1996/1997). In diesen Fällen wird zur Abbildung von Entwicklungsprozessen eine andere Jahres-Unterteilung gewählt: 1972-1977, 1978-1983, 1984-1989, 1990-1995.

Erhebungs- und Auswertungsverfahren

In einer Totalerhebung wurden alle drogenbezogenen Drucksachen nach inhaltlichen Kriterien EDV-gestützt erfasst. Als *drogenbezogene* Drucksachen werden im folgenden alle Dokumente bezeichnet, die das Thema illegale Drogen (Heroin, Kokain, Cannabis etc.) zum Hauptgegenstand haben. Es kann aber vorkommen, dass in der Drucksache gleichzeitig legale Suchtmittel (z.B. Alkohol) mitbehandelt werden. Auch diese Drucksachen wurden erfasst und werden zu den drogenbezogenen Drucksachen hinzugerechnet.
Die Drucksachen wurden nach Einbringer, Jahr, Dokumententyp, Themen, Drogentyp, Zielgruppe und Zielsetzungen klassifiziert. Dabei wurden zuerst die Sachregisterbände – eine Art Fundbuch zu den Drucksachen und Plenarprotokollen jeder Wahlperiode – ausgewertet, in denen sich in der Regel (Ausnahme: Berlin) eine Kurzangabe über den Inhalt der Drucksache befindet.[98] Aus den

---
[98] Inzwischen sind solche kurzen Inhaltsangaben über Drucksachen aus der laufenden Wahlperiode auch auf den Internet-Seiten einiger Landtage verfügbar.

Bänden wurden die Drucksachen erfasst, die unter den Stichwörtern „Betäubungsmittel", „Drogen", „Rauschgift" und „Sucht" (und den entsprechenden Unterbegriffen) standen. Wenn der Informationsgehalt der Kurzangabe nicht ausreichend war, wurde auf die Originaldrucksache zurückgegriffen. Das Codierungsverfahren garantiert auf diese Weise eine hohe Zuverlässigkeit in der Übertragung von komplexen Informationen.

Die Inhalte der Drucksachen wurden in *vier Themengebieten* erfasst: Hilfe, Strafe, Forschung und Konsum (siehe Tabelle 4.1.2). Für jeden dieser Bereiche lagen jeweils ausdifferenzierte Item-Kataloge vor. Im Bereich „Hilfe" wurden alle Inhalte von Drucksachen registriert, die sich mit dem Drogenhilfesystem insgesamt oder einzelnen Hilfeformen (z.B. stationäre Therapie) beschäftigen. Hierunter fällt auch die Prävention, die in einigen der folgenden Auswertungen auch separat betrachtet wird.[99] Wenn es in den Drucksachen um strafrechtliche Fragen (BtMG) oder sächliche, personelle und technische Bekämpfungsmöglichkeiten ging, wurden sie dem Themengebiet „Strafe" (in den folgenden Auswertungen wird auch der Begriff „Repression" benutzt) zugeordnet. In die Kategorie „Forschung" fielen u.a. die Themen Grundlagen- und Therapieforschung. Im Bereich „Konsum" wurden Drucksachen mit epidemiologischen Angaben, Aussagen zu den pharmakologischen Wirkungen von Drogen oder zum Suchtverhalten erfasst.

Neben dem Thema war ein wichtiger Aspekt der Erfassung die drogenpolitische *Zielsetzung* der Drucksache. Die Bezeichnung „Zielsetzung" bezieht sich hier auf eine erkennbare politische Forderung bzw. inhaltliche Position zu einem Thema, nicht auf eine taktische oder strategische Zielsetzung, die mit der Anwendung eines parlamentarisches Instruments verbunden sein kann.[100] Wenn beispielsweise in einer Drucksache der Einsatz von technischen Methoden zur Bekämpfung der Rauschgiftkriminalität gefordert wird, ist dies als *Zielsetzung*

---

[99] Die bundesdeutsche Drogenpolitik fußt nach allgemeiner Auffassung auf den drei Säulen „Repression", „Therapie/Hilfe" und „Prävention". Weil die Präventionsarbeit aber häufig als integraler Bestandteil des Suchthilfesystems verstanden wird, wurden für die inhaltliche Codierung der Parlamentsdrucksachen die drei Säulen in zwei Oberkategorien – „Repression" und „Hilfe/Prävention" – zusammengefasst. Eine inhaltliche Verzerrung der Ergebnisse entsteht durch diese methodische Vereinfachung nicht.

[100] Z.B. könnte eine Große Anfrage einen umfangreichen Fragenkatalog zu einer neuen Therapieform enthalten, ohne dass dabei eine drogenpolitische Forderung zu identifizieren ist, so dass unklar bleibt, welchen Standpunkt die anfragende Fraktion einnimmt. Eine solche Anfrage könnte einerseits der Informationsbeschaffung (im Sinne der Wahrnehmung der Kontrollfunktion) dienen; sie könnte aber auch auf eine strategische Verunsicherung des politischen Gegners abzielen („Kompetenzvorsprung"). Und schließlich könnte eine solche Große Anfrage auch innerfraktionelle Gründe haben: Der Initiator der Anfrage will sich in der Fraktion als fleißiger Sachbearbeiter profilieren.

zu klassifizieren. Durch eine solche inhaltliche Codierung ist es möglich, drogenpolitische Entwicklungen auf der Parlamentsebene abbilden zu können.
Neben der Zielsetzung wurde auch erhoben, ob eine Drucksache eine *Information* enthält. Darunter ist hier die Berichterstattung über einen oder mehrere Sachverhalte in (relativ) neutraler Weise zu verstehen, ohne dass diese Information gleichzeitig mit einer politischen Forderung verbunden ist. Wenn beispielsweise in einer Drucksache epidemiologische Daten zum Cannabiskonsum aufgelistet werden, ist dies als *Information* einzustufen.
Da aber in einer Parlamentsdrucksache auch komplexe Gegenstände bzw. mehrere Themen und Sachverhalte gleichzeitig behandelt werden können, kann es vorkommen, dass in einem Dokument sowohl Zielsetzungen als auch Informationen enthalten sind.
Die Kriterien „Zielsetzung" und „Information" sind in das empirische Modell zur Operationalisierung der Parlamentsfunktionen eingegangen (siehe Kapitel 4.2).
Eine Parlamentsdrucksache kann mehrere Themen, Zielsetzungen und Informationen enthalten. Das Erhebungsverfahren wurde deshalb so gestaltet, dass bei jeder Drucksache mehrere Angaben pro genannter Kategorie gemacht werden konnten (Mehrfachnennung). Zudem war die Codierungsliste in einer Form konzipiert, dass gleichzeitig *Thema und Zielsetzung* oder *Thema und Information* erfasst worden sind.
In den Themenbereichen „Hilfe" und „Strafe" waren jeweils bis zu fünf, im Bereich „Konsum" bis zu drei und im Bereich „Forschung" bis zu 2 Nennungen möglich (siehe Tabelle 4.1.2). Dieses Verfahren der Mehrfachnennung erwies sich während der Erhebung als sehr praktikabel, weil mit ihm einerseits die *wesentlichen Inhalte* einer jeden Drucksache erfasst werden konnten, andererseits aber eine ‚inflationäre' Erfassung von Inhalten vermieden werden konnte, wie sie bei einer Codierung ohne vorgegebene Begrenzung pro Kategorie möglich wäre.[101]
Im Themengebiet „Konsum" konnten keine drogenpolitische Zielsetzungen vorkommen, weil sich das hierfür entwickelte Kategoriensystem ausschließlich auf Inhalte mit ‚reinem' Informationsgehalt bezog (siehe Tabelle 4.1.2).

---

[101] Wenn ein Abstrakt zu einer Drucksache mehr als die genannten Themen bzw. Zielsetzungen enthielt, wurde die Originaldrucksache herangezogen und nach dem *Umfang* der angesprochenen Themen/Ziel-setzungen eine Zuordnung vorgenommen. Dies war aber nur selten der Fall.

Tabelle 4.1.2: Struktur des Codierungsschemas – Anzahl möglicher Nennungen pro Drucksache

Themenbereiche	Hilfe	Strafe	Forschung	Konsum
Zielsetzung	bis zu 5 N.	bis zu 5 N.	Bis zu 2 N.	/
Information (Berichterstattung)	bis zu 5 N.	bis zu 5 N.	Bis zu 2 N.	Bis zu 3 N.

Insgesamt ergibt sich durch das entwickelte Kategoriensystem und das gewählte Codierungsverfahren eine umfangreiche Datensammlung zu den drogenpolitischen Tätigkeiten bundesdeutscher Landtage. Diese wurde mit Hilfe statistischer Programme für die folgenden empirischen Analysen ausgewertet.

Datengrundlage

Es wurden insgesamt 1.230 Parlamentsdrucksachen zum Thema Drogen erfasst und ausgewertet. Im Folgenden wird diese Stichprobe der Untersuchung kurz nach ihren wichtigsten Grunddaten vorgestellt, aufgeschlüsselt nach den Kriterien Parlament, Dokumententyp, Jahr und Einbringer. Das sind die (formalen) Merkmale einer jeden Drucksache, die sofort erkennbar sind.

Die meisten der drogenbezogenen Drucksachen sind im Untersuchungszeitraum in der Hamburgischen Bürgerschaft (34,2%) angefallen, gefolgt von den Landesparlamenten in Baden-Württemberg (28,5%) und Berlin (24,8%). Die wenigsten stammen aus dem nordrhein-westfälischen Landtag (12,4%) (siehe Tabelle 4.1.3).

Bei den ausgewerteten Drucksachen handelt es sich zu 54,1% um Schriftliche Kleine Anfragen[102] und zu 29,3% um Anträge[103] (siehe Tabelle 4.1.3). Die Mündlichen Anfragen[104] machen einen Anteil von 8,8% aus. Die restlichen Drucksachen stellen Berichte/Mitteilungen (5,8%) und Große Anfragen (1,6%)

---

[102] Auch wenn die „Schriftliche Kleine Anfrage" in der Regel nur von einem Abgeordneten gestellt wird, kann sie einer Fraktion zugerechnet werden, weil das inhaltliche Anliegen der Anfrage nicht losgelöst von der Politik der gesamten Fraktion betrachtet werden kann.
[103] Unter den Anträgen befinden sich 4 Anträge von Fachausschüssen, die „Beschlussempfehlungen" genannt werden (Kabel 1989).
[104] Die „Schriftlichen Kleinen Anfragen" tragen in der Regel eine Drucksachen-Nummer, die „Mündlichen Anfragen" nicht. In den Sachregisterbänden sind aber meistens Angaben über die entsprechenden Fundstellen in den Plenarprotokollen enthalten, so dass auch die mündlichen Anfragen erfasst werden konnten.

dar. Gesetzesentwürfe kommen im Drogenbereich so gut wie nicht vor (0,5%).[105] Eine Beschreibung der einzelnen Dokumententypen sowie die Vorstellung einer empirischen Auswertungsstrategie für das Thema Drogenpolitik erfolgt im nächsten Kapitel.

Tabelle 4.1.3: Grunddaten zu den drogenpolitischen Drucksachen (N=1.230)

	Gesamt
Parlament	
Baden-Württemberg	28,5%
Berlin	24,8%
Hamburg	34,2%
Nordrhein-Westfalen	12,4%
Dokumententyp	
Gesetzesentwurf	0,5%
Antrag	29,3%
Bericht	5,8%
Große Anfrage	1,6%
Schriftliche Kleine Anfrage	54,1%
Mündliche Anfrage	8,8%
Jahresabschnitt	
1968-1977	16,3%
1978-1987	22,4%
1988-1997	61,4%
Einbringer	
Landesregierung	5,8%
CDU	33,3%
SPD	18,5%
FDP	9,7%
GRÜNE	23,7%
Andere	8,9%

---

[105] Trotz dieses geringen Anteils von Gesetzesentwürfen ist das Politikfeld „Illegale Drogen" für eine Funktionsanalyse anhand von Parlamentsdokumenten gut geeignet. Auch der Anteil von Gesetzesinitiativen an allen Landtagsdrucksachen liegt nämlich insgesamt nur bei ca. 3%, wenn die hier gewählte methodische Vorgehensweise zugrunde gelegt wird (eigene Berechnung anhand der vorliegenden Parlamentsstatistiken für die untersuchten Landtage, siehe Tabelle 4.1.4).

Der Großteil der drogenbezogenen Drucksachen stammt aus dem Zeitraum 1988-1997 (61,4%). Der entsprechende Wert für die erste untersuchte Dekade beträgt 16,3%, im folgenden Zehnjahres-Abschnitt liegt er mit 22,4% etwas darüber (siehe Tabelle 4.1.3).
Die Stichprobe aufgegliedert nach den Akteuren ergibt folgendes Bild: Die vier größeren politischen Parteien haben zusammen 85% der Drucksachen eingebracht (siehe Tabelle 4.1.3). Die CDU ist die Partei mit den meisten drogenbezogenen Vorlagen (33,3%), gefolgt von den GRÜNEN (23,7%) und der SPD (18,5%). Jede zehnte Drucksache kommt aus den Reihen der FDP. Etwa 6% aller drogenbezogenen Drucksachen formulieren die Landesregierungen. Die restlichen Drucksachen („Andere") verteilen sich auf andere Parteien (REP, NDP, PDS und STATT-Partei = zusammen 4,5%), fraktionslose Abgeordnete (2,7%) und Fachausschüsse (1,7%).

Die Zusammensetzung der Stichprobe nach Dokumententyp entspricht weitgehend derjenigen bei allen eingebrachten Drucksachen aus den vier Landtagen. Das zeigt der Vergleich in der Tabelle 4.1.4, bei dem beinahe 120.000 Drucksachen aus dem Zeitraum 1972-1995 berücksichtigt und zur Gruppe „alle Drucksachen" zusammengefasst worden (siehe Tabelle 4.1.4). Es wird deutlich, dass bei den Dokumententypen Antrag, Große Anfrage und Mündliche Anfrage die relativen Anteile fast identisch sind, z.B. bei den Anträgen: 31,5% (drogenbezogene Drucksachen) und 31,9% (alle Drucksachen). Die größte Abweichung findet sich noch bei den Gesetzesentwürfen: 3,2% bei allen Drucksachen stehen 0,5% bei der Gruppe der drogenbezogenen Drucksachen gegenüber (siehe Tabelle 4.1.4).
Der Bereich der Drogenpolitik steht also durchaus repräsentativ für die Landtagsaktivitäten insgesamt, wenn die Form der Drucksachen – der Dokumententyp – als Vergleichsmaßstab genommen wird.[106]

---

[106] Es sei angemerkt, dass es bei den Dokumententypen einige Spezifika in den Ländern gibt: So ist der Anteil von Anträgen in Baden-Württemberg besonderes hoch (bei der Drogenpolitik: 54,1%), was damit zusammenhängen dürfte, dass dort häufiger sogenannte „Berichtsanträge" gestellt werden, mit denen die Landesregierung aufgefordert wird, über einen bestimmten Sachverhalt zu berichten. Außerdem fällt auf, dass in Hamburg keine Mündlichen Anfragen formuliert werden. Diese Besonderheiten betreffen aber nicht nur den Drogenbereich, sondern die gesamten parlamentarischen Tätigkeiten in diesen Landtagen, so dass dadurch dieser Vergleich nicht verzerrt wird.

Tabelle 4.1.4: Vergleich Dokumententyp – drogenbezogene Drucksachen und Drucksachen insgesamt (1972-1995)[107]

	drogenbezogene Drucksachen	Drucksachen Insgesamt
Gesetzesentwurf	0,5%	3,2%
Antrag	31,5%	31,9%
Große Anfrage	1,8%	2,0%
Schriftliche Kleine Anfrage	57,2%	54,1%
Mündliche Anfrage	8,9%	8,8%
N	926	119.125

Bei den ausgewerteten Drucksachen (N=1.230) handelt es sich zu 78,5% um Drucksachen, die sich ausschließlich mit den illegalen Drogen beschäftigen, bei 21,5% geht es gleichzeitig auch um legale Stoffe (Alkohol, Medikamente etc.). In der folgenden Grafik wurde die Stichprobe um Drucksachen ergänzt, die *ausschließlich* das Thema Alkohol zum Inhalt haben.[108] Diese Zusatzerhebung wurde durchgeführt, um einen vergleichbaren Maßstab für die drogenbezogenen Drucksachen zu haben. Die Entwicklung über fast 30 Jahre zeigt, dass diejenigen Drucksachen, die sich mit illegalen Drogen beschäftigen, seit Mitte der 80er Jahre sprunghaft angestiegen sind (siehe Grafik 4.1.1). Auch bei den Dokumenten, die die Suchtproblematik insgesamt bzw. verschiedene Suchtmittel zusammen behandeln („Suchtstoffe generell"), ist zumindest seit Anfang der 90er Jahre ein leichter Anstieg zu registrieren. Dagegen ist die Anzahl der ausschließlich alkoholbezogenen Drucksachen über fast 30 Jahre gleich niedrig geblieben (siehe Grafik 4.1.1).

---

[107] Bei diesem Vergleich konnte der Dokumententyp „Bericht" nicht berücksichtigt werden, weil die entsprechenden Angaben nicht immer in den Parlamentsstatistiken ausgewiesen waren. Zudem konnten insgesamt 6 Jahre nicht mit einbezogen werden, weil für diese Zeiträume teilweise keine detaillierten Statistiken vorlagen (1968-1971) oder die entsprechenden Daten wegen laufender Legislaturperioden noch nicht vorhanden sind (1996/1997). Aus diesen Gründen umfasst die Datengrundlage hier 926 drogenbezogene Drucksachen. Bei den Gesetzesentwürfen waren für Hamburgische Bürgerschaft bis 1986 nur die Angaben über die verabschiedeten Gesetze vorhanden. Dies beeinträchtigt aber das Gesamtergebnis nicht.
[108] Hier wurden zu der Stichprobe von 1.230 Parlamentsdrucksachen, die nach inhaltlichen Kriterien ausgewertet wurde, 189 Drucksachen hinzugezählt, die ausschließlich das Thema Alkohol zum Inhalt haben. Für die Jahre 1996 und 1997 konnten diese Angaben nicht ermittelt werden, weil die Sachregisterbände noch nicht für alle Landtage vorlagen. Deshalb hat die Stichprobe hier einen Umfang von N=1.245 Drucksachen.

Grafik 4.1.1: Entwicklung der Drucksachen nach Alkohol und illegalen Drogen (N=1.245)

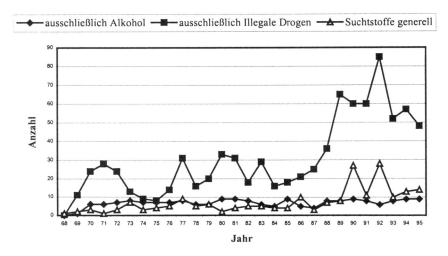

Einzelanalysen

Die folgenden empirischen Auswertungen (ab Kapitel 4.3) sind nach verschiedenen Einzelaspekten gegliedert, mit denen die Bedeutung der Landtage in der Drogenpolitik erfasst werden soll:
- einer quantitativen Untersuchung, die die Entwicklung des Stellenwertes der Drogenpolitik in den bundesdeutschen Landtagen empirisch nachzeichnet (4.3);
- einer Analyse der Struktur der drogenbezogenen Drucksachen nach Themen und Zielsetzungen (4.4);
- einer Funktionsbestimmung drogenpolitischer Tätigkeiten in den Landtagen (4.5);
- dabei wird vor allem die Innovationsfunktion der Landtage in der Drogenpolitik im Einzelnen untersucht (4.6);
- einer Auswertung nach Politikebene, die der Frage nachgeht, inwieweit die behandelten Drogenthemen landes- und bundespolitische Bezüge haben (4.7);
- einem Vergleich drogenpolitischer Thematiken in den Landtagen (4.8);

- einer Parteien-Untersuchung, die sich mit Gemeinsamkeiten und Unterschieden in der Drogenpolitik befasst (4.9).

Mit den ersten beiden Analysen (Kapitel 4.3 und 4.4) ist beabsichtigt, die Entwicklung des Politikfeldes „Illegale Drogen" in den Landtagen zu charakterisieren, auch als Vorbereitung auf die dann folgenden beiden zentralen Auswertungen dieses empirischen Teils: In Kapitel 4.5 und 4.6 werden die drogenpolitischen Tätigkeiten anhand des empirischen Analysekonzepts nach Parlamentsfunktionen (siehe Kapitel 4.2) klassifiziert und ihre Entwicklung nach verschiedenen Parametern untersucht. Die letzten drei Kapitel (4.6-4.9) behandeln jeweils einen speziellen Aspekt: es wird der Frage nachgegangen, inwiefern die Landtage in der Drogenpolitik auch wirklich Landesangelegenheiten behandeln (Politik-Ebene) sowie ein Landtags- und Parteien-Vergleich vorgenommen. Hierbei kommen aber auch immer wieder Elemente der Funktionsanalyse zum Tragen.

Die Struktur der empirischen Auswertungen ergibt sich aus der „doppelten" Analyseperspektive dieser Arbeit, mit der einerseits Erkenntnisse über die bundesdeutsche Drogenpolitik geliefert und andererseits ein Beitrag zur Föderalismusforschung geleistet werden soll.

4.2 Empirisches Analysekonzept für Parlamentsfunktionen

Die Entwicklung des Länderparlamentarismus wird häufig anhand des Wandels der Parlamentsfunktionen beschrieben (siehe Kapitel 3). Der dabei diagnostizierte „Bedeutungsverlust" der Landtage, der sich in ihren Tätigkeiten widerspiegeln müsste, ist aber – wie schon erwähnt – selten empirisch belegt, wenn überhaupt, wird auf den Rückgang verabschiedeter Gesetzesentwürfe hingewiesen. Um aber funktionale Veränderungsprozesse der Landtage abbilden zu können, ist es notwendig, ein nachvollziehbares analytisches Raster zu entwickeln, mit dem die Bedeutung der einzelnen Parlamentsfunktionen gemessen werden kann.

Zu diesem Zweck wurde hier ein Analysekonzept entwickelt, bei dem sich die Parlamentsfunktionen aus der Form der Drucksache – dem Dokumententyp – erschließen lassen; diese wird zum empirischen Zuordnungskriterium. Schon aus dem Dokumententyp, den ein Einbringer wählt, ergibt sich eine klare funktionale Zuordnung.

Bei einem Teil der Parlamentsfunktionen war jedoch eine Klassifizierung über den Dokumententyp nicht möglich. In diesen Fällen erfolgte die Funktionsbestimmung über ein inhaltliches Kriterium: ob eine Drucksache eine politische Zielsetzung und/oder Information enthält, wurde hier als empirischer Indikator für eine Parlamentsfunktion gewertet (siehe unten).

Als Ausgangspunkt der funktionalen Zuordnung wurde der Kenntnisstand in der politikwissenschaftlichen Literatur genommen. Es ließen sich einige Aussagen zu den idealtypischen Funktionen parlamentarischer Instrumente finden (z.B. in Greß und Huth 1998, Schneider und Zeh 1989, sowie in verschiedenen Handbüchern von Landtagen). Diese werden im folgenden anhand jedes einzelnen Dokumententyps dargestellt. Bei einigen von ihnen wurde jedoch in der ausgewerteten Literatur keine funktionale Zuordnung vorgenommen.

Schriftliche Kleine Anfrage:
Die Schriftliche Kleine Anfrage, die von jedem Abgeordneten gestellt werden kann, wird in der Literatur hauptsächlich der parlamentarischen Kontrollfunktion[109] zugeordnet. Sie wird als ein wirksames Kontrollinstrument bezeichnet (Abgeordnetenhaus Berlin 1996). Hesse und Ellwein (1997) bewerten die Kleinen und Großen Anfragen sowie die Aktuellen Stunden als die bedeutsamsten Kontrollrechte im parlamentarischen Alltag. Andere Instrumente wie Missbilligungsanträge oder das Recht, Regierungsmitglieder herbeizurufen, stünden dahinter zurück.

Mündliche Anfrage:
Auch die Mündliche Anfrage kann von jedem Abgeordneten gestellt werden. Im Unterschied zur schriftlichen Anfrage wird die mündliche Anfrage jedoch in der Plenarsitzung vorgetragen. Damit erfüllt sie neben ihrer Kontrollfunktion viel stärker als die schriftliche Anfrage auch eine Öffentlichkeitsfunktion – so die Darstellung in den Handbüchern der Landtage.

---

[109] Greß und Huth (1998) unterscheiden zwischen einer formellen und informellen Kontrolle. Mit der formellen Kontrolle ist der Einsatz der parlamentarischen Instrumentarien (z.B. Kleine Anfrage) gemeint, dagegen wird die informelle Kontrolle „hinter den verschlossenen Türen der Sitzungssäle von Regierungsfraktionen und Kabinetten, Koalitionsgremien und Parteivorständen ausgeübt" (Greß und Huth 1998, S. 47). In dieser Arbeit können ausschließlich die formellen Kontrollinstrumente ausgewertet werden.

Große Anfrage:
Eine Große Anfrage muss im Gegensatz zur Kleinen Anfrage von einer Fraktion oder einer Mindestanzahl von Abgeordneten[110] eingebracht werden. Große Anfragen enthalten in der Regel einen umfassenden Fragenkatalog und behandeln einen zusammenhängenden Themenkomplex. Sie werden öffentlich im Plenum erörtert.[111] Oft wird mit einer Großen Anfrage sowohl eine Grundsatzdebatte ausgelöst als auch „Richtungskontrolle" ausgeübt (Kissler 1989). Bei der Großen Anfrage dürften damit die Aspekte von Kontrolle und Öffentlichkeit in etwa gleichgewichtig zum Tragen kommen. In diesem Sinn wird die Große Anfrage in den Parlaments-Handbüchern als Mittel der gleichzeitigen Kontrolle und politischen Auseinandersetzung (Öffentlichkeitsfunktion) beschrieben (Landtag Nordrhein-Westfalen 1994).

Antrag:
Ein Antrag (oder auch Entschließung) ist eine politische Willensbekundung. Anträge können von den Fraktionen, der Regierung oder auch Ausschüssen („Beschlussempfehlungen") gestellt werden. Mit einem Antrag sind in der Regel keine konkreten juristischen Folgen verbunden; er enthält aber politische Bindungen. „Ein Antrag ist die formelle Aufforderung an das Parlament, eine bestimmt bezeichnete Entscheidung zu treffen" (Kabel 1989: 883). Es gibt verschiedene Arten von Anträgen: selbstständige Anträge, Dringlichkeitsanträge, Änderungsanträge, Entschließungsanträge (Kabel 1989). Eine funktionale Zuordnung der Anträge konnte in den Handbüchern und der wissenschaftlichen Literatur nicht gefunden werden. Der Antrag qua Dokumenttyp kann nicht einer Parlamentsfunktion eindeutig zugeordnet werden.

Gesetzesentwurf:
Mit einem Gesetzesentwurf sollen ein neues Gesetz eingeführt oder bestehende gesetzliche Regelungen geändert werden. Sowohl die Regierung als auch die Fraktionen (oder eine bestimmte Mindestanzahl von Abgeordneten) können Gesetzesentwürfe in das Parlament einbringen. Der Gesetzesentwurf kann – so die Literatur übereinstimmend – eindeutig der Gesetzgebungsfunktion zugeordnet werden.

---

[110] Dieses ist in den Landtagen unterschiedlich geregelt, in der Hamburger Bürgerschaft müssen es beispielsweise mindestens fünf Abgeordnete sein.
[111] In einigen Landtagen können im Rahmen von Großen Anfragen auch Entschließungsanträge gestellt werden (z.B. Nordrhein-Westfalen).

Bericht/Mitteilung:
Die Dokumententypen Bericht oder Mitteilung informieren die Abgeordneten über ein bestimmtes Thema. Diese Berichte/Mitteilungen stammen in der Regel von der Regierung oder von den Fachausschüssen. Auch bei diesem Dokumententyp ist in der ausgewerteten Literatur nicht ausreichend beschrieben, welche parlamentarischen Funktionen er erfüllen kann.

Die Übersicht zeigt, dass Aussagen über vier von sechs Dokumententypen hinsichtlich ihrer Parlamentsfunktionen in der Literatur gefunden werden konnten. Bei zwei – dem Antrag und dem Bericht – war dies nicht der Fall. Oder anders formuliert: Die Gesetzgebungsfunktion, die Kontroll- und die Öffentlichkeitsfunktion können über den Dokumententyp auf einer abgesicherten Grundlage empirisch hergeleitet werden. Die Operationalisierung der Artikulations-, Informations- und Innovationsfunktion ist dagegen auf diese Weise nicht möglich, weil bei diesen Funktionen die Form der Drucksache als Informationsgrundlage nicht ausreicht. Inwieweit in einer Drucksache ein politischer Wille artikuliert wird (Artikulationsfunktion), eine Berichterstattung über einen Sachverhalt erfolgt (Informationsfunktion) oder eine neue politische Forderung erhoben wird (Innovationsfunktion), ist am Dokumententyp nicht zu erkennen. Beispielsweise kann ein Bericht eine politische Zielsetzung enthalten, er kann sich aber auch auf ‚reine' Berichterstattung beschränken.

Aus diesem Grunde musste hier ein zweites empirisches Zuordnungskriterium gewählt werden, um diese drei Parlamentsfunktionen zu operationalisieren und zu einem umfassenden Analysekonzept zu gelangen. Dieses zweites Merkmal ist ein inhaltliches Kriterium: die Zielsetzung und/oder Information einer Drucksache. Diese inhaltliche Kategorie wurde bei der Codierung der Drucksachen miterfasst (siehe Kapitel 4.1). Damit ist es möglich, zu identifizieren, ob eine Drucksache eine politische Forderung erhebt und/oder über einen bestimmten Sachverhalt informiert. Daraus lassen sich Aussagen über drei Parlamentsfunktionen von Drucksachen ableiten (Artikulation, Information, Innovation). Mit Hilfe der Klassifizierung nach Zielsetzung/Information kann jedoch nicht auf die Kontroll-, Öffentlichkeits- und Gesetzgebungsfunktion geschlossen werden.

Insgesamt ergibt sich somit das folgende empirische Analysekonzept, bei dem die Parlamentsfunktionen entweder über den von den Einbringern gewählten Dokumententyp oder über das inhaltliche Merkmal „Zielsetzung/Information der Drucksache" definiert werden:

Die *Gesetzgebungsfunktion* kann eindeutig über den Dokumententyp (Gesetzesentwurf) hergeleitet werden (siehe Tabelle 4.2.1). Auch die *Kontrollfunktion* kann am besten mit dem Kriterium des Dokumententyps erfasst werden, weil Anfragen (Schriftliche und Mündliche) an sich einen kontrollierenden Charakter aufweisen. Die *Öffentlichkeitsfunktion* definiert sich über die Dokumententypen Mündliche Anfrage, Große Anfrage, Antrag, Gesetzesentwurf und Bericht/Mitteilung, weil sie im Plenum öffentlich beraten werden.[112] Die Schriftliche Kleine Anfrage ist dagegen nicht Gegenstand der politischen Beratungen im Parlamentsplenum.[113]

Neben diesen drei Funktionen mit ihrer Zuordnung über den Dokumententyp werden die drei anderen Funktionen über inhaltliche Kategorien gebildet: Die *Artikulationsfunktion* betrifft alle Dokumente, die (mindestens) eine Zielsetzung beinhalten. Wenn in einer Drucksache dagegen Informationen (Berichterstattung über Sachverhalte) gegeben werden, werden sie der *Informationsfunktion* zugeordnet (siehe Tabelle 4.2.1).

Die *Innovationsfunktion* ist bei denjenigen Drucksachen erfüllt, die (mindestens) eine *neue* drogenpolitische Zielsetzung formulieren. Das Adjektiv „neu" bezieht sich auf alle Maßnahmen, die in dem politisch zuständigen Bereich (z.B. Bundesland, Bund, Kommune) noch nicht realisiert sind, d.h. beispielsweise, wenn im Landtag von Nordrhein-Westfalen die Einrichtung eines „Gesundheitsraumes" für dieses Bundesland gefordert wird, fällt diese Zielsetzung hierunter.[114] Wird dagegen für einen Landkreis eine *zusätzliche* Drogenberatungsstelle verlangt, ist das keine neue Zielsetzung, weil es sich um den Ausbau eines schon vorhandenen Hilfeangebotes handelt. Von daher wird hier mit einem eher engen Begriff von „neu" operiert.

---

[112] Nicht über jede eingebrachte Drucksache der hier genannten Dokumententypen wird im Rahmen der parlamentarischen Sitzungen auch tatsächlich öffentlich beraten. Über einige Drucksachen wird nur abgestimmt, andere werden ohne Diskussion in die Ausschüsse überwiesen und bei dritten reicht schließlich die festgesetzte Beratungszeit im Plenum für eine mündliche Erörterung nicht mehr aus (Raschke 1992). Entscheidend für die hier vorgenommene funktionale Zuordnung zur Öffentlichkeitsfunktion ist aber, dass diese Dokumententypen prinzipiell für öffentliche Beratungen vorgesehen sind bzw. sie in dieser Absicht eingebracht werden.
[113] Auch sie erfüllt gelegentlich eine Öffentlichkeitsfunktion, wenn ihre Fragen und Antworten vom Fragesteller über die Medien in die Öffentlichkeit transportiert werden.
[114] Es konnte aufgrund der ausgewerteten Literatur (siehe Kapitel 2) und den Informationen in den Drucksachen zuverlässig eingeschätzt werden, ob eine Maßnahme schon realisiert war oder nicht.

Tabelle 4.2.1: Empirisches Analysekonzept für Parlamentsfunktionen

- *Parlamentsfunktion*
- Gesetzgebungsfunktion: alle Dokumententypen „Gesetzesentwürfe"
- Artikulationsfunktion: alle Drucksachen mit Zielsetzungen
- Kontrollfunktion: alle Dokumententypen „Schriftliche Kleine Anfragen", „Mündliche Anfragen", „Große Anfragen"
- Öffentlichkeitsfunktion: alle Dokumententypen außer den „Schriftlichen Kleinen Anfragen"
- Informationsfunktion: alle Drucksachen mit Informationen (Berichterstattung über Sachverhalte)
- Innovationsfunktion: alle Drucksachen mit neuen Zielsetzungen

Nach diesem Zuordnungsmodell ist es möglich, dass eine Drucksache mehrere Funktionen erfüllt (Mehrfachnennung). Es ergeben sich die folgenden Anteile für die einzelnen Parlamentsfunktionen bei drogenbezogenen Drucksachen: Die meisten Drucksachen besitzen eine Artikulationsfunktion (71%) (siehe Tabelle 4.2.2). Es folgt die Kontrollfunktion (64,5%). Jeweils über 40% erfüllen eine Öffentlichkeits- und Informationsfunktion. Etwa jede siebte Drucksache enthält eine neue politische Zielsetzung (Innovationsfunktion). Ganz selten kommt dagegen die Gesetzgebungsfunktion zum Tragen (siehe Tabelle 4.2.2).

Tabelle 4.2.2: Parlamentsfunktionen bei den drogenbezogenen Drucksachen (N=1.230, Mehrfachnennungen)

- *Parlamentsfunktion*
- Gesetzgebungsfunktion: 0,5% (6)
- Artikulationsfunktion: 71,0% (873)
- Kontrollfunktion: 64,5% (793)
- Öffentlichkeitsfunktion: 45,9% (565)
- Informationsfunktion: 42,6% (524)
- Innovationsfunktion: 15,6% (192)

Zusammenfassend kann festgehalten werden, dass mit dem hier entwickelten Analysekonzept ein empirisches Instrumentarium zu Verfügung steht, mit dem parlamentarische Entwicklungen anhand der Klassifizierung von Drucksachen untersucht werden können. Auch wenn mit ihm die Arbeit der bundesdeutschen Landtage nicht vollständig erfasst werden kann, weil die Plenumdebatten und die Ausschusstätigkeiten außer Acht bleiben, können auf diese Weise – mit einem vertretbaren Erhebungsaufwand – wichtige empirische Hinweise über den Funktionswandel der Landtage in einem ausgewählten Politikfeld gewonnen werden. Der hier entwickelte methodische Ansatz erscheint prinzipiell auch für Untersuchungen über parlamentarische Tätigkeiten in anderen Politikfeldern und für vergleichende Analysen geeignet zu sein.

4.3 Gesamtentwicklung der Drucksachen: Der Bedeutungszuwachs eines neuen Politikfeldes

Allgemeine Entwicklung der drogenbezogenen Drucksachen

Der Beginn und die Ausweitung des Konsums illegaler Rauschmittel in Deutschland wird allgemein mit der Studentenbewegung der 60er Jahre in Verbindung gebracht. Damals galt der Gebrauch von Drogen als Element eines bestimmten Lebensstils und als Ausdruck von Gesellschaftskritik. Insbesondere der Konsum von Cannabis war für viele Jugendliche attraktiv. In den Medien war von einer „Haschischwelle" die Rede (Schmidt 1998).
In den vier analysierten Landesparlamenten schlug sich dieses neue gesellschaftliche Phänomen zunächst kaum nieder. Für das Jahr 1968 – dem Ausgangsjahr dieser Untersuchung – konnte keine einzige Drucksache erfasst werden, die sich mit den neuen psychoaktiven Stoffen (vor allem Cannabis) beschäftigte (siehe Grafik 4.3.1).[115] Ein Jahr später konnten immerhin schon 13 Parlamentsdokumente gezählt werden. So fragte beispielsweise die Hamburger CDU-Fraktion, ob „Teile der Schuljugend durch Rauschgiftgenuß und Rauschgifthandel gefährdet sind" und welche Maßnahmen der Senat ergreifen wolle, um der „Gefährdung von Schülern endlich Einhalt zu gebieten" (Bürgerschaft Hamburg 1969). Erst Anfang der 70er Jahre nahm die Anzahl drogenbezogener Drucksachen in den Landtagen deutlich zu: 1971 waren es 29 Dokumente (siehe Grafik 4.3.1). Die Parlamentarier haben also mit einem gewissen „time-lag" auf eine neue gesellschaftliche Erscheinung politisch reagiert. Dieses zeitverzögerte Handeln könnte damit erklärt werden, dass ihnen die Materie fremd und neu

---

[115] Die einzige erfasste drogenbezogene Drucksache aus dem Jahre 1968 – ein Antrag der FDP – beschäftigt sich ganz allgemein mit der Entwicklung der Suchtkrankheiten in Hamburg, u.a. mit soziologischen Gründen für Suchtverhalten, angebotenen therapeutischen Maßnahmen und möglichen Erweiterungen von Krankenhausabteilungen (Bürgerschaft Hamburg 1968).

sowie ihre politische Relevanz nicht abschätzbar war. Möglicherweise bestanden auch Unklarheiten darüber, ob die Landtage hierfür überhaupt parlamentarisch „zuständig" waren. Die „Reaktionszeit" der Landtage auf drogenpolitische Entwicklungen in der Gesellschaft ist dann im weiteren Verlauf – was im Einzelnen später noch zu zeigen sein wird (siehe Kapitel 4.6) – wesentlich kürzer geworden.

Grafik 4.3.1: Entwicklung der drogenbezogenen Drucksachen 1968-1997 (N=1.230)

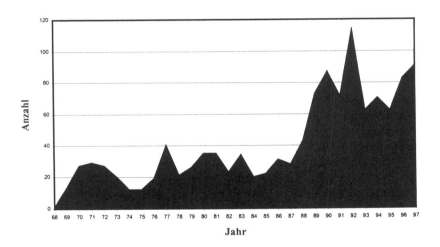

Zur Mitte der 70er Jahre ging die Anzahl drogenpolitischer Drucksachen kurzfristig zurück. Danach pendelte sie sich im Zeitraum von 1976 bis 1987 zwischen 20 und 40 Drucksachen jährlich ein. Seit 1988 – dem Beginn der Umbruchphase in der bundesdeutschen Drogenhilfe – ist die Zahl der Parlamentsdrucksachen zum Drogenthema rasant angestiegen. 1992 erreichten die drogenpolitischen Aktivitäten der Landtage mit 113 erfassten Drucksachen ihren Höhepunkt. In den folgenden drei Jahren reduzierten sie sich etwas, um dann wieder bis 1997 zuzunehmen (siehe Grafik 4.3.1). Insgesamt gesehen hat sich die jährliche Anzahl der drogenbezogenen Drucksachen vom Anfang bis zum Ende des Untersuchungszeitraums in etwa *vervierfacht*.
Nun sagt der absolute Zuwachs relativ wenig über den Stellenwert der Drogenpolitik aus, da die Anzahl der Drucksachen seit den 60er Jahren in den Landta-

gen insgesamt stark angestiegen ist. Deshalb ist es nötig, die drogenbezogenen Drucksachen in Relation zur Gesamtzahl der Drucksachen zu setzen, um eine realistische Messgröße für das parlamentarische Gewicht von Politikfeldern zu erhalten. Es zeigt sich dann, dass der Anteil an drogenpolitischen Dokumenten in den letzten dreißig Jahren von 0,4% auf 1,2% angestiegen ist; eine überdurchschnittliche Zunahme gab es den 90er Jahren (siehe Grafik 4.3.2).[116] Die Steigerungsrate mag gering erscheinen, ist aber faktisch eine *Verdreifachung* des relativen Anteils. Zur richtigen Einordnung dieser Ergebnisse muss bedacht werden, dass in den Landesparlamenten eine unübersichtliche *Vielzahl* von Themen behandelt wird, so dass auf viele Politikfelder nur geringe prozentuale Anteile entfallen können. So kommen beispielsweise in der Hamburger Bürgerschaft die Themen Jugend (1%), Ausländer und Asyl (1%) und Frauen (1,7%) auf ähnliche Werte wie das Drogenthema (Raschke 1992). Damit liegt die Drogenpolitik quantitativ im Mittelfeld der Politikfelder. Wichtiger sind klassische Politikfelder wie Verkehr (6,2%) oder Wirtschaft (4,6%); auf der anderen Seite gibt es viele Themen, die seltener als die Drogenpolitik behandelt werden, z.B. Medien (0,5%) oder Ernährung (0,3%) (Raschke 1992).

Insgesamt kann von einem *Bedeutungszuwachs des Drogenthemas* in den Landtagen seit den 60er Jahren gesprochen werden. Diese Entwicklung ist auf den ersten Blick erstaunlich, weil die Länder formal kaum eigene drogenpolitische Kompetenzen besitzen und im Verlaufe der Zeit auch keine neuen dazu erhalten haben (siehe Kapitel 2.1). Es spricht deshalb einiges dafür, dass sich die Landesparlamente sozusagen „informell" ein Politikfeld angeeignet und es dann schrittweise als ihren Bereich ausgebaut haben. Schon dieser Befund für die

---

[116] Für diese Grafik wurde eine Jahres-Periodisierung nach den Dekaden (60er Jahre, 70er Jahre etc.) gewählt. Diese bildet am besten die Entwicklungstendenz bei den drogenbezogenen Drucksachen ab. Bei dieser Darstellung konnten auch die Werte für die 60er Jahre berechnet werden, weil für diesen Zeitraum zumindest Angaben aus Baden-Württemberg, Hamburg und Nordrhein-Westfalen über die Gesamtzahl der Drucksachen vorlagen (aber keine detaillierten Statistiken über die Anzahl der verschiedenen Dokumententypen, siehe oben). Die prozentualen Anteile für die drogenbezogenen Drucksachen beziehen sich auf ein N von 164.395 für alle Drucksachen.
Es sei angemerkt, dass sich die Angaben in den Parlamentsstatistiken immer auf eine ganze Wahlperiode beziehen. Um hier eine Vergleichbarkeit mit den drogenbezogenen Drucksachen herzustellen, die pro Jahr erfasst worden sind, wurde die Anzahl der Drucksachen auf Jahre umgerechnet. Hierbei musste aber berücksichtigt werden, dass die Wahlperioden nicht exakt mit einem Jahr abschließen. Deshalb wurde ein Modus gewählt, bei dem das jeweils erste und letzte Jahr einer Wahlperiode anteilsmäßig nur zur Hälfte angerechnet wurden. Ein Beispiel: Bei 80 Großen Anfragen in der Wahlperiode 1980-1984 ergab sich die folgende Aufteilung: 1980:10, 1981:20, 1982:20, 1983:20, 1984:10.

Drogenpolitik stellt die pauschale These vom Bedeutungsverlust der Landtage in Frage.

Grafik 4.3.2: Entwicklung des relativen Anteils drogenbezogener Drucksachen in den Landesparlamenten (N=1.230)

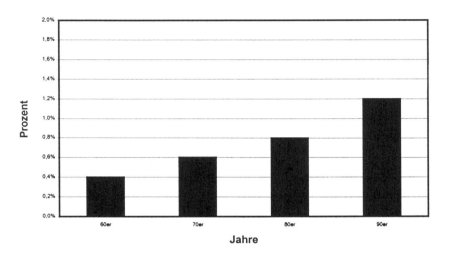

Auch eine andere Darstellungsform zeigt, dass die drogenbezogenen Drucksachen im Vergleich zur Gesamtzahl der Drucksachen vor allem in den 90er Jahren überproportional angestiegen sind (siehe Tabelle 4.3.1). Beinahe jede zweite der erfassten drogenbezogenen Drucksachen stammt aus dem Zeitraum 1990-1995 (47%).[117] Bei der Vergleichsgruppe („Drucksachen insgesamt") ist dagegen eine eher konstante Zunahme von Drucksachen zu beobachten. Während die absolute Anzahl drogenbezogener Drucksachen seit Beginn der 70er Jahre um das *Vierfache* zugenommen hat, hat sich die Menge der Drucksachen insgesamt lediglich verdoppelt (siehe Tabelle 4.3.1).

---

[117] Bei dieser Berechnung konnten die 60er Jahre nicht mit berücksichtigt werden, weil keine Angaben für Berlin vorlagen. Im Gegensatz zur vorherigen Auswertung (siehe Grafik 4.3.2) wäre es hier sonst zu einer Verzerrung der Ergebnisse gekommen.

Tabelle 4.3.1: Entwicklung drogenbezogener Drucksachen und Drucksachen insgesamt im Vergleich (1972-1995)

	Drogenbezogene Drucksachen	Drucksachen Insgesamt
1972-1977	118 (13%)	21461 (18%)
1978-1983	167 (18%)	23787 (20%)
1984-1989	203 (22%)	32238 (27%)
1990-1995	438 (47%)	41639 (35%)
N	926	119125

Der Bedeutungszuwachs der Drogenpolitik kommt auch in einem Vergleich mit den *alkoholbezogenen* Drucksachen der Landtage zum Ausdruck: Während ihre Anzahl auf einem niedrigen Niveau seit über 30 Jahre relativ stabil ist – jährlich werden nicht mehr als 10 Drucksachen zu diesem Thema eingebracht (siehe Grafik 4.1.1 in Kapitel 4.1) –, hat die Formulierung drogenbezogener Drucksachen, wie schon dargestellt, seit der Mitte der 80er Jahre erheblich zugenommen. Der Anteil alkoholbezogener Drucksachen an der Gesamtzahl der Drucksachen liegt über die 30 Jahre im Durchschnitt bei ca. 0,1% (eigene Berechnungen) (siehe Kapitel 4.8).

Entwicklung der drogenpolitischen Themen und Zielsetzungen

Eine wesentliche Ursache für den eben dargestellten quantitativen Zuwachs von drogenbezogenen Drucksachen ist die gestiegene Bedeutung des „Hilfethemas" seit der zweiten Hälfte der 80er Jahre, also der Drucksachen, die sich mit der Hilfe, Therapie und Prävention befassen (siehe Grafik 4.3.3). Beim Themengebiet „Strafe" ist nur eine leichte Zunahme von Vorgängen festzustellen. Die Anzahl von Parlamentsdokumenten in den Bereichen „Forschung" und „Konsum" (siehe Definition Kapitel 4.1) ist relativ konstant geblieben ist, mit einer Ausnahme im Jahr 1992.

Grafik 4.3.3: Entwicklung der drogenbezogenen Drucksachen nach Themen (N=1.230, Mehrfachnennung)

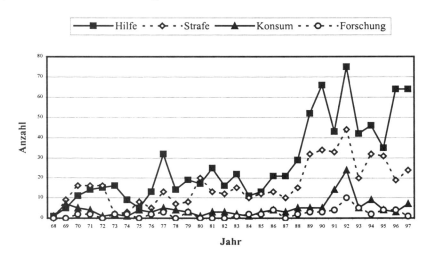

Diese Prioritäten- und Akzentverschiebung von drogenpolitischen Themen in den Landesparlamenten zeigt sich auch, wenn die relativen Anteile der jeweiligen Themenbereiche in ihrer zeitlichen Entwicklung betrachtet werden. Dieses soll im Folgenden außer in den vier genannten Bereichen (Hilfe, Strafe, Konsum, Forschung) auch für die Prävention getrennt erfolgen, um differenziert den thematischen Wandel abbilden zu können.[118]

Über den gesamten Untersuchungszeitraum betrachtet beschäftigen sich gut die Hälfte der Drucksachen mit Fragen der Therapie und Hilfe für Drogenabhängige (52%) (siehe Tabelle 4.3.2). Hinzu kommen 15% der Drucksachen, die das Thema Sucht- und Drogenprävention zum Inhalt haben. In 40% der Drucksachen geht es um repressive Aspekte der Drogenbekämpfung. Ein kleinerer Teil der Parlamentsdokumente dreht sich um die Erscheinungsformen und Auswirkungen des Drogenkonsums (12%), z.B. werden epidemiologische Daten oder pharmakologische Erkenntnisse abgefragt. Jede zwanzigste Drucksache enthält Aussagen oder Fragen zur Sucht- und Drogenforschung (5%).

---

[118] Die Drucksachen, die das Thema (Primär-)Prävention zum Inhalt haben, wurden hier aus dem „Hilfebereich" herausgerechnet; in der Regel werden sie aber zusammen behandelt (siehe hierzu die Erläuterungen in Kapitel 4.1).

Tabelle 4.3.2: Entwicklung der drogenpolitischen Themen (N=1.230, Mehrfachnennungen)

Themengebiet	1968-1977	1978-1987	1988-1997	Insgesamt
Hilfe	41%	47%	56%	52%
Prävention	20%[a]	19%	12%	15%
Strafe	44%	44%	38%	40%
Konsum	17%	10%	11%	12%
Forschung	7%	4%	5%	5%
N	200	275	755	1230

[a] Lesebeispiel: 20% aller drogenbezogenen Drucksachen, die zwischen 1968 und 1977 eingebracht worden sind, behandeln das Thema „Prävention".

Innerhalb dieser fünf Themengebiete hat es in den untersuchten 30 Jahren deutliche Veränderungen gegeben: Der Hilfebereich ist immer wichtiger geworden, während die anderen an relativer Bedeutung verloren haben (die absolute Anzahl an Drucksachen ist aber auch hier angestiegen). Lagen in der Zeitspanne 1968 bis 1977 die Bereiche „Hilfe" und „Strafe" von ihrem quantitativen Umfang her noch fast gleich auf (41% zu 44%), dominieren in der letzten untersuchten Dekade die Drucksachen zum Hilfethema eindeutig (56%) (siehe Tabelle 4.3.2). Das Thema „Prävention" beschäftigte bis Mitte der 80er Jahre einen Anteil von etwa 20% der Drucksachen. Seitdem ist seine Bedeutung spürbar zurückgegangen (12%). Der Anteil der Drucksachen in der Kategorie „Konsum" ist erwartungsgemäß in den ersten Jahren drogenpolitischer Aktivitäten der Landtage am größten (17%): Auf ein neues gesellschaftliches Phänomen reagierte das Parlament mit Fragen und Informationen, u.a. zur Verbreitung und zu den Risiken der Drogen, um sich Grundlagenwissen zu verschaffen. Die Suchtforschung ist ein konstant bleibendes Randthema in den Landtagen (durchschnittlich 5%, siehe Tabelle 4.3.2).

Die Analyse der Drucksachen nach ihren *Zielsetzungen* bringt weitere Erkenntnisse über das rasante Anwachsen drogenpolitischer Aktivitäten der Landtage in der zweiten Hälfte der 80er Jahre. Vor allem Forderungen nach einem Ausbau des Hilfesystems für Drogenabhängige haben in erheblichem Maße zu dieser Entwicklung beitragen (siehe Grafik 4.3.4). Waren es in den 70er Jahren etwa durchschnittlich 10 Drucksachen pro Jahr, die die Einführung und den Ausbau von Hilfemaßnahmen verlangten, stieg ihre Anzahl seit Mitte der 80er auf einen Höchstwert von 49 Drucksachen im Jahre 1992 an. Zugleich nahmen auch die parlamentarischen Initiativen kontinuierlich zu, die sich für einen Abbau von Strafe und Repression in der Drogenpolitik einsetzen („Entkriminalisierung").[119] Dagegen stiegen die Forderungen nach dem Ausbau repressiver Mittel nur leicht an bzw. bewegen sich sogar auf dem Niveau der 70er Jahre. Diese markanten Veränderungen dürften mit der Legitimationskrise der traditionellen Drogenpolitik in der zweiten Hälfte der 80er Jahre zusammenhängen, in der zunehmend das Mittel des Strafrechts infrage gestellt und außerdem ein niedrigschwelligerer Zugang für Drogenabhängige zum Hilfesystem gefordert wurde (siehe Kapitel 2.2). Darüber hinaus haben die ‚reinen' Informations-Drucksachen, in denen drogenpolitische Sachverhalte erfragt oder dargestellt werden, zugenommen (siehe Grafik 4.3.4).

---

[119] Der Begriff der „Entkriminalisierung" bezieht sich in dieser Arbeit in einem weiterem Sinne auf alle Maßnahmen, die auf einen Abbau von Strafe und Repression in der Drogenpolitik abzielen. Hierunter fällt die Entpönalisierung, die Entkriminalisierung und die Legalisierung (siehe Fußnote 35). Auch die Kritik an überzogenen Polizeieinsätzen oder finanzielle Kürzungsvorschläge für die „Rauschgiftbekämpfung" werden in dieser Arbeit vom Begriff „Entkriminalisierung" erfasst.

Grafik 4.3.4: Entwicklung der drogenpolitischen Zielsetzungen, absolute Anzahl (N=1.230, Mehrfachnennung)

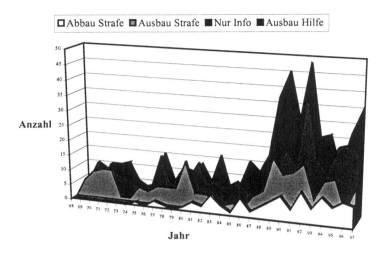

Eine weitere Perspektive auf die Entwicklung drogenpolitischer Tätigkeiten in den Landtagen eröffnet sich, wenn die *relativen* Anteile der einzelnen Zielsetzungen an der Gesamtheit der drogenbezogenen Drucksachen betrachtet werden. Im Binnenverhältnis der Zielsetzungen wird der Wandel in der Drogenpolitik noch deutlicher: Es hat seit den 80er Jahren eine *starke inhaltliche Verschiebung* in der Behandlung der Drogenproblematik in den Landtagen gegeben, weg von repressiven Forderungen hin zu Bestrebungen, das Hilfeangebot zu erweitern. Die Grafik 4.3.5 zeigt, dass der Ruf nach mehr Polizei und Justiz zur „Bekämpfung der Rauschgiftsucht" – wie es damals hieß – vor allem Ende der 60er/Anfang der 70er Jahre ertönt ist. Spitzenwerte bei den Repressions-Forderungen gab es dann Mitte der 70er und zu Beginn der 80er Jahre noch einmal (1975: 42%, 1980: 43%). Seit Mitte der 80er Jahre verliert dieser Bereich kontinuierlich (mit leichten Schwankungen) an landesparlamentarischer Relevanz, spielt aber nach wie vor eine Rolle.

Die Zunahme von Parlamentsinitiativen zum Ausbau des Drogenhilfesystems setzte Mitte der 80er Jahre ein. 1987 erreichte sie mit einem Anteil von 61% an allen drogenpolitischen Drucksachen einen Höhepunkt (siehe Grafik 4.3.5). Seitdem überwiegen die Hilfe-Forderungen eindeutig die repressiven Ansätze. Für die Zeit vor 1987 sind kleinere ‚Schübe' von Landtagstätigkeiten zum Ausbau des Hilfesystems in den Jahren 1973 und 1979 zu verzeichnen (siehe Schaubild 4.3.5).

Grafik 4.3.5: Entwicklung der drogenpolitischen Zielsetzungen, relative Anteile (N=1.230, Mehrfachnennung)

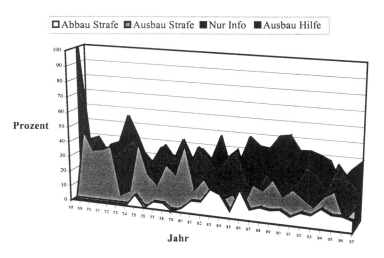

Wie oben erwähnt, werden seit den 80er Jahren – absolut wie relativ gesehen – zunehmend entkriminalisierende Maßnahmen („Abbau Strafe") verlangt, wie beispielsweise die Novellierung des BtMG oder die Zurücknahme polizeilicher Operationen. In den 70er Jahren wurde in den untersuchten Landtagen so gut wie keine Forderung nach Dekriminalisierung oder Legalisierung von Drogen(-besitz) erhoben, inzwischen enthält etwa jede zehnte drogenbezogene Drucksache ein solches Anliegen (siehe Grafik 4.3.5). Dagegen haben die Drucksachen mit ausschließlicher Informationsabfrage oder -darstellung seit Mitte der 80er Jahre an (relativer) Bedeutung verloren, auch wenn es immer wieder einzelne Jahre gibt, in denen dieser Typ auf relativ hohe Werte kommt. Früher machte die Kategorie „Nur Info" teilweise einen Anteil von über 40% an allen drogenbezogenen Drucksachen aus (z.B. in den Jahren 1970 und 1974), 1997 liegt ihr Anteil nur noch bei einem Viertel (24%).

Entwicklung der Drogenhilfepolitik

Die absolute und relative Zunahme von Drucksachen, die die Einführung und den Ausbau von Drogenhilfemaßnahmen fordern, sagt aber noch nichts darüber aus, ob es auch zu einer *inhaltlichen* Veränderung innerhalb der Drogenhilfepolitik der Landesparlamente gekommen ist. Hierfür ist es notwendig, die Entwicklung der drogenpolitischen Forderungen bezogen auf *einzelne Hilfeformen* zu erfassen. Als Bezugsgröße wurden hier nur diejenigen Drucksachen genommen, die überhaupt eine Hilfe-Forderung enthalten (N=552). Es wird also das Binnenverhältnis von Zielsetzungen im Hilfebereich betrachtet, um Veränderungsprozesse zu erkennen.

Eine solche differenzierte Auswertung dokumentiert eindrucksvoll den drastischen Wandel in der bundesdeutschen Drogenhilfepolitik: Hilfeangebote, die bis zur Mitte der 80er Jahre überhaupt keine Rolle in der drogenpolitischen Debatte auf der Landesebene gespielt haben, nehmen in den 90er Jahren einen wesentlich höheren Stellenwert ein als die traditionellen Therapieformen. So steht seit 1988 die Forderung nach einem Ausbau der niedrigschwelligen Angebote an erster Stelle (24%) (siehe Tabelle 4.3.3). Auch der Anteil von Forderungen, die Substitutionsbehandlung einzuführen oder auszubauen, ist vergleichsweise hoch (19%). Dagegen hat sich der Anteil der Drucksachen, die auf den Ausbau der stationären Langzeittherapie (LZT) abzielen, in den untersuchten 30 Jahren deutlich reduziert (von 27% auf 4%). Ebenfalls haben Forderungen nach einem Ausbau der Drogenberatung in den letzten Jahren abgenommen (von 20% auf 10%). Das betrifft allerdings nicht in gleichem Maße den stationären Entzug, dessen Anteil zwar zwischenzeitlich stark gesunken war, in den letzten Jahren aber wieder eine leicht zunehmende Tendenz aufweist (siehe Tabelle 4.3.3).

Die dargestellten enormen Veränderungen in den hilfespezifischen Zielsetzungen decken sich mit dem Verlauf der drogenpolitischen Diskussion der letzten 30 Jahre (siehe Kapitel 2.2). Dies zeigt, dass sich in den Landesparlamenten die generelle drogenpolitische Entwicklung in Deutschland inhaltlich widerspiegelt und die Abgeordneten Veränderungen und Neuerungen in diesem dynamischen Politikfeld aufgegriffen haben.

Tabelle 4.3.3: Entwicklung drogenpolitischer Zielsetzungen im Hilfebereich, relativer Anteil (N=522, Mehrfachnennung)

Einführung und Ausbau von:	1968-1977	1978-1987	1988-1997
Beratung	20%	20%	10%
Stationäre LZT	27%	10%[a]	4%
Stationärer Entzug	25%	8%	10%
Ambulante Therapie	1%	2%	8%
Substitution	–	1%	19%
Niedrigschwellige Hilfen	–	9%	24%
Heroinverschreibung	–	–	5%
Frauenspez. Angebote	–	4%	7%
Hilfen im JVA	5%	10%	20%
N	77	113	332

[a] Lesebeispiel: 10% aller drogenbezogenen Drucksachen, die zwischen 1978 und 1987 zum Ausbau des Hilfebereichs eingebracht worden sind, fordern den Ausbau der stationären Langzeittherapie (LZT).

Entwicklung der Repressionspolitik

Es wurde schon kurz darauf hingewiesen, dass seit den 80er Jahren der Stellenwert von repressiver Drogenbekämpfungspolitik in den Landtagen abgenommen hat. Während in den ersten zehn Jahren drogenpolitischer Aktivitäten (1968-1977) durchschnittlich 26% der analysierten Drucksachen repressive Zielsetzungen enthielten, reduzierte sich dieser Anteil in den Jahren 1988-1997 auf 16%. Umgekehrt stellt sich der Verlauf bei denjenigen Drucksachen dar, die darauf abzielen, das Strafrecht aus der Drogenpolitik zurückzudrängen („Entkriminalisierung"): Ihr Anteil stieg im Untersuchungszeitraum von 1% auf 9%. Auch wenn – analog zu den Hilfeforderungen – das Binnenverhältnis zwischen Drucksachen mit Repressions-Forderungen und Drucksachen mit Zielsetzungen der Entkriminalisierung betrachtet wird, kann diese Entwicklung deutlich gemacht werden (siehe Tabelle 4.3.4). Es zeigt sich, dass bis Mitte der 70er Jahre repressive Zielsetzungen eindeutig dominierten – 95% aller Drucksachen aus dieser Zeit, die den Strafbereich betrafen, enthielten die Absicht, die repressive Drogenbekämpfung weiter zu verschärfen. Nur 5% dieser Drucksachen zielten dagegen auf eine Entkriminalisierung der Drogenpolitik.
In den Jahren 1978-1987 kam es zu einer deutlichen Abmilderung der Repressionspolitik: Ihr Anteil an den Drucksachen in diesem Bereich betrug ‚nur' noch

68%; beinahe ein Drittel von ihnen enthielten jetzt Entkriminalisierungs-Forderungen, die vor allem ab dem Jahr 1983 in den Landesparlamenten artikuliert worden sind. Dieses Verhältnis von einem Drittel („Entkriminalisierung") zu zwei Dritteln („Repression") ist bis 1997 in etwa stabil geblieben. Im Gegensatz zum einschneidenden Wandel bei den Zielsetzungen im Bereich der Hilfe fallen die Veränderungsprozesse im Repressionsbereich damit nicht so deutlich aus: Nach wie vor wird in den Landtagen häufiger die Forderung nach Repression als nach Entkriminalisierung vorgetragen. Auch dieser Befund deckt sich mit der allgemeinen drogenpolitischen Entwicklung, bei der es zwar im Hilfesystem einschneidende Veränderungen gegeben hat, im strafrechtlichen Bereich aber nur partielle Korrekturen vorgenommen worden sind (siehe Kapitel 2.2).

Tabelle 4.3.4: Entwicklung drogenpolitischer Zielsetzungen im Strafbereich, relativer Anteil (N=325)

Forderungen	1968-1977	1978-1987	1988-1997
Verschärfung Repression	95%	68%	65%[a]
Entkriminalisierung	5%	32%	35%
N	55	79	191

[a] Lesebeispiel: 65% aller drogenbezogenen Drucksachen, die zwischen 1988 und 1997 zum Strafbereich eingebracht worden sind, fordern die Verschärfung repressiver Maßnahmen.

Entwicklung nach Akteuren

Es könnte sein, dass das enorme Anwachsen der drogenbezogenen Drucksachen durch einen einzigen politischen Akteur, z.B. durch die Landesregierung oder eine Partei verursacht worden ist. In diesem Falle könnte nicht mehr allgemein von einer Bedeutungszunahme des Drogenthemas in den Landtagen gesprochen werden, vielmehr wäre für diese Erscheinung nach einer primär akteursbezogenen Erklärung zu suchen. Deshalb soll an dieser Stelle eine Analyse nach den Akteuren vorgenommen werden. Dabei werden die verschiedenen Parteien (CDU, SPD, FDP, GRÜNE) in der Kategorie „Parteien" zusammengefasst; unter die Kategorie „Andere" fallen vor allem die parteilosen Abgeordneten. Die Auswertung zeigt, dass es einen akteursbezogenen Ursachenfaktor nicht gibt, wenn die Entwicklung der relativen Anteile betrachtet wird.[120] Zwar hat

---

[120] Zwar hat es in der Entwicklung der drogenpolitischen Drucksachen nach ihrer absoluten Zahl bei den Parteien zwischen dem zweiten und dritten Untersuchungsabschnitt einen erheblichen

der Anteil der von einer Landesregierung eingebrachten Drucksachen über die Jahre hinweg leicht abgenommen (von 8% auf 5%); der Anteil der Parteien ist dagegen leicht angewachsen (von 86% auf 92%) (siehe Tabelle 4.3.5). Insgesamt handelt es sich aber nur um geringfügige Verschiebungen. Das Gleiche gilt, wenn das Einbringerverhalten der verschiedenen Parteien im Einzelnen untersucht wird. Auch dann wird deutlich, dass es keine Partei gibt, die allein für die starke Zunahme der drogenbezogenen Drucksachen seit der zweiten Hälfte der 80er Jahre verantwortlich zeichnet (siehe Kapitel 4.9).

Tabelle 4.3.5: Entwicklung drogenbezogener Drucksachen nach Akteuren (N=1.230)

Akteur	1968-1977	1978-1987	1988-1997
Landesregierung	8%	7%	5%[a]
Parteien	86%	92%	92%
Ausschüsse	4%	1%	2%
Andere	2%	-	1%
N	200	275	755

[a] Lesebeispiel: 5% aller drogenbezogenen Drucksachen, die zwischen 1988 und 1997 eingebracht worden sind, stammen von einer Landesregierung.

Entwicklung nach Dokumententypen

Im Folgenden soll die quantitative Entwicklung der drogenbezogenen Drucksachen nach den verschiedenen Dokumententypen dargestellt werden. Da ein Teil der Parlamentsfunktionen über die Form der Drucksachen zugeordnet wird (siehe das empirische Analysekonzept in Kapitel 4.2), dient diese Information auch als ein erster Hinweis auf einen möglichen parlamentarischen Wandel oder eine vorhandene Kontinuität in der Drogenpolitik der Landtage.

Vor allem Schriftliche Kleine Anfragen und Anträge haben als Dokumententyp seit der Mitte der 80er Jahre unter den drogenbezogenen Drucksachen sehr stark zugenommen. Dagegen bewegen sich der Bericht sowie die Mündliche Anfrage seit 30 Jahren auf einem im Großen und Ganzen unveränderten Niveau. Das

‚Sprung' gegeben (von 254 auf 695). Für die hier vorgenommene Analyse ist aber vor allem die Entwicklung der *relativen Anteile* eine wichtige Messgröße. Hierbei ist das unterschiedliche Gesamt-N der Akteure zu beachten: Landesregierung=71, Parteien=1.121, Ausschüsse=21, Andere=17.

zeigt die folgenden Grafik, die die Entwicklung verschiedener Dokumententypen nach ihren absoluten Zahlen abbildet.

Grafik 4.3.6: Entwicklung drogenbezogener Drucksachen nach Dokumententypen, absolute Anzahl (N=1.230)

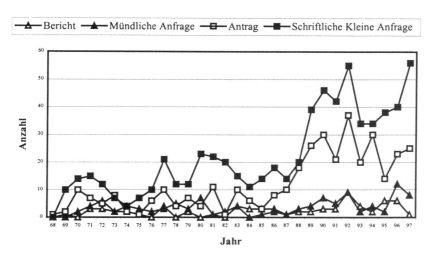

Gesetzesentwürfe wurden dabei außer acht gelassen, weil sie in der Landesdrogenpolitik so gut wie keine Rolle spielen. Nur sechs Entwürfe, die die Thematik Sucht und Drogen zum Inhalt haben, wurden im Untersuchungszeitraum in den vier Landtagen diskutiert. Bei ihnen ging es vor allem um die Unterbringung psychisch kranker Drogenabhängiger (PsychKG), bei der die Länder eigene Kompetenzen besitzen (siehe Kapitel 2.1). Insgesamt machen sich hier aber die weitgehend fehlenden rechtlichen Befugnisse der Landesparlamente in diesem Politikfeld bemerkbar. Auch die Anzahl von Großen Anfragen – null bis drei pro Jahr – ist gleichbleibend unbedeutend und wurde deshalb in der Grafik nicht berücksichtigt.[121] In diesem Zusammenhang sei die Frage aufgeworfen, warum die Große Anfrage im Parlamentsgeschehen insgesamt nicht häufiger Anwen-

---

[121] Der Anteil an Großen Anfragen im Drogenbereich (1,8%) entspricht in etwa ihrem Anteil an den Drucksachen insgesamt (siehe Tabelle 4.1.4). Eine stichprobenartige Überprüfung ergab, dass in Nordrhein-Westfalen der Anteil der Großen Anfragen an der Gesamtzahl der Drucksachen in der Regel unter 1% liegt (z.B. 10. WP: 0,8 %); in Hamburg liegt er zwischen 2% und 4% (z.B. 13. WP: 2,7%).

dung findet, weil mit ihr die Exekutive kontrolliert, gleichzeitig aber auch öffentlichkeitswirksam eine Thematik behandelt werden kann. Auch und gerade zur Diskussion drogenpolitischer Themen wäre die Große Anfrage ein geeignetes Instrument, da mit ihr sowohl Informationen eingeholt als auch inhaltliche Positionen formuliert werden können. Die Zahlen für die Berichte und Mündlichen Anfragen liegen im Durchschnitt bei ca. 3 bis 4 jährlich (für alle vier Landtage zusammen) – auch diese Dokumententypen haben damit nur eine marginale Bedeutung für die Drogenpolitik. Dagegen wird immer häufiger zur Schriftlichen Kleinen Anfrage oder zum Antrag gegriffen, um eine drogenpolitische Forderung zu formulieren oder einen drogenpolitischen Sachverhalt abzufragen. Ihre jährliche Anzahl ist seit 1968 auf bis zu 30 (Antrag) bzw. 56 (Schriftliche Kleine Anfrage) exorbitant angewachsen (siehe Grafik 4.3.6).
Wird dagegen die Entwicklung der relativen Anteile der Dokumententypen, und damit das Binnenverhältnis zwischen ihnen betrachtet, ergeben sich im Zeitverlauf keine großen Veränderungen. Die Schriftlichen Kleinen Anfragen weisen einen relativ konstanten Anteil zwischen 50% und knapp 60% auf (siehe Tabelle 4.3.6). Die Anträge machen einen Wert von etwa einem Viertel bis zu einem Drittel aus, mit einer leicht gestiegenen Bedeutung in den letzten zehn Jahren. Über die Jahre zurückgegangen sind die Anteile bei den Mündlichen Anfragen (von 13% auf 7%) und den Berichten (von 8% auf 5%). Gesetzesentwürfe und Große Anfragen sind gleichbleibend bedeutungslos (ca. 1% bzw. 2%).

Tabelle 4.3.6: Entwicklung der drogenbezogenen Drucksachen nach ihrem Dokumententyp (N=1.230)

Dokumententyp	1968-1977	1978-1987	1988-1997
Antrag	26%	23%	32%
Schriftliche Kleine Anfrage	50%	58%	54%
Mündliche Anfrage	13%[a]	10%	7%
Große Anfrage	2%	2%	2%
Bericht	8%	6%	5%
Gesetzesentwurf	1%	1%	0,3%
N	200	275	755

[a] Lesebeispiel: Bei 13% aller drogenbezogenen Drucksachen, die zwischen 1968 und 1977 eingebracht worden sind, handelt es sich um Mündliche Anfragen.

Entwicklung nach Zielsetzung und Information

Das empirische Analysekonzept sieht neben dem Dokumententyp als zweites Zuordnungskriterium die Frage vor, inwieweit eine Drucksache eine Zielsetzung und/oder eine Information (Berichterstattung über einen Sachverhalt) enthält. Auch bei dieser Erfassungskategorie soll die zeitliche Entwicklung separat betrachtet werden, um zu sehen, ob es Veränderungen im Verlaufe der Zeit gegeben hat. Möglicherweise können so weitere Hinweise auf die Gründe für die Zunahme drogenbezogener Drucksachen in den Landtagen gewonnen werden.

Dabei zeigt sich, dass der Anteil derjenigen Drucksachen, die sowohl Zielsetzungen als auch Informationen enthalten, über den gesamten Untersuchungszeitraum recht stabil ist (12% bis 15%) (siehe Tabelle 4.3.7). Der Anteil von Drucksachen, die ausschließlich Zielsetzungen formulieren, hat zugenommen: von 50% auf 59%. Auf der anderen Seite hat sich der relative Anteil von Drucksachen mit reiner Informationsdarstellung bzw. -abfrage kontinuierlich reduziert.

In absoluten Zahlen ausgedrückt wird diese Entwicklung noch deutlicher: Während im Zeitraum 1968 bis 1977 insgesamt 170 Drucksachen (mindestens) eine drogenpolitische Zielsetzung formulierten, war ihre Anzahl bis in die 90er Jahre auf 651 angewachsen (siehe Tabelle 4.3.7).

Es werden in den Landtagen also immer häufiger drogenpolitische Forderungen gestellt; die Drucksachen mit Informationen verlieren dagegen stetig an Gewicht. Das Thema „Illegale Drogen" wird in den Landtagen heute anders als vor 30 Jahren thematisiert.

Tabelle 4.3.7: Entwicklung der drogenpolitischen Drucksachen nach Zielsetzung und Information (N=1.230)

	1968-1977	1978-1987	1988-1997
Zielsetzungen u. Information	15% (30)	12% (33)	14% (104)
Nur Zielsetzungen	50% (100)	58%[a] (160)	59% (446)
Nur Informationen	35% (70)	30% (82)	27% (205)
N	200	275	755

[a] Lesebeispiel: 58% aller Drucksachen, die zwischen 1978 und 1987 eingebracht worden sind, enthalten ausschließlich drogenpolitische Zielsetzungen.

Entwicklung nach Drogentyp

Abschließend soll betrachtet werden, welche Drogentypen die erfassten Drucksachen behandeln. Auch hier zeigen sich Veränderungen, in denen sich ein gewandeltes Drogen- und Suchtverständnis der Abgeordneten ausdrücken dürfte: In den ersten Jahren (1968 bis 1977) bezog sich die überwiegende Anzahl der drogenbezogenen Drucksachen allein auf die illegalen Drogen (76%) (siehe Tabelle 4.3.8). Ihr Anteil ist über die Jahre gesunken, auch wenn sie nach wie vor die Mehrheit der Drucksachen ausmachen. Seit 1988 wird verstärkt der Konsum illegaler und legaler Stoffe gemeinsam unter dem Begriff der „Sucht" diskutiert („Stoffe/Süchte generell"). In den letzten beiden Untersuchungs-Jahren (1996 und 1997) war dies sogar schon bei einem Anteil von 35% der Drucksachen der Fall. Diese Tendenz zu einem einheitlichen Suchtverständnis ohne Trennung zwischen den illegalen und legalen Drogen findet sich auch in anderen Bereichen der Drogenpolitik, z.B. in den Suchtberichten von Landesregierungen (Schleswig-Holsteinischer Landtag 1995). Zugleich zeigt sich, dass es in den Landtagen zunehmend um die einzelne Substanz, d.h. um ihre Wirkungen, ihre Konsumenten und die ihr gegenüber praktizierte Politik geht, es also trotz eines offenbar stärker integrierten Suchtverständnis zu einer differenzierteren Behandlung der illegalen Substanzen kommt. Im Zeitraum 1968-1977 betrug der Anteil dieser Drucksachen nur 5%, zwanzig Jahre später immerhin schon 15% (1997: 21%) (siehe Tabelle 4.3.8).

Tabelle 4.3.8: Entwicklung der drogenbezogenen Drucksachen nach Drogentyp (N=1.230)

Drogentyp	1968-1977	1978-1987	1988-1997
Stoffe/Süchte generell	19%	18%	24%
Illegale Stoffe insgesamt	76%[a]	72%	61%
Einzelne illegale Stoffe	5%	11%	15%
N	200	275	755

[a] Lesebeispiel: 76% aller drogenbezogenen Drucksachen, die zwischen 1968 und 1977 eingebracht worden sind, beziehen sich auf die illegalen Stoffe insgesamt.

Andererseits hatte Alkohol als *alleiniger* Gegenstand von Parlaments-Drucksachen in den letzten 30 Jahren keine nennenswerte Bedeutung. So zeigt die um die alkoholbezogenen Drucksachen erweiterte Stichprobe (siehe Kapitel 4.1), dass nur 15% der Drucksachen ausschließlich Alkohol zum Thema haben. Dabei ist der relative Anteil dieser Drucksachen im Untersuchungszeitraum sogar zurückgegangen (z.B. 1972: 29%, 1994: 11%). In Anbetracht der Problemdimension des Alkoholgebrauchs in der bundesdeutschen Gesellschaft (Bundesministerium für Gesundheit 2000) ist dies ein Zeichen dafür, in welch geringem Ausmaß sich bis heute die Parlamente mit dem legalen Suchtmittel Alkohol beschäftigen. Auch hier spiegelt sich eine gesellschaftliche Erscheinung auf der Ebene der Landtage wider.

Dagegen befassen sich die Landesparlamentarier – wie schon erwähnt – zunehmend mit *einzelnen Drogentypen*. Hierbei steht an erster Stelle Heroin (49%) (siehe Grafik 4.3.7). Kokain als spezielles Thema kommt in den Drucksachen so gut wie nicht vor (2%). Jede fünfte dieser Drucksachen behandelt die Cannabisproblematik (21%). Hierbei ist festzuhalten, dass insbesondere dieser Stoff einer wellenförmigen Thematisierung in den Landtagen unterliegt. Von den insgesamt 32 erfassten Drucksachen, die Cannabis zum Gegenstand haben, fallen allein 7 in die Jahre 1980/1981 und 13 in die Jahre 1992-1994. Dagegen gibt es aus den Jahren 1973-1979 kein einziges Parlamentsdokument mit dem Schwerpunkt Cannabis. Dieser Befund deckt sich mit der auch schon an anderer Stelle formulierten Feststellung, dass sich die Cannabispolitik in Deutschland sehr stark zwischen „Non-Decision-Making" (also politisch beeinflusster Nichtbehandlung) und starker kontroverser Rethematisierung bewegt (Kalke und Giebel 1994). Die neuen synthetischen Drogen werden das erste Mal in einer Drucksache aus dem Jahre 1991 angesprochen. Insgesamt gab es seitdem 15 Drucksachen zu diesem Thema (10%) (siehe Grafik 4.3.7).

Grafik 4.3.7: Zusammensetzung der drogenbezogenen Drucksachen nach einzelnen Stoffen (N=154)

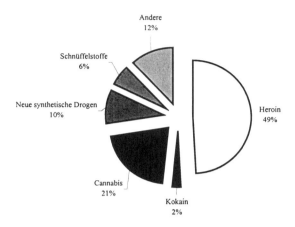

Die *wichtigsten Ergebnisse* dieses Kapitels können wie folgt zusammengefasst werden: Die drogenbezogenen Drucksachen haben im Untersuchungszeitraum sowohl in absoluter als auch in relativer Hinsicht zugenommen. Darin drückt sich ein Bedeutungsgewinn des Politikfeldes „Illegale Drogen" auf der Landtagsebene aus. Vor allem seit der zweiten Hälfte der 80er Jahre hat eine dynamische Entwicklung stattgefunden, weil das „Hilfethema" für die Abgeordneten immer wichtiger wurde. Die empirische Analyse weist auf einen lebendigen Landesparlamentarismus in der Drogenpolitik hin, der sich nicht mit pauschalen Behauptungen vom Bedeutungsverlust der Landtage deckt.

4.4 Struktur der Drucksachen: Themen und Zielsetzungen

In diesem Kapitel werden die drogenpolitischen Drucksachen nach der *Anzahl* ihrer Themen und Zielsetzungen ausgewertet. Dadurch werden Aussagen zur Struktur und Komplexität der von den Landtagen behandelten drogenpolitischen Inhalte möglich. Diese Analyse ist deshalb von Interesse, weil allgemein die Auffassung vorherrscht, dass die politischen Gegenstände der Parlamente immer komplexer werden (Hesse und Ellwein 1997). Dieses müsste sich auch in einer Zunahme der Themen und Zielsetzungen pro Drucksache ausdrücken.[122] Für die Drogenpolitik soll diese These im Folgenden empirisch überprüft werden.

Anzahl von Themen und Zielsetzungen

Die meisten der untersuchten drogenpolitischen Drucksachen behandeln ein Thema. In 711 Drucksachen geht es ausschließlich um *eine* inhaltliche Problematik (siehe Tabelle 4.1.1), z.B. werden epidemiologische Daten abgefragt oder es wird die Forderung nach Einführung einer neuen Hilfeform erhoben. Diese „Ein-Punkt-Drucksachen" machen damit ein Anteil von 58% an allen drogenpolitischen Parlamentsdokumenten aus. In jeder vierten Drucksache werden zwei Themen aufgegriffen (N=305, 25%). Drei bis fünf verschiedene Inhalte finden sich in 15% der Fälle. Bei diesen Drucksachen ist davon auszugehen, dass sie komplexere drogenpolitische Zusammenhänge behandeln oder zumindest verschiedene drogenbezogene Fragen gemeinsam ansprechen. Dieses gilt erst recht für die 28 Dokumente, in denen 6 und mehr Themen vorkommen (6%). Von diesen befasst sich eine Drucksache sogar mit 11 unterschiedlichen Themen. Hierbei handelt es sich um einen ausführlichen Bericht des Hamburger Senats aus dem Jahre 1971 zur Drogensituation in der Hansestadt, der neben statistischen Angaben drogenpolitische Forderungen wie den Ausbau des Strafverfolgungsapparates und die Schaffung therapeutischer Wohngemeinschaften beinhaltet.
Insgesamt werden in der gesamten Stichprobe von 1230 Drucksachen 2166 Inhalte behandelt (siehe Tabelle 4.4.1). Das ergibt einen Durchschnitt von 1,8 Themen pro Drucksache. Die Drogenthemen werden also in den Landtagen in einer überschaubaren Form behandelt; es gibt keine „Themeninflation" pro Drucksache.

Fast drei Viertel aller Drucksachen (N=873) enthalten drogenpolitische Zielsetzungen (71%) (siehe Tabelle 4.4.1). Insgesamt wurden 1325 Forderungen gezählt. Jede dieser Drucksachen formuliert damit im Durchschnitt 1,5 drogenpolitische Zielsetzungen. Die meisten beschränken sich dabei auf eine Forderung

---

[122] Dabei ist die Anzahl behandelter Themen nur ein Indikator für den Grad der inhaltlichen Spezifizierung einer parlamentarischen Drucksache. Denn beispielsweise kann auch in einer Schriftlichen Kleinen Anfrage nur zu einem Thema sehr detailliert gefragt werden. Eine solche Analyse hätte aber eine qualitative Auswertung von Drucksachen vorausgesetzt, die den Rahmen dieser Arbeit gesprengt hätte.

(73%). Umfassende Forderungskataloge mit 6 und mehr Einzelpunkten kommen nur in 2% der Drucksachen mit Zielsetzung vor. Auch bei den drogenpolitischen Zielsetzungen konzentrieren sich die Drucksachen in der Regel auf die Artikulation einer bzw. höchstens zweier Forderungen; ausufernde „Wunschkataloge" sind die Ausnahme.

Tabelle 4.4.1: Anzahl von Themen und Zielsetzungen in den drogenpolitischen Drucksachen (N=1.230)

Anzahl	Themen	Zielsetzungen
Drucksachen		
Ohne	0	357
Mit	1.230	873
Anzahl		
1	711	641
2	305	134
3	119	48[a]
4	45	16
5	22	13
6	14	11
7	6	5
8	2	3
9	5	2
10	0	0
11	1	0
Gesamt Nennungen	2.166	1.325

[a] Lesebeispiel: In 48 Drucksachen werden jeweils drei drogenpolitische Zielsetzungen formuliert.

Werden die drogenpolitischen Drucksachen nach der Anzahl der Themen innerhalb der einzelnen thematischen Bereiche (Hilfe, Strafe, Konsum, Forschung) aufgeschlüsselt, zeigen sich deutliche Unterschiede. Offensichtlich sind bestimmte Inhalte von Drogenpolitik komplexer, so dass sie mit einer erhöhten Anzahl von Themen pro Drucksache verbunden sind. Der Themenbereich „Konsum" weist mit 3 behandelten Themen pro Drucksache den höchsten Durchschnittswert auf (siehe Tabelle 4.4.2). Nicht einmal jede zehnte Drucksache aus diesem Bereich beschränkt sich auf nur ein Thema. Wenn es also um epidemiologische Ergebnisse oder die Pharmakologie von Drogen geht, sprechen die Parlamentarier in der Regel gleichzeitig verschiedene Aspekte an. Das Gleiche gilt für den Themenbereich der Sucht- und Drogenforschung: Auch hier liegt der Durchschnittswert behandelter Inhalte pro Drucksache bei fast 3. Dagegen fallen die Drucksachen, die inhaltlich den Hilfe- oder Strafbereich betreffen, deutlich ab: Hier werden im Durchschnitt weniger Themen pro Drucksache zur Sprache gebracht (1,9 bzw. 2,1) (siehe Tabelle 4.4.2). Mehr als die Hälfte aller Drucksachen aus dem Bereich „Hilfe" beziehen sich auf nur ein Thema (55%); im Bereich „Strafe" sind es fast die Hälfte (48%). Diese beiden Themenkreise sind möglicherweise inhaltlich-materiell so beschaffen, dass sie sich häufiger auf einen bestimmten Inhalt begrenzen lassen.

Tabelle 4.4.2: Anzahl von Themen nach Themenbereich (N=1.230, Mehrfachnennung)

Anzahl Themen	Hilfe	Strafe	Konsum	Forschung
1	55%	48%	9%	24%
2	24%[a]	28%	33%	32%
3-5	18%	19%	52%	31%
6-11	3%	5%	6%	13%
Ø-Wert	1,9	2,1	3,0	2,9
N	816	492	141	63

[a] Lesebeispiel: 24% aller Drucksachen, die den Hilfebereich betreffen, beinhalten jeweils zwei Themen.

Bei den Zielsetzungen stellen sich die Unterschiede nicht so deutlich dar: In den Drucksachen mit Zielsetzungen werden im Durchschnitt in den verschiedenen Themenbereichen ähnliche viele Forderungen artikuliert: „Hilfe" (1,7), „Strafe" (1,7) und „Konsum" (1,5). Nur bei den drogenpolitischen Drucksachen, die forschungspolitische Forderungen beinhalten, ist der Durchschnittswert abweichend höher (2,5).

Insgesamt werden in den Drucksachen im Durchschnitt mehr Themen angesprochen als Zielsetzungen formuliert (letzteres bezieht sich auf diejenigen, die überhaupt Zielsetzungen enthalten). Das gilt für alle vier thematischen Bereiche.

Zeitliche Entwicklung

Wie schon ausgeführt, könnte aufgrund der komplexer werdenden Gegenstände der Drogenpolitik – u.a. Ausdifferenzierung des Hilfesystems, neue Suchtmittel, etc. – die Annahme formuliert werden, dass die Anzahl der Themen und Zielsetzungen pro Drucksache über die Jahre zugenommen hat. Diese Vermutung bestätigt die empirische Analyse jedoch nicht. Die Auswertung im Zeitverlauf zeigt, dass in den letzten dreißig Jahren die Anzahl behandelter Themen weitgehend gleich geblieben ist. Die Drucksachen mit einem Thema überwiegen; ihr prozentualer Anteil liegt in den drei Untersuchungsdekaden zwischen 52% und 65% (siehe Tabelle 4.4.3). Damit korrespondiert der relativ konstante Anteil von Parlamentsdokumenten, die mehrere Themen (3 und mehr) behandeln (14% bis 19%). Entsprechend liegen auch die Durchschnittswerte für die Anzahl behandelter Themen pro Drucksache in allen drei 10-Jahres-Phasen sehr nah beieinander: Zuerst betrug dieser Wert 1,9; dann fiel er leicht auf 1,6, um schließlich wieder auf 1,8 anzusteigen (siehe Tabelle 4.4.3).

Tabelle 4.4.3: Anzahl von Themen in den drogenpolitischen Drucksachen im Zeitverlauf (N=1.230)

Anzahl Themen	1968-1977	1978-1987	1988-1997
1	52%	65%	57%
2	29%[a]	21%	25%
3-5	17%	13%	15%
6-11	2%	1%	3%
Ø-Wert	1,9	1,6	1,8
N	200	275	755

[a] Lesebeispiel: 29% aller Drucksachen, die zwischen 1968 und 1977 eingebracht worden sind, behandeln jeweils zwei Themen.

Das Gleiche gilt für die Zielsetzungen: Auch hier zeigen sich (bei leichten Schwankungen) im Zeitverlauf keine wesentlichen Veränderungen, weder bei den relativen Anteilen noch bei den Durchschnittswerten. Der Anteil von drogenbezogenen Drucksachen mit *einer* Zielsetzung ist in allen drei Abschnitten des Untersuchungszeitraums mit Abstand am größten. Er liegt zwischen 68% und 81% (siehe Tabelle 4.4.4). Auch der Anteil von Drucksachen mit mehreren Zielsetzungen (3 und mehr) weist über die 30 Jahre ein relativ gleichmäßiges Niveau zwischen 9% und 12% auf. Der Durchschnittswert von artikulierten

Zielsetzungen pro Drucksache beträgt in den drei Dekaden 1,6 bzw. 1,3 – er ist damit etwas niedriger als der Wert für die in den Drucksachen angesprochenen drogenpolitischen Themen.

Tabelle 4.4.4: Anzahl von Zielsetzungen in den drogenpolitischen Drucksachen im Zeitverlauf (N=873)

Anzahl Zielsetzungen	1968-1977	1978-1987	1988-1997
1	68%	81%	72%
2	22%[a]	11%	16%
3-5	8%	8%	9%
6-11	2%	1%	3%
Ø-Wert	1,6	1,3	1,6
N	130	193	550

[a] Lesebeispiel: 22% aller Drucksachen (mit Zielsetzungen), die zwischen 1968 und 1977 eingebracht worden sind, formulieren jeweils zwei Zielsetzungen.

Insgesamt wird deutlich, dass die inhaltliche Ausdifferenzierung der Drogenpolitik nicht zu einer Zunahme von Themen und Zielsetzungen pro Drucksache geführt hat, sondern hierfür offenbar die Form separater Drucksachen – also eigener parlamentarischer Vorgänge – gewählt wurde, was den starken Anstieg von drogenbezogenen Drucksachen mit verursacht haben dürfte. Hesse und Ellwein (1997) haben eine Tendenz zur Behandlung von Detailfragen in den bundesdeutschen Parlamenten ausgemacht, die hinsichtlich der Öffentlichkeitsfunktion eine negative Wirkung hätte: „Das Detail aber schließt Öffentlichkeit auf seine Weise aus und zwingt das Parlament zu bürokratischem Verhalten" (Hesse und Ellwein 1997: 267). Ein solcher Hang zum Detail kann für die Drogenpolitik nicht konstatiert werden, wenn die Anzahl von Themen und Zielsetzungen pro Drucksache als Gradmesser genommen wird.

Themen und Zielsetzungen nach Akteur

Wie verhalten sich die verschiedenen Akteure? Hier wird eine erhebliche Spannbreite deutlich, bei der die Anzahl behandelter Themen von Akteur zu Akteur variiert:
Die Parteien sprechen meistens in den von ihnen formulierten Drucksachen nur ein einziges drogenpolitisches Thema an (59%), sechs und mehr Themen sind

selten (8%). Im Durchschnitt behandelt jede von den Parteien eingebrachte Drucksache 1,7 drogenpolitische Themen (siehe Tabelle 4.4.5). Größere Unterschiede existieren hierbei zwischen den einzelnen Parteien nicht (siehe Kapitel 4.9). Von den Parteien hebt sich die Landesregierung ab: Sie bringt viel häufiger Drucksachen in das Landesparlament ein, die mehr als nur ein Thema behandeln (54%). In jeder fünften Drucksache werden sogar mehr als 3 Themen angesprochen. Ihr Durchschnittswert beträgt 2,3 Themen pro Drucksache (siehe Tabelle 4.4.5). Die Ausschüsse sind der Akteur, der in jeder Drucksache durchschnittlich die meisten Themen (2,5) zur Sprache bringt. Hierbei ist jedoch zu beachten, dass von den Ausschüsse insgesamt nur wenige drogenpolitische Drucksachen erfasst worden sind (N=21), so dass hier nur eine vorsichtige Interpretation möglich ist.

Tabelle 4.4.5: Anzahl von Themen in den drogenpolitischen Drucksachen nach Einbringer (N=1.230)

Anzahl Themen	Landes-regierung	Parteien	Ausschüsse	Andere
1	47%	59%	29%	53%
2	34%[a]	24%	33%	47%
3-5	11%	15%	29%	-
6-11	8%	2%	9%	-
Ø-Wert	2,3	1,7	2,5	1,5
N	71	1.121	21	17

[a] Lesebeispiel: 34% aller Drucksachen, die von den Landesregierungen eingebracht worden sind, behandeln jeweils zwei Themen.

Auch bei den Zielsetzungen zeigt sich ein Unterschied zwischen der Landesregierung und den Parteien. Die letztgenannten beschränken sich in drei Vierteln der Fälle auf eine einzige drogenpolitische Forderung (74%) (siehe Tabelle 4.4.6). Das Verhalten der Parteien ist hier sehr ähnlich (siehe Kapitel 4.9). Bei den Drucksachen der Landesregierungen fällt hingegen auf, dass sie vergleichsweise häufig 3 und mehr Forderungen enthalten (27%). Die Durchschnittswerte betragen 2,2 (Landesregierung) zu 1,5 (Parteien).

Tabelle 4.4.6: Anzahl von Zielsetzungen in den drogenpolitischen Drucksachen nach Einbringer (N=873)

Anzahl Zielsetzungen	Landesregierung	Parteien	Ausschüsse	Andere
1	62%	74%	29%	83%
2	11%[a]	16%	14%	17%
3-5	16%	8%	29%	-
6-11	11%	2%	28%	-
Ø-Wert	2,2	1,5	3,1	1,2
N	37	823	7	6

[a] Lesebeispiel: 11% aller Drucksachen (mit Zielsetzungen), die von den Landesregierungen eingebracht worden sind, beinhalten jeweils zwei Zielsetzungen.

Insgesamt kann festgestellt werden, dass bei den Parteien der Typ des „Einzelthemas" bzw. der „Einzelforderungen" die drogenpolitischen Drucksachen dominiert, während ein nicht unerheblicher Teil der Drucksachen der Landesregierung aufgrund der Anzahl der Themen und Zielsetzungen „Programmcharakter" besitzt.

Themen und Zielsetzungen nach Dokumententyp

Größere Unterschiede werden sichtbar, wenn die Anzahl der Themen nach dem Dokumententyp aufgeschlüsselt wird. Bei der Schriftlichen und Mündlichen Anfrage dominieren erwartungsgemäß die Dokumente mit einem einzigen Thema; Fragen zu mehr als drei Themen sind eher selten (siehe Tabelle 4.4.7). Damit erfüllen diese beiden Dokumententypen ihre parlamentarische Funktion, nämlich Fragen zu einem klar umrissenen Gegenstand zu formulieren. Im Unterschied hierzu umfasst die Hälfte der Großen Anfragen 3 und mehr drogenpolitische Themen (50%). Auch dies entspricht der ihr zugewiesenen Funktion, größere Sachzusammenhänge im Parlament öffentlich zu thematisieren. Die meisten Berichte beschränken sich ebenfalls nicht auf ein Thema. Am häufigsten kommt es vor, dass Berichte zwei Inhalte behandeln (39%). Die Anträge liegen im „Mittelfeld": Mehr als die Hälfte enthalten ein Thema; aber immerhin 22% befassen sich mit mehreren Inhalten (siehe Tabelle 4.4.7). Die Gesetzesentwürfe sind hier nur der Vollständigkeit halber aufgeführt; ihre geringe Fallzahl (N=6) lässt eine Interpretation nicht zu.

Tabelle 4.4.7: Anzahl von Themen in den drogenpolitischen Drucksachen nach Dokumententyp (N=1.224)

Anzahl Themen	Antrag	Schriftl. Anfrage	Mündl. Anfrage	Große Anfrage	Bericht	Gesetzes- entwurf
1	56%	61%	67%	20%	34%	83%
2	23%	25%	23%	30%	39%	-%
3-5	16%[a]	14%	10%	45%	17%	17%
6-11	6%	-	-	5%	10%	-%
N	360	665	108	20	71	6

[a] Lesebeispiel: 16% aller Anträge behandeln jeweils drei bis fünf Themen.

In der folgenden Tabelle wird nicht nur – wie bei den vorangegangenen Darstellungen – die Anzahl der Zielsetzungen dargestellt, sondern es ist auch aufgeführt, in welchem Umfang die einzelnen Dokumententypen überhaupt eine Zielsetzung enthalten (siehe Tabelle 4.4.8). Hierbei zeigen sich deutliche Unterschiede: Die meisten Berichte sind ohne Zielsetzung (66%). Werden nur diejenigen mit Forderungen betrachtet, zeigt sich eine relativ breite Streuung zwischen 1 und 11 Zielsetzungen. Bei den Anträgen mag es auf den ersten Blick überraschen, dass 9% von ihnen keine Zielsetzung enthalten, da dieser Dokumententyp eigentlich der Formulierung politischer Positionen dient. Hierbei handelt es sich aber um 32 sogenannte „Berichtsanträge", mit denen die Landesregierung um die Abgabe eines ausführlichen schriftlichen Berichts zu einem bestimmten Sachverhalt gebeten wurde – der Antrag wurde hier also als Kontrollinstrument und nicht zur Artikulation der eigenen drogenpolitischen Vorstellungen genutzt. Die allermeisten Anträge beinhalten jedoch Zielsetzungen: 57% beschränken sich dabei auf die Formulierung eines einzigen drogenpolitischen Anliegens; 18% weisen 2 Forderungen auf und bei 16% handelt es sich um „Forderungskataloge" mit 3 und mehr Zielsetzungen. Bei etwa zwei Dritteln der Kleinen Anfragen (schriftliche und mündliche) und der Großen Anfragen wird nicht nur „gefragt", sondern es sind ebenso drogenpolitische Zielsetzungen zu identifizieren (siehe Tabelle 4.4.8). Die beiden Typen von Kleinen Anfragen weisen in diesem Fall vor allem eine einzige Forderung auf; bei den Großen Anfragen kommen dagegen 3 bis 5 Zielsetzungen pro Drucksache vergleichsweise häufig vor. Bei den Gesetzesentwürfen gelten die eben gemachten Einschränkungen.

Tabelle 4.4.8: Anzahl von Zielsetzungen in den drogenpolitischen Drucksachen nach Dokumententyp (N=1.230)

Anzahl Zielsetzungen	Antrag	Schriftl. Anfrage	Mündl. Anfrage	Große Anfrage	Bericht	Gesetzesentwurf
Ohne Zielsetzung	9%	36%	32%	35%	66%	-
1	57%	53%	57%	25%	13%	100%
2	18%	9%	6%	10%	4%	-
3-5	12%[a]	2%	5%	30%	10%	-
6-11	4%	-	-	-	7%	-
N	360	665	108	20	71	6

[a] Lesebeispiel: 12% aller Anträge formulieren jeweils drei bis fünf Zielsetzungen.

Bei der Analyse nach der *Politikebene*, also der Frage, wie sich die Anzahl der Themen und Zielsetzungen auf Landes- oder Bundesangelegenheiten bzw. Internationales oder Kommunales verteilt, werden keine größeren Unterschiede sichtbar. Die Detailanalyse hierzu erfolgt in einem anderen Abschnitt (siehe Kapitel 4.7).

Die in diesem Kapitel vorgenommene Analyse der Drucksachen zeigt, dass im Untersuchungszeitraum die Anzahl behandelter Themen und formulierter Zielsetzungen pro Drucksache im Großen und Ganzen konstant geblieben ist. Das gilt für alle thematischen Bereiche (Hilfe, Strafe, Konsum, Forschung). In den meisten drogenpolitischen Drucksachen wird nur *ein* Thema angesprochen und nur *eine* Forderung erhoben. Das spricht für eine konzentrierte, zielgenaue und nachvollziehbare Behandlung drogenpolitischer Fragestellungen in den Landtagen. Einen zunehmenden „Hang zum Detail" hat es in den letzten 30 Jahren in der Drogenpolitik nicht gegeben – soweit die Anzahl behandelter Themen und Zielsetzungen hierfür einen Gradmesser darstellt.
Unterschiede gibt es bei den Akteuren und den Dokumententypen: Die Landesregierungen sprechen im Durchschnitt mehr Themen pro Drucksache an als die Parteien; die Dokumententypen werden in ganz unterschiedlicher Weise für die Artikulation von Themen und Zielsetzungen genutzt.

4.5 Drogenpolitik und Parlamentsfunktionen: Artikulation und Innovation im Wandel

Dieses Kapitel umfasst eine der *zentralen* empirischen Auswertungen dieser Untersuchung. Vor dem Hintergrund des wissenschaftlichen Kenntnisstandes zum Funktionswandel bzw. Bedeutungsverlust der Landtage (siehe Kapitel 3.3) werden die erfassten Drucksuchen daraufhin ausgewertet, ob sich für den Bereich der Drogenpolitik funktionale Veränderungen der Landtagstätigkeiten feststellen lassen. Dabei wird folgende Vorgehensweise gewählt: Zunächst wird die Entwicklung der Parlamentsfunktionen dargestellt, wie sie sich aus dem empirischen Analysekonzept ergibt (siehe Kapitel 4.2). Zudem werden die drogenbezogenen Drucksachen verglichen mit einer Gruppe von Drucksachen, die die Tätigkeiten der Landtage insgesamt abbildet. Danach erfolgen funktionale Feinanalysen nach verschiedenen Untersuchungskriterien. So wird das Plenumsgeschehen allein betrachtet, also eine Auswertung ohne die Schriftlichen Kleinen Anfragen vorgenommen. Ferner wird die Entwicklung der Parlamentsfunktionen nach Anzahl und Kombinationen untersucht sowie empirisch geprüft, ob Zusammenhänge zwischen den Parlamentsfunktionen und den behandelten Themen bzw. den einbringenden Akteuren bestehen. Das Kapitel schließt ab mit einer Auswertung nach dem Unterscheidungsmerkmal von Regierungsmehrheit und Opposition.[123]

Parlamentsfunktionen im Zeitverlauf

Von 1.230 erfassten Dokumenten erfüllen nach dem hier angewandten Analysekonzept 873 eine Artikulationsfunktion (siehe Tabelle 4.5.1). Daneben ragt die Kontrollfunktion heraus: 793 aller ausgewerteten Drucksachen dienen der Kontrolle. Es folgt die Öffentlichkeitsfunktion mit einer Anzahl von 565 Nennungen und die Informationsfunktion mit 524 Nennungen. 192 Drucksachen können der Innovationsfunktion zugerechnet werden. Die Gesetzgebung kommt in der Drogenpolitik der Länderparlamente so gut wie nicht vor – nur 6 Drucksachen erfüllen diese Funktion. Dieser geringe Anteil überrascht nicht, da die Landtage nur wenige gesetzgeberische Befugnisse im Sucht- und Drogenbe-

---

[123] Es wurden keine Spezialauswertungen der Parlamentsfunktionen nach Dokumententyp und Zielsetzungen vorgenommen, weil es sich hierbei um Kriterien des empirische Analysekonzeptes handelt (siehe Kapitel 4.2) und es sonst zu Artefakten gekommen wäre.

reich haben (siehe Kapitel 2.1).[124] Diese Zahlen zeigen, dass der Gegenstand der Drogenpolitik in vielfältiger Weise von den Parlamentariern bearbeitet wird: Es kommen Elemente der Artikulation, Kontrolle, Öffentlichkeit, Information und Innovation in einem unterschiedlichen Ausmaß zur Anwendung.
Wird die Entwicklung der einzelnen Funktionen über den Untersuchungszeitraum von 30 Jahren betrachtet, fällt auf, dass bei allen Parlamentsfunktionen – mit Ausnahme der Gesetzgebung – die Anzahl der drogenbezogenen Drucksachen sehr stark zugenommen hat (siehe Tabelle 4.5.1). Das kann als weiterer Beleg für einen lebendigen Landesparlamentarismus im Bereich der Drogenpolitik angesehen werden. Schon in Kapitel 4.3 war von einer starken Zunahme drogenbezogener Drucksachen als Ausdruck eines dynamisch wachsenden parlamentarischen Betätigungsfeldes berichtet worden. Die folgende Betrachtungsweise erlaubt nun einen differenzierten Blick darauf, wie sich die quantitative Entwicklung bei den einzelnen Parlamentsfunktionen darstellt:
Den größten Anstieg haben die Innovations- und die Artikulationsfunktion erfahren: Die Anzahl der Drucksachen, die diese Funktionen erfüllen, hat sich von 1968 bis 1997 mehr als vervierfacht (siehe Tabelle 4.5.1). In absoluten Zahlen heißt das: eine Steigerung von 130 auf 550 Drucksachen (Artikulationsfunktion) und von 27 auf 122 Drucksachen (Innovationsfunktion). Aber auch bei der Kontroll-, der Öffentlichkeits- und der Informationsfunktion ist eine Verdreifachung der Drucksachenmenge festzustellen. Die absolute Werte bewegen sich hier zwischen 309 und 471 drogenbezogenen Drucksachen in der Zeitspanne 1988-1997. Nur die Anzahl der Drucksachen mit einer Gesetzgebungsfunktion ist konstant niedrig geblieben.

---

[124] Der Anteil der Gesetzgebungsfunktion an allen Landtagsdrucksachen beträgt insgesamt nur ca. 3% (siehe Kapitel 4.1).

Tabelle 4.5.1: Parlamentsfunktionen im Zeitverlauf, absolute Anzahl der Drucksachen (N=1.230, Mehrfachnennung)

Funktion	Dekade I (68-77)	Dekade II (78-87)	Dekade III (88-97)	Steigerungsrate I bis III[125]	Gesamt
Gesetzgebung	2	2	2		6
Artikulation	130[a]	193	550	4,2	873
Kontrolle	130	192	471	3,6	793
Öffentlichkeit	100	114	351	3,5	565
Information	100	115	309	3,1	524
Innovation	27	43	122	4,5	192
N	200	275	755		1.230

[a] Lesebeispiel: Zwischen 1968 und 1977 wurden 130 Drucksachen eingebracht, die die Artikulationsfunktion erfüllen.

In dieser Betrachtungsweise wird die dynamische Entwicklung der Parlamentsfunktionen in der Drogenpolitik deutlich: Fünf der sechs untersuchten Funktionen (Artikulation, Kontrolle, Öffentlichkeit, Information, Innovation) haben quantitativ an Gewicht gewonnen. Nur auf die Gesetzgebungsfunktion trifft dies nicht zu. Die verschiedenen funktionalen Möglichkeiten, mit denen drogenpolitische Themen behandelt werden können, werden also von den Parlamentariern in zunehmenden Maße genutzt.

Im Politikfeld „Illegale Drogen" fällt diese Entwicklung besonders drastisch aus; es gibt hier bei den meisten Parlamentsfunktionen überdurchschnittliche Steigerungsraten. Das zeigt der funktionale Vergleich mit den gesamten Drucksachen aus den vier Landtagen, bei dem jedoch einige methodische Einschränkungen vorgenommen werden müssen.[126] Wenn diese Drucksachen-Gruppe als

---

[125] Die Steigerungsrate wird hier als das Verhältnis zwischen der dritten und der ersten Dekade angegeben, weil ein tendenziell linearer Anstieg vorliegt.
[126] Für die Gruppe der „Drucksachen insgesamt" konnte eine empirische Zuordnung zu den einzelnen Parlamentsfunktionen nur über den von den Einbringern gewählten Dokumententyp erfolgen. Eine inhaltliche Klassifizierung dieser Drucksachen nach „Zielsetzung" und „Information" war nicht möglich. Abweichend von der Operationalisierung der Artikulationsfunktion über den Inhalt der Drucksache erfolgt hier aber – als Hilfskonstruktion – eine Bestimmung dieser Funktion über den Dokumententyp „Antrag". Dieses Verfahren wurde gewählt, weil bei den drogenbezogenen Drucksachen die allermeisten Anträge eine politische Zielsetzung enthalten und damit eine Artikulationsfunktion erfüllen (91%). Auf diese Weise kann eine Vergleichbarkeit mit der Gruppe der „Drucksachen insgesamt" hergestellt werden. Die Informations- und Innovationsfunktion konnten gar nicht – auch nicht über Hilfskonstruktionen – operationalisiert werden.

Vergleichsmaßstab herangezogen wird, können zwar auch auf dieser Ebene funktionale Veränderungsprozesse der Landesparlamente in der beschriebenen Weise sichtbar gemacht werden. Diese fallen aber längst nicht so deutlich aus wie in der Drogenpolitik (siehe Tabelle 4.5.2). Während sich die Anzahl drogenbezogener Drucksachen, die der Artikulation dienen, im Zeitraum von 1972 bis 1995 mehr als vervierfacht hat, beträgt der entsprechende Wert für die Vergleichsgruppe nur 1,7. Bei der Kontrollfunktion ist das Verhältnis 3,4 zu 2,1; bei der Öffentlichkeitsfunktion 3,3 zu 1,8 (siehe Tabelle 4.5.2).

Die Anzahl der „Drucksachen insgesamt", die eine Gesetzgebungsfunktion erfüllen, hat sich im Untersuchungszeitraum von 933 auf 1319 erhöht, zwischenzeitlich war sie leicht gesunken (siehe Tabelle 4.5.2). Ihre Steigerungsrate – gemessen an der Zahl eingebrachter Drucksachen – fällt aber geringer aus als bei den anderen Parlamentsfunktionen. In der Drogenpolitik haben dagegen – wie schon erwähnt – die gesetzgeberischen Aktivitäten nicht zugenommen.

Die dargestellte Entwicklung bei den Drucksachen insgesamt – als Ausdruck funktionaler Aktivitäten – spricht aber in jedem Falle dafür, dass neben der Gesetzgebungsfunktion auch die umfassend von den Landtagen wahrgenommenen Kontroll-, Artikulations- und Öffentlichkeitsfunktionen in den Länderverfassungen verankert werden sollten (siehe Kapitel 3.2).

Zudem konnten insgesamt 6 Jahre nicht berücksichtigt werden, weil für diese Zeiträume teilweise keine Statistiken vorlagen (1968-1971) oder die entsprechenden Daten wegen laufender Legislaturperioden noch nicht vorhanden sind (1996/1997). Deshalb wurde auch eine andere Jahres-Skala (vier Abschnitte à 6 Jahre) gewählt. Zu weiteren Besonderheiten der Gruppe der „Drucksachen insgesamt" siehe Fußnote 107.

Tabelle 4.5.2: Parlamentsfunktionen im Zeitverlauf – Vergleich drogenbezogene Drucksachen und Drucksachen insgesamt, absolute Werte (drogenbezogene Drucksachen: N=926, Drucksachen insgesamt: N=119.125; Mehrfachnennung)

Funktion	I 72-77	II 78-83	III 84-89	IV 90-95	Steigerungs- rate I bis IV[127]	Anzahl Drs.
Gesetzgebung						
Drogenpolitik	2	2	0	1		5
Insgesamt	933	730	877	1.319		3.859
Artikulation						
Drogenpolitik	32	37	71	152	4,8	292
Insgesamt	7.434	7.465	10.303	12.765	1,7	37.967
Kontrolle						
Drogenpolitik	84	128	132	285	3,4	629
Insgesamt	13.094[a]	15.592	21.058	27.555	2,1	77.299
Öffentlichkeit						
Drogenpolitik	57	63	87	189	3,3	396
Insgesamt	10.767	10.669	14.146	19.041	1,8	54.623

[a] Lesebeispiel: Zwischen 1972 und 1977 wurden in den vier Landtagen insgesamt 13.094 Drucksachen eingebracht, die die Kontrollfunktion erfüllen.

Mit dieser Form der Analyse, bei der die Entwicklung der einzelnen Parlamentsfunktionen nach der absoluten Anzahl der Drucksachen dargestellt wurde, kann ein möglicher Funktionswandel der Landtage in der Drogenpolitik aber nicht hinreichend erfasst werden. Dieses ist nur möglich, wenn die innere Gewichtung der einzelnen Parlamentsfunktionen zueinander im Zeitverlauf analysiert wird. Deshalb werden im Folgenden die relativen Anteile der Parlamentsfunktionen in ihrer zeitlichen Entwicklung abgebildet. Dadurch wird ein differenzierteres Bild der (relativen) Verschiebungen im Binnenverhältnis der Funktionen möglich. Es können so die in der Literatur formulierten Thesen zum Funktionswandel der Landtage empirisch für die Drogenpolitik überprüft werden.
In dieser Betrachtungsweise zeigen sich im Untersuchungszeitraum einige Veränderungen bei einzelnen Parlamentsfunktionen, aber auch stabile Funktionsmuster (siehe Tabelle 4.5.3). Die Bedeutung der Artikulationsfunktion hat rela-

---

[127] Die Steigerungsrate wird hier als das Verhältnis zwischen der vierten und der ersten Periode angegeben, weil ein tendenziell linearer Anstieg vorliegt.

tiv gesehen zugenommen (von 65% auf 73%), ebenso die Innovationsfunktion (von 13% auf 16%). Wenig verändert hat sich der Stellenwert der Kontrollfunktion. Ähnliches gilt für die Öffentlichkeitsfunktion. Die Informationsfunktion weist dagegen einen zurückgehenden Anteil von beinahe 10% auf. Auch die Gesetzgebungsfunktion verliert – auf niedrigstem Niveau – weiter an Bedeutung (von 1,0% auf 0,3%).

Insgesamt ergibt sich somit ein ambivalentes Bild, das einerseits Annahmen der Parlamentarismusforschung bestätigt – eine Bedeutungszunahme der Artikulationsfunktion, zugleich nimmt der Stellenwert der Gesetzgebungsfunktion ab –, andererseits aber auch auf eine relativ hohe Konstanz in der funktionalen Behandlung der Drogenpolitik in den Landtagen hinweist. So ist der Stellenwert der meisten Funktionen über einen Zeitraum von 30 Jahren beinahe gleich geblieben (siehe Tabelle 4.5.3). Von einem *grundlegenden* Funktionswandel des Landesparlamentarismus – wie er häufig in der Literatur beschreiben wird – kann deshalb aus dieser analytischen Perspektive nicht die Rede sein: Weder hat in der Drogenpolitik die Bedeutung der Kontroll- und Öffentlichkeitsfunktion zugenommen (Plöhn und Steffani 1997) noch ist die Informationsfunktion immer wichtiger geworden (Lhotta 1991).[128] In noch folgenden Feinanalysen werden diese Ergebnisse aber weiter differenziert; es kommt dabei zu vertiefenden Erkenntnissen. Von daher sind die hier getroffenen Feststellungen nur als ein Zwischenergebnis anzusehen. In jedem Fall kann aber schon hier festgehalten werden, dass der enorme Zuwachs der drogenbezogenen Drucksachen und die – wenn auch nur geringfügigen – funktionalen Veränderungen zeigen, dass die Drogenpolitik für die Landtage als andere ist als ein statisches Politikfeld.

---

[128] Diese Feststellungen gelten auch dann, wenn das zeitliche Untersuchungsraster geändert und der Verlauf in einer anderen Jahres-Periodisierung (1-Jahres-Verlauf, 5-Jahres-Abschnitte) abgebildet wird.

Tabelle 4.5.3: Parlamentsfunktionen im Zeitverlauf, relativer Anteil der Drucksachen (N=1.230, Mehrfachnennung)

Funktion	1968-1977	1978-1987	1988-1997	Gesamt
Gesetzgebung	1%	0,7%	0,3%	6
Artikulation	65%[a]	70%	73%	873
Kontrolle	65%	70%	62%	793
Öffentlichkeit	50%	42%	47%	565
Information	50%	42%	41%	524
Innovation	13%	16%	16%	192
N	200	275	755	1.230

[a] Lesebeispiel: Zwischen 1968 und 1977 betrug der Anteil an drogenbezogenen Drucksachen, die die Artikulationsfunktion erfüllen, 65%.

Es stellt sich nun die Frage, ob die beschriebene Entwicklung im Binnenverhältnis der Parlamentsfunktionen bei der Drogenpolitik eher untypisch ist oder ob diese vielmehr stellvertretend für die politischen Tätigkeiten der Landtage steht. Deshalb erfolgt an dieser Stelle – mit den bekannten methodischen Einschränkungen – erneut ein Vergleich mit der Gruppe der Drucksachen insgesamt, diesmal bezogen auf die Entwicklung der relativen Anteile (siehe Tabelle 4.5.4).
Die folgende Tabelle weist eine weitgehend identische Rangfolge bei den Parlamentsfunktionen auf, auch was ihren zeitlichen Verlauf anbelangt: Die Kontrollfunktion dominiert in beiden Gruppen im gesamten Untersuchungszeitraum mit Anteilen zwischen 61% bis 77% (siehe Tabelle 4.5.4). Seit Mitte der 80er Jahre ist dieser Wert bei den drogenbezogenen Drucksachen leicht rückläufig und hat sich auf das Niveau der Drucksachen insgesamt eingependelt (etwa 65%). Es folgt die Öffentlichkeitsfunktion, deren Anteile zwischen knapp 40% und 50% liegen. Auch hier sind keine größeren Unterschiede zu erkennen; in beiden Drucksachengruppen besteht eine leicht rückläufige Tendenz. Die Artikulationsfunktion weist dagegen in vergleichender Perspektive unterschiedliche Trends auf: In der Drogenpolitik hat sie seit Mitte der 80er Jahre einen erkennbaren Bedeutungszuwachs erfahren – der entsprechende Wert ist von 27% auf 35% gestiegen –, während er bei den Drucksachen insgesamt über die Jahre von 35% auf 31% gesunken ist (siehe Tabelle 4.5.4). Die Gesetzgebung besitzt nur eine marginale Bedeutung. Bei der Gruppe, die alle Drucksachen umfasst, kommt diese Funktion auf einen Anteil von relativ konstanten 3%. Bei den drogenbezogenen Drucksachen ist der Wert noch niedriger (2% bis 0%).

Tabelle 4.5.4: Parlamentsfunktionen im Zeitverlauf – Vergleich drogenbezogene Drucksachen und Drucksachen insgesamt, relativer Anteil (drogenbezogene Drucksachen: N=926, Drucksachen insgesamt: N=119.125; Mehrfachnennung)

Funktion	72-77	78-83	84-89	90-95	Anzahl Drs.
Gesetzgebung					
Drogenpolitik	2%	1%	-	0,2%	5
Insgesamt	4%	3%	3%	3%	3.859
Artikulation					
Drogenpolitik	27%	22%	35%	35%	292
Insgesamt	35%	31%	32%	31%	37.967
Kontrolle					
Drogenpolitik	71%	77%	65%	65%	629
Insgesamt	61%[a]	66%	65%	66%	77.299
Öffentlichkeit					
Drogenpolitik	48%	38%	43%	43%	396
Insgesamt	50%	45%	44%	46%	54.623
Drogen N	118	167	203	438	926
Insgesamt N	21.461	23.787	32.238	41.639	119.125

[a] Lesebeispiel: Zwischen 1972 und 1977 betrug der Anteil an Drucksachen (insgesamt), die die Kontrollfunktion erfüllen, 61%.

Der Vergleich ergibt somit nur wenige Abweichungen sowohl im Stellenwert und als auch in der Entwicklung der einzelnen Parlamentsfunktionen. In funktionaler Hinsicht scheint der Drogenbereich eine gewisse Repräsentativität für alle Landtagsthemen zu haben – soweit sie sich in Drucksachen ausdrücken. Nur bei der Artikulationsfunktion zeigen sich unterschiedliche Tendenzen: Während sie bei der Drogenpolitik immer wichtiger wird, bleibt sie in der Vergleichsgruppe auf einem relativ konstanten Niveau. Ansonsten wird aber die Drogenpolitik in den Landesparlamenten in gleicher funktionaler Weise bearbeitet wie andere Politikfelder auch.

Wird noch einmal das Augenmerk auf die Entwicklung der Parlamentsfunktionen in der Gruppe der Drucksachen insgesamt gelenkt und diese mit den Aussagen der politikwissenschaftlichen Literatur konfrontiert, muss *aus dieser Analyseperspektive* festgestellt werden, dass es einen Funktionswandel der Landtage in der beschriebenen Weise nicht gegeben hat: Denn zum einen hat die Gesetzgebung in den Landtagen schon seit Anfang der 70er Jahre einen gleichbleibend geringen Stellenwert (ca. 3%), zu weiteren Einbußen ist es seitdem nicht gekommen. Es ist nicht einmal zu einem Rückgang der relativen Anteile von Gesetzesentwürfen gekommen, wie ihn Ockermann und Glende (1997) behaupten. Und ebenso wenig hat ein drastischer Bedeutungszuwachs der Artikulations-, Kontroll- oder Öffentlichkeitsfunktion (Thaysen 1997) stattgefunden. Möglicherweise sind die Funktionen von Landesparlamenten über die Jahrzehnte doch ähnlicher geblieben als in der Literatur angenommen, oder ein Funktionswandel zeigt sich erst bei Feinanalysen, bei denen zusätzliche Untersuchungsvariablen herangezogen werden. Zudem gelten die getroffenen Aussagen nur auf der Basis des hier gewählten empirischen Analyseansatzes – mit den entsprechenden methodischen Einschränkungen.[129]

Plenumsanalyse

Im nächsten Schritt erfolgt eine funktionale Analyse *ohne* die Schriftlichen Kleinen Anfragen, d.h. dieser Dokumententyp wird bei der empirischen Zuordnung außer Acht gelassen (siehe Kapitel 4.2). Hiermit soll das Plenumsgeschehen im engeren Sinne analysiert werden, weil die Schriftlichen Kleinen Anfragen dort nicht behandelt werden. Alle anderen Dokumententypen werden hingegen in der Absicht genutzt, ein Thema in der Sitzung des Parlamentes *öffentlich* zur Sprache zu bringen. Es könnte sein, dass der funktionale Wandel der Landtage auf dieser Ebene sichtbar wird, weil möglicherweise die Schriftlichen Kleinen Anfragen aufgrund ihrer hohen Fallzahl (Anteil an drogenbezogenen Drucksachen: 54%) die Ergebnisse für die gesamte Stichprobe überlagern. Wird in dieser Weise verfahren und die Entwicklung der relativen Anteile bei den verschiedenen Parlamentsfunktionen betrachtet, zeigen sich zwar einige Abweichungen zu den bisherigen Ergebnissen, doch extreme funktionale Veränderungen werden erneut nicht sichtbar: Auch in dieser Auswertung gewinnt die Artikulationsfunktion über die Jahre leicht an Bedeutung (von 74% auf 80%) (siehe Tabelle 4.5.5). Die Informationsfunktion und die Innovationsfunktionen haben einen in etwa gleichbleibenden Stellenwert. Die Gesetzgebung bleibt eine Randerscheinung. Allerdings zeigt sich ein klarer Unterschied bei der Kontrollfunktion: Im Plenum ist ihre Bedeutung im Untersuchungszeitraum

---

[129] Es soll noch einmal daraufhin hingewiesen werden, dass die Zuordnung zu den Parlamentsfunktionen in der Gruppe der „Drucksachen insgesamt" nur über den Dokumententyp erfolgen konnte.

konstant zurückgegangen (von 30% auf 19%) und liegt inzwischen hinter der der Innovationsfunktion (siehe Tabelle 4.5.5).[130] Auch dieser Analyseschritt ergibt insgesamt nur geringfügige Wandlungsprozesse in der drogenpolitischen Aufgabenwahrnehmung durch die Landtage. Erneut können die in der Literatur formulierten Thesen und Feststellungen nicht bestätigt werden.

Tabelle 4.5.5: Parlamentsfunktionen im Zeitverlauf ohne Schriftliche Kleine Anfragen (N=565, Mehrfachnennung)

Funktion	1968-1977	1978-1987	1988-1997	N
Gesetzgebung	2%	2%	1%	6
Artikulation	74%[a]	77%	80%	444
Kontrolle	30%	27%	19%	128
(Öffentlichkeit	100%	100%	100%	565)
Information	35%	31%	33%	185
Innovation	20%	12%	20%	104
N	100	114	351	565

[a] Lesebeispiel: 74% aller drogenpolitischen Drucksachen, die zwischen 1968 und 1977 in das *Parlaments-Plenum* eingebracht worden sind, erfüllen die Artikulationsfunktion.

Anzahl und Kombinationen von Parlamentsfunktionen

Denkbar ist auch, dass der Funktionswandel der Landesparlamente bei der *Anzahl* und *Kombination* von Funktionen pro Drucksache zum Ausdruck kommt. Das empirische Analysekonzept ist so angelegt, dass jede drogenbezogene Drucksache gleichzeitig mehrere Funktionen erfüllen kann (siehe Kapitel 4.2). Als Ausgangsthese könnte formuliert werden, dass die Anzahl von Parlamentsfunktionen pro Drucksache im Untersuchungszeitraum zugenommen hat, sich hierin die gestiegene Komplexität drogenpolitischer Vorgänge widerspiegelt. Zudem wäre es denkbar, dass sich die Zusammensetzung der Funktionen (Kombinationen) über die Jahre geändert hat.

---

[130] Die Öffentlichkeitsfunktion kommt zwangsläufig (als Folge des Analysekonzepts) in allen drei Zeitabschnitten auf einen Wert von 100%, weil hier nur diejenigen Parlamentsdrucksachen zur Grundlage der funktionalen Analyse genommen worden sind, die im Plenum öffentlich behandelt werden.

Aber auch nach diesen beiden Untersuchungskriterien zeigen sich kaum Veränderungen im Zeitverlauf: Die *Anzahl* verschiedener Parlamentsfunktionen ist seit 30 Jahren konstant. Die allermeisten drogenpolitischen Drucksachen erfüllen 2 Funktionen, ihr Anteil liegt zwischen 71% und 77% (siehe Tabelle 4.5.6). Etwa ein Viertel der Drucksachen beinhaltet 3 Funktionen, nur ganz wenige 4 (ca. 2%). Drogenpolitische Drucksachen mit nur einer Funktion kommen nicht vor.

Tabelle 4.5.6: Anzahl von Parlamentsfunktionen im Zeitverlauf (N=1.230)

Anzahl	1968-1977	1978-1987	1988-1997	N
2	71%	77%	75%	925
3	26%	21%[a]	23%	283
4	3%	2%	2%	22
N	200	275	755	1.230

[a] Lesebeispiel: 21% aller drogenpolitischen Drucksachen, die zwischen 1978 und 1987 eingebracht worden sind, erfüllen drei Parlamentsfunktionen.

Welche Parlamentsfunktionen kommen in welcher Kombination vor? Hier zeigt sich, dass die Kombination *Artikulation und Kontrolle* in der Drogenpolitik am häufigsten vorkommt. In 42% aller drogenpolitischen Drucksachen wird sowohl eine Zielsetzung formuliert als auch Kontrolle ausgeübt (siehe Tabelle 4.5.7).[131] Es folgen mit ähnlichen Anteilen die Kombinationen „Artikulation und Öffentlichkeit" (36%) und „Kontrolle und Information" (33%). Alle anderen Kombinationen sind seltener anzutreffen (die Werte liegen zwischen 16% und 3%). Hinsichtlich des Stellenwertes der einzelnen Kombinationen hat es im 30jährigen Untersuchungszeitraum nur wenige Veränderungen gegeben; eindeutige Trends bestehen nur bei zwei Kombinationen: Die Kombination „Kontrolle und Öffentlichkeit" hat genauso wie „Kontrolle und Information" deutlich an Gewicht verloren (siehe Tabelle 4.5.7). Bei allen anderen Kombinationen sind die relativen Anteile weitgehend gleich geblieben.

---

[131] Bei dieser Auswertung wurde die Gesetzgebungsfunktion mit ihren 6 Fällen außer Acht gelassen. Zudem wurde die Kombinationsanalyse auf die „Zweier-Kombinationen" beschränkt. Die Auswertung der Drucksachen mit drei und vier verschiedenen Funktionen erbringt keine vertiefenden Erkenntnisse. Deshalb können sie hier vernachlässigt werden.

Tabelle 4.5.7: Kombinationen von Parlamentsfunktionen im Zeitverlauf (N=1.230, Mehrfachnennung)

Funktion	1968-1977	1978-1987	1988-1997	Insgesamt
Artikulation Mit:				
Kontrolle	36%	46%[a]	42%	42%
Öffentlichkeit	37%	32%	37%	36%
Information	15%	12%	14%	14%
Innovation	14%	16%	16%	16%
Kontrolle Mit:				
Artikulation	36%	46%	42%	42%
Öffentlichkeit	*15%*	*11%*	*9%*	10%
Information	*43%*	*34%*	*30%*	33%
Innovation	5%	11%	8%	8%
Öffentlichkeit Mit:				
Artikulation	37%	32%	37%	36%
Kontrolle	*15%*	*11%*	*9%*	10%
Information	18%	13%	15%	15%
Innovation	10%	5%	9%	8%
Information Mit:				
Artikulation	15%	12%	14%	14%
Kontrolle	*43%*	*34%*	*30%*	33%
Öffentlichkeit	18%	13%	15%	15%
Innovation	1%	3%	3%	3%
Innovation Mit:				
Artikulation	14%	16%	16%	16%
Kontrolle	5%	11%	8%	8%
Öffentlichkeit	10%	5%	9%	8%
Information	1%	3%	3%	3%
N	200	275	755	1.230

[a] Lesebeispiel: 46% aller drogenpolitischen Drucksachen, die zwischen 1978 und 1987 eingebracht worden sind, nehmen eine Artikulationsfunktion *und* eine Kontrollfunktion wahr.

Insgesamt zeigen sich erneut relativ stabile Funktionsmuster bei den drogenpolitischen Aktivitäten der Landtage zwischen 1968 und 1997. Der in der Literatur beschriebene funktionale Wandel des Landesparlamentarismus wird auch bei diesem Analyseschritt nicht sichtbar.

Parlamentsfunktionen nach Thema

Als nächstes ist zu prüfen, ob es in den verschiedenen thematischen Bereichen (Hilfe, Strafe, Konsum, Forschung) der Drogenpolitik unterschiedlichen Entwicklungen bei den Parlamentsfunktionen gegeben hat. Es könnte nämlich sein, dass sich bei bestimmten Inhalten funktionale Veränderungen stärker zeigen als bei anderen. Die empirische Auswertung zeigt jedoch auch bei diesem Kriterium kaum bemerkenswerte Unterschiede. Auffällig ist nur, dass im 30jährigen Untersuchungszeitraum die Artikulationsfunktion im Themenbereich „Strafe" (von 64% auf 75%) stärker zugenommen als bei der „Hilfe" (von 69% auf 72%). Im erstgenannten Bereich ist zudem die Bedeutung der Innovationsfunktion erheblich angewachsen (von 13% auf 29%) (siehe das nächste Kapitel 4.6). Bei den anderen Parlamentsfunktionen gibt es in den vier Themenbereichen im Verlauf aber keine großen Veränderungen und Abweichungen, so dass insgesamt festgestellt werden kann, dass ein Zusammenhang zwischen Parlamentsfunktion und Themenbereich nicht existiert.

Parlamentsfunktionen nach Akteur

Ein möglicher Funktionswandel der Landtage könnte von bestimmten Akteuren vorangetrieben worden sein, so dass er sich auf der Gesamtebene nicht zeigt, aber bei einzelnen Einbringern sichtbar wird. Verschiedene Verläufe bei den einzelnen Akteuren könnten sich in der Gesamtschau gegenseitig aufheben. Hat sich also das funktionale Verhalten von Parteien, Landesregierung und Ausschüssen im Verlaufe der Zeit unterschiedlich entwickelt? Eine Analyse der Parlamentsfunktionen nach den Akteuren soll hierüber Aufschluss bringen. Dabei ist zu beachten, dass die Anzahl der von den Ausschüssen und „Anderen Akteuren" eingebrachten Drucksachen relativ klein ist (N=21 bzw. N=17).
Bei dieser Auswertung nach den Akteuren zeigen sich nur wenige eindeutige Trends: Der Gesetzgebungsverlust beruht ausschließlich auf dem Verhalten der

Landesregierungen. Der relative Stellenwert dieser Funktion ist bei diesem Akteur im Untersuchungszeitraum von 13% auf 6% gesunken (siehe Tabelle 4.5.8). Andere Akteure treten als Einbringer von Gesetzesentwürfen nicht in Erscheinung. Im parlamentarischen Geschehen auf der Bundes- oder Landesebene wird die Gesetzgebungsfunktion sonst aber auch von den Parteien ausgeübt. In der Drogenpolitik auf der Landesebene scheint hier die Landesregierung allein zu agieren, wobei wiederum die geringe Anzahl von Drucksachen zu berücksichtigen ist, die überhaupt die Gesetzgebungsfunktion erfüllen (N=6).

Der (leichte) Bedeutungszuwachs der Artikulationsfunktion ist allein auf die Parteien zurückzuführen. Ihr Anteil ist in den 30 Jahren von 66% auf 75% angewachsen. Bei den anderen Akteuren hat dagegen die Relevanz der Artikulationsfunktion über die Jahre sogar abgenommen. Ähnliches kann für die Entwicklung der Innovationsfunktion festgestellt werden. So stammten im Zeitraum 1968-1977 immerhin 25% aller Drucksachen mit dieser Funktion aus der Feder der Landesregierung, zwanzig Jahre später betrug der entsprechende Wert nur noch 8% (siehe Tabelle 4.5.8). Bei den anderen drei Funktionen (Kontrolle, Öffentlichkeit, Information) lassen sich für die einzelnen Akteuren keine bemerkenswerten Entwicklungstrends erkennen.

Insgesamt lassen sich keine wesentlichen akteursspezifischen Faktoren finden. Diese Aussage gilt auch, wenn die einzelnen Parteien (CDU, SPD, FDP, GRÜNE) im Vergleich betrachtet werden. Bei ihnen gibt es zwar teilweise unterschiedliche Entwicklungen in der Anwendung der einzelnen Parlamentsfunktionen, die aber für sich genommen kein Erklärungsmuster für einen vermeintlichen oder tatsächlichen Funktionswandel der Landtage in der Drogenpolitik liefern können (siehe Kapitel 4.9).

Tabelle 4.5.8: Parlamentsfunktionen nach Akteur im Zeitverlauf (N=1.230, Mehrfachnennung)

Funktion	1968-1977	1978-1987	1988-1997
Gesetzgebung			
Parteien	-	-	-
Landesregierung	13%	11%	6%
Ausschüsse	-	-	-
Andere	-	-	-
Artikulation			
Parteien	66%	73%	75%[a]
Landesregierung	63%	37%	56%
Ausschüsse	57%	-	25%
Andere	40%	-	33%
Kontrolle			
Parteien	73%	76%	67%
Landesregierung	-	-	-
Ausschüsse	-	-	-
Andere	80%	-	58%
Öffentlichkeit			
Parteien	44%	37%	43%
Landesregierung	100%	100%	100%
Ausschüsse	100%	100%	100%
Andere	20%	-	42%
Information			
Parteien	49%	39%	39%
Landesregierung	50%	79%	56%
Ausschüsse	57%	100%	75%
Andere	80%	-	75%
Innovation			
Parteien	13%	17%	17%
Landesregierung	25%	5%	8%
Ausschüsse	14%	-	8%
Andere	-	-	8%
N	200	275	755

[a] Lesebeispiel: 75% aller drogenpolitischen Drucksachen, die von den Parteien zwischen 1988 und 1997 eingebracht worden sind, erfüllen die Artikulationsfunktion.

Parlamentsfunktionen nach Regierungsmehrheit und Opposition

Parlamentarische Prozesse und Strukturen können auch nach dem Konzept von Regierungsmehrheit und Opposition untersucht werden (Steffani 1991). Dieser Analyseansatz überwindet den alten Dualismus zwischen Exekutive (Landesregierung) und Parlament (Landtag) und sieht stattdessen aufgrund ihrer parteipolitischen Verwobenheit eine annähernde Interessenkongruenz zwischen der Regierung und den sie tragenden Regierungsparteien. Diese Aktionseinheit wird Regierungsmehrheit genannt. Ihr steht die parlamentarische Opposition gegenüber, die aus einer oder mehreren Fraktion/Parteien bestehen kann. In der politikwissenschaftlichen Literatur werden der Regierungsmehrheit und der Opposition teilweise unterschiedliche Parlamentsfunktionen zugeordnet (z.B. Gesetzgebungsfunktion der Regierungsmehrheit, Kontrollfunktion der Opposition) und Aussagen über ihre Entwicklung getroffen. So stellen beispielsweise Hesse und Ellwein fest: „Regierung und Parlamentsmehrheit tragen politische Führung, Gesetzgebung und Vollzug gesamthänderisch; Wille und Möglichkeiten zur Kontrolle erlahmen deshalb oder stellen sich nur noch sehr eingeschränkt" (Hesse und Ellwein 1997: 260/261).

In diesem Abschnitt wird aufgrund der Relevanz dieses Analyseansatzes die Entwicklung der Parlamentsfunktionen im Bereich der Drogenpolitik getrennt nach Regierungsmehrheit und Opposition untersucht. Unter den erfassten drogenpolitischen Drucksachen stammen 405 von der Regierungsmehrheit und 787 von der Opposition.[132]

Bevor die Parlamentsfunktionen in ihrem zeitlichen Verlauf dargestellt werden, soll zunächst ein Blick auf den Stellenwert der verschiedenen Funktionen bei Regierungsmehrheit und Opposition insgesamt geworfen werden. Dabei zeigt sich eine teilweise unterschiedliche funktionale Rangfolge: Während die Artikulation bei beiden Akteuren mit einem ähnlichen relativen Anteil die wichtigste Funktion darstellt (70% bzw. 73%), folgt bei der Opposition knapp dahinter die Kontrolle, die bei der Regierungsmehrheit einen weit geringeren Wert aufweist (72% zu 54%) (siehe Tabelle 4.5.9). Für sie hat die Öffentlichkeitsfunktion ein größeres Gewicht (58% zu 38%). Die Ergebnisse für die Funktionen Informati-

---

[132] Das Gesamt-N von 1.192 setzt sich aus den 71 Drucksachen der Landesregierungen und den 1.121 Drucksachen der Parteien zusammen. Die Ausschüsse (N=21) und „Andere" (N=17) können hier nicht berücksichtigt werden.

on und Innovation weichen hingegen bei Regierungsmehrheit und Opposition kaum voneinander ab.

Tabelle 4.5.9: Parlamentsfunktionen nach Regierungsmehrheit und Opposition (N=1.192, Mehrfachnennung)

Funktion	Regierungsmehrheit	Opposition
Gesetzgebung	2%	-
Artikulation	70%	73%
Kontrolle	54%[a]	72%
Öffentlichkeit	58%	38%
Information	44%	40%
Innovation	14%	17%
N	405	787

[a] Lesebeispiel: 54% aller Drucksachen, die von der Regierungsmehrheit eingebracht worden sind, erfüllen die Kontrollfunktion.

Es zeigt sich also eine partiell unterschiedliche Wahrnehmung parlamentarischer Funktionen durch die Regierungsmehrheit und die Opposition, wie sie teilweise auch in der Literatur beschrieben wird. Dort wird die Kontrollfunktion vor allem der Opposition zugerechnet. Wenn nun für die Drogenpolitik die Entwicklung über die untersuchten 30 Jahre betrachtet wird, ergeben sich weitere differenzierte Erkenntnisse. Es werden erheblich unterschiedliche Verläufe bei einem Großteil der Parlamentsfunktionen sichtbar: Während im Untersuchungszeitraum – vor allem von der ersten zur zweiten Dekade – die Bedeutung der Artikulationsfunktion bei der Opposition deutlich zugenommen hat (von 59% auf 76%), ist sie bei der Regierungsmehrheit leicht gefallen (von 74% auf 70%) (siehe Tabelle 4.5.10). Bei der Innovationsfunktion sind diese gegenläufigen Tendenzen noch stärker: In den ersten Jahren drogenpolitischen Aktivitäten in den Landesparlamenten waren es vorwiegend die Vertreter der Regierungsmehrheit, die neue Maßnahmen forderten (23%), die Opposition war zu dieser Zeit weniger innovativ (6%). In der zweiten Hälfte der 70er Jahre änderte sich dies grundlegend. Seitdem ist der relative Anteil bei der Opposition stabil größer als bei der Regierungsmehrheit (18% zu 12%). Die Kontrollfunktion hat dagegen einen leicht abnehmenden Verlauf bei der parlamentarischen Opposition, ist aber mit 70% immer noch einer ihrer zentralen Funktionen. Bei der Regierungsmehrheit gibt es hier schwankende Werte.

Die Informationsfunktion hat bei der Regierungsmehrheit einen Bedeutungszugewinn erfahren, bei der Opposition ist dagegen ihre Relevanz sehr stark gesunken. Das kann damit zu tun haben, dass das neue Phänomen Drogen am Anfang auch bei der Opposition zu vielen Informationsabfragen und einer eher neutralen Darstellung von Sachverhalten in den Drucksachen führte. Für diese These spricht der „Sprung" zwischen dem ersten und zweiten Untersuchungsabschnitt. Die stabilsten Werte weist die Öffentlichkeitsfunktion auf: Zwar besteht hier – wie schon gesehen – eine große Diskrepanz zwischen Regierungsmehrheit und Opposition, aber dies schon beinahe unverändert seit 30 Jahren (siehe Tabelle 4.5.10).

Tabelle 4.5.10: Parlamentsfunktionen im Zeitverlauf nach Regierungsmehrheit und Opposition, aus der Sicht des einzelnen Akteurs (N=1.192, Mehrfachnennung)

Funktion	1968-1977	1978-1987	1988-1997	Insgesamt
Gesetzgebung				
Regierungsmehrheit	2%	2%	1%	2%
Opposition	-	-	-	-
Artikulation				
Regierungsmehrheit	74%	66%	70%	70%
Opposition	59%	73%[a]	76%	73%
Kontrolle				
Regierungsmehrheit	55%	65%	50%	54%
Opposition	78%	73%	70%	72%
Öffentlichkeit				
Regierungsmehrheit	62%	50%	60%	58%
Opposition	38%	37%	39%	38%
Information				
Regierungsmehrheit	33%	47%	48%	44%
Opposition	63%	38%	36%	40%
Innovation				
Regierungsmehrheit	23%	12%	12%	14%
Opposition	6%	18%	18%	17%
N	188	273	731	1.192

[a] Lesebeispiel: 73% aller Drucksachen, die zwischen 1978 und 1987 von der Opposition eingebracht worden sind, erfüllen die Artikulationsfunktion.

Es kann als Zwischenfazit festgehalten werden, dass die drogenpolitische Artikulation und Innovation bei der Opposition stark zugenommen hat. Bei der Regierungsmehrheit kann dies für die Informationsfunktion gesagt werden. Die Veränderungen sind vor allem zwischen der ersten und der zweiten Untersuchungsdekade sichtbar. Die sehr unterschiedliche Funktionswahrnehmung in diesen Zeitabschnitten dürfte auf die Herausbildung eines neuen Politikfeldes zurückzuführen sein: Die Opposition hatte dieses noch nicht als ein oppositionelles Betätigungsfeld mit einer entsprechenden Mobilisierung von Artikulation und Innovation angesehen. Die Regierungsmehrheit setzte die Akzente im politischen und rechtlichen Umgang mit der neuen Materie. Es wäre interessant, diese These auch bei anderen neuen Themen oder Politikfeldern zu untersuchen.

In der vorausgegangenen Auswertung wurde die Entwicklung der Parlamentsfunktionen *innerhalb* der Drucksachen der Regierungsmehrheit und *innerhalb* derjenigen der Opposition betrachtet und deren Verläufe miteinander verglichen. Dadurch wird aber noch nicht deutlich, welchen Stellenwert die einzelnen Funktionen bei Regierungsmehrheit und Opposition bezogen auf das *gesamte Parlament* haben. Denn es könnte sein, dass sich aufgrund der Fallzahl-Verteilung Veränderungsprozesse innerhalb der Arbeit eines Akteurs nicht so deutlich darstellen wie auf der Ebene des gesamten Parlaments.[133] In der folgenden Betrachtungsweise ändert sich also die Bezugsgröße: Während bisher die Perspektive des jeweiligen Akteurs gewählt worden ist, bei der es darum ging, wie sich bei Regierungsmehrheit und Opposition jeweils die einzelnen Funktionen verteilen (siehe Lesebeispiel zur Tabelle 4.5.10), lautet hier die Frage: Wie verteilen sich die Drucksachen, die eine bestimmte Funktion erfüllen, auf Regierungsmehrheit und Opposition (siehe Lesebeispiel zur Tabelle 4.5.11)?
Bei dieser Form der Auswertung bestätigen sich die meisten der dargestellten Trends. Die folgende Tabelle zeigt, dass die Artikulationsfunktion immer stärker von der Opposition wahrgenommen wird (von 48% auf 71%) (siehe Tabelle 4.5.11), entsprechend deutlich hat bei ihr der Einbringer „Regierungsmehrheit" an Bedeutung verloren (von 52% auf 29%). Das Gleiche trifft auf die Innovationsfunktion zu, bei der die Opposition im Zeitabschnitt 1988-1997 auf einen „Spitzenwert" von 78% an allen Drucksachen kommt, die diese Funktion erfül-

---

[133] Beispielsweise könnte sich bei einem Akteur aufgrund einer nur geringen Fallzahl-Veränderung von einem Zeitabschnitt zum nächsten (z.B. von 2 auf 4) eine starke relative Veränderung ergeben, die aber bezogen auf das gesamte Parlament von nur geringer Bedeutung ist, weil beim anderen Akteur die Fallzahl viel höher ist (z.B. 50). Um solche Effekte zu erfassen, sind beide Analyse-Perspektiven wichtig.

len. Auch hier zeigen sich Veränderungen vor allem zwischen der ersten und zweiten Untersuchungsdekade. Bei der Informationsfunktion können ebenfalls die schon festgestellten Entwicklungen bestätigt werden (Regierungsmehrheit: leichte Zunahme, Opposition: leichte Abnahme), wenn sie auch hier nicht so deutlich sichtbar werden wie aus der Perspektive des jeweiligen Akteurs. Es zeigt sich zusätzlich, dass auch die Kontrollfunktion zunehmend von der parlamentarischen Opposition ausgeübt wird (von 63% auf 76%); bei der Regierungsmehrheit ist ihr Verlauf entgegengesetzt (siehe Tabelle 4.5.11). Ebenso liegt seit der zweiten Hälfte der 70er Jahre bei der Wahrnehmung der Öffentlichkeitsfunktion die Opposition vorne (60% zu 40%).

Nach dieser Analyse könnte formuliert werden, dass vier von sechs Funktionen in den Landtagen *zunehmend* von der Opposition wahrgenommen werden: Artikulation, Kontrolle, Öffentlichkeit und Innovation. Dagegen hat sich bei der Informationsfunktion (auch wenn die Opposition insgesamt einen größeren Anteil hat) im 30jährigen Untersuchungszeitraum das Verhältnis zugunsten der Regierungsmehrheit verschoben. Die Gesetzgebungsfunktion ist gleichbleibend alleinige Angelegenheit der Regierungsmehrheit.

Tabelle 4.5.11: Parlamentsfunktionen im Zeitverlauf nach Regierungsmehrheit und Opposition, aus der Sicht des gesamten Parlaments (N=1.192)

Funktion	Regierungsmehrheit	Opposition
Gesetzgebung		
1968-1977	100%	-
1978-1987	100%	-
1988-1997	100%	-
Artikulation		
1968-1977	52%	48%
1978-1987	32%	68%[a]
1988-1997	29%	71%
Kontrolle		
1968-1977	37%	63%
1978-1987	31%	69%
1988-1997	24%	76%
Öffentlichkeit		
1968-1977	58%	42%
1978-1987	41%	59%
1988-1997	41%	59%
Information		
1968-1977	30%	70%
1978-1987	39%	61%
1988-1997	37%	63%
Innovation		
1968-1977	77%	23%
1978-1987	26%	74%
1988-1997	22%	78%
N	405	787

[a] Lesebeispiel: 68% der Drucksachen, die zwischen 1978 und 1987 eine Artikulationsfunktion erfüllten, wurden von der Opposition eingebracht.

In dieser Betrachtungsweise bestätigen sich tatsächlich einige der politikwissenschaftlichen Thesen zum Länderparlamentarismus, allerdings nur, wenn sie separat auf Regierungsmehrheit und Opposition bezogen werden. Die Bedeutung der Informationsfunktion hat doch (leicht) zugenommen (Lhotta 1991) – bei der Landesregierung und den Regierungsparteien. Auch die Artikulationsfunktion hat einen erheblichen Bedeutungsgewinn erfahren (Thaysen 1997) – bei den Oppositionsparteien. Und der gestiegene Stellenwert der Innovationsfunktion bzw. der „politischen Laborfunktion" der Landtage (Greß und Huth 1998) ist vor allem eine Erscheinung der parlamentarischen Opposition. Das Gleiche gilt für die Kontrollfunktion.

Zusammenfassend kann festhalten werden, dass sich ein Funktionswandel der Landtage in der Drogenpolitik auf der allgemeinen Erscheinungsebene kaum zeigen lässt. Die Detailanalyse nach verschiedenen Kriterien (Anzahl, Kombinationen, Themen, Akteure) bestätigt dies im Wesentlichen. Erst bei einer Unterscheidung zwischen Regierungsmehrheit und Opposition zeigen sich funktionale Veränderungen im Verlaufe von 30 Jahren. Dann wird deutlich, dass die Artikulationsfunktion und Innovationsfunktion immer stärker von der Opposition wahrgenommen werden. Das Gleiche gilt in abgeschwächter Form für die Informationsfunktion bei der Regierungsmehrheit. Diese differenzierten Befunde stehen demnach nicht im Widerspruch zu den Annahmen und Behauptungen der politikwissenschaftlichen Literatur, sondern *ergänzen* den Kenntnisstand der Parlamentarismusforschung. Sie stellen aber ein Argument dafür dar, parlamentarische Entwicklungen stärker als bisher nach verschiedenen Einflussfaktoren auf den unterschiedlichen Ebenen zu untersuchen. Es soll damit auch exemplarisch (anhand der Drogenpolitik) vorgeführt werden, welche Möglichkeiten *empirische Analysen* für die Parlamentarismusforschung bieten und welcher Erkenntnisgewinn sich dadurch erzielen lässt.

4.6   Landtage als drogenpolitische Impulsgeber

In der politikwissenschaftlichen Literatur wird die These vertreten, dass die Landesparlamente zu „Ratifikationsorganen" degradiert worden sind, die häufig nur im Nachhinein die exekutiv ausgehandelte Politik „absegnen" dürfen (siehe Kapitel 3.3). Auch bei der Drogenpolitik kann ein solcher Eindruck entstehen, lässt man die letzten 15 Jahre bundesrepublikanischer Drogenpolitik im Spannungsfeld zwischen Bund und Ländern Revue passieren und betrachtet dabei die vermeintlich dominante Position der Länderregierungen (siehe Kapitel 2.3). Demgegenüber steht die These von der „politischen Laborfunktion" (Innovationsfunktion), die besagt, dass häufig neue politische Forderungen zuerst auf der Ebene der Landesparlamente getestet werden, die Landtage dadurch zu Initiatoren neuer Politiken werden können. Wie verhält es sich nun bei der Drogenpolitik? Anhand der ausgewerteten Parlamentsdokumente sollen die beiden Thesen im Folgenden empirisch geprüft werden.

Entwicklung der Innovationsfunktion

Wie schon gezeigt worden ist, beträgt der Anteil von Drucksachen mit neuen drogenpolitischen Zielsetzungen 16%.[134] Diese Dokumente werden der „Innovationsfunktion" zugeordnet. Es kann nicht mit letzter Sicherheit eingeschätzt werden, ob 16% ein niedriger oder hoher Wert ist, da Vergleichszahlen fehlen. Da aber ein strenges Zuordnungsraster an den Begriff „neue Zielsetzung" angelegt worden ist (siehe Kapitel 4.2), erscheint der ermittelte Wert als nicht unerheblich – immerhin enthält danach jede sechste Drucksache eine neue drogenpolitische Forderung. Er liegt damit zwischen der Gesetzgebungsfunktion und der Informationsfunktion.

Die Innovationsfunktion kann zudem als eine *Unterfunktion* der Artikulationsfunktion angesehen werden. In dieser Betrachtungsweise erhöht sich ihr Anteil auf 22%, d.h. wenn eine drogenpolitische Forderung in den Landtagen erhoben wird, enthält sie in einem von fünf Fällen eine neue Zielsetzung.

Der relative Anteil der Innovationsfunktion hat sich – auch das wurde schon dargestellt – seit 30 Jahren kaum verändert: Er ist von durchschnittlich 13% (1968-1977) auf 16% (1988-1997) angestiegen. Es gab jedoch bestimmte Jahre, in denen besonders viele Drucksachen mit neuen, innovativen Zielsetzungen formuliert worden sind. Ins Auge fallen hier vor allem die Jahre 1986 und 1987, mit Anteilen von 32% bzw. 29% (siehe Grafik 4.6.1). Diese Jahre werden auch in der Fachöffentlichkeit als Übergangszeit hin zu einer neuen Drogenpolitik mit niedrigschwelligen und akzeptierenden Hilfeansätzen angesehen (siehe Kapitel 2.2). Es wird daran deutlich, wie zeitnah sich aktuelle Entwicklungen in der bundesdeutschen Drogenhilfe thematisch in den Landtagen niederschlagen. Auch in den Jahren 1971 (24%) und 1994 (23%) wurden vergleichsweise viele drogenpolitische Neuerungen in den Parlamenten gefordert (siehe Grafik 4.6.1). 1971 dürften die Diskussionen um das neue Betäubungsmittelgesetz eine Rolle gespielt haben; 1994 erreichte die bundesdeutsche Drogendebatte mit zunehmenden Forderungen nach Einführung der kontrollierten Heroinvergabe und der Einrichtung von Gesundheitsräumen eine neue Qualität.

---

[134] Wird die Anzahl aller erfassten Einzelforderungen in den Drucksachen zugrunde gelegt, kommen die neuen drogenpolitischen Zielsetzungen auf einen Anteil von 17% (226 neue Forderungen bei insgesamt 1325 Einzelforderungen, siehe Kapitel 4.4).

Grafik 4.6.1: Entwicklung der Innovationsfunktion, %-Anteil pro Jahr (N=192)

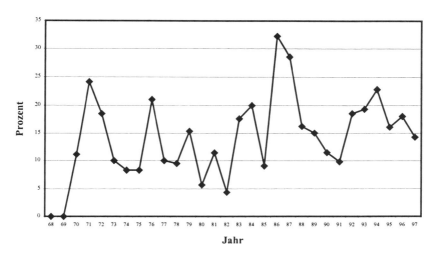

Werden nun die drogenpolitischen Drucksachen, die eine Innovationsfunktion erfüllen, nach einzelnen thematischen Bereichen betrachtet, also danach sortiert, ob sie neue Hilfemaßnahmen, den Abbau oder Ausbau repressiver Mittel oder zusätzliche Forschungsaktivitäten betreffen, ergibt sich das folgende Bild: Die Forderung nach Entkriminalisierung kommt am häufigsten vor; 46% aller „innovativen" Drucksachen enthalten eine entsprechende Zielsetzung (46%) (siehe Tabelle 4.6.1). An zweiter Stelle folgen die Vorschläge für den Ausbau des Hilfebereichs (37%). Der Anteil neuer Repressionsmaßnahmen (z.B. moderne Fahndungsmethoden) beträgt 16%. Eine eher nebensächliche Rolle spielt für die Parlamentarier die Weiterentwicklung der Suchtforschung (8%).

Im Zeitverlauf sind erhebliche Veränderungen zu beobachten: Die Forderung nach Verstärkung der Drogenbekämpfung („Verschärfung Repression") durch neue rechtliche Straftatbestände oder neue technische Methoden hat über die Jahre kontinuierlich abgenommen (von 22% auf 13%) (siehe Tabelle 4.6.1). Stattdessen wird seit der zweiten Untersuchungsdekade (1978-1987) immer häufiger ein Rückzug des Strafrechtes aus der Drogenpolitik postuliert (von 11% auf 53%).[135] Immerhin wurde zwischen 1988 und 1997 im Durchschnitt 16 mal in jedem der vier untersuchten Landtage eine entsprechende Forderung

---

[135] Der Wert von 51% für den Zeitraum von 1978 bis 1987 erklärt sich vor allem durch zunehmende Forderungen nach Entkriminalisierung seit 1983.

formuliert. Der Stellenwert des Hilfebereichs hat zwischen dem ersten und zweiten 10-Jahres-Abschnitt stark abgenommen, um seit der zweiten Hälfte der 80er Jahre wieder leicht anzusteigen. Neue forschungspolitische Forderungen, die den Suchtbereich betreffen, gab es in den ersten zehn Jahren noch vergleichsweise häufig, danach kamen sie nur noch selten vor (siehe Tabelle 4.6.1). Es sei angemerkt, dass Forderungen, die eine Innovationsfunktion erfüllen, im Vergleich zu den anderen Parlamentsfunktionen häufiger die Bundesebene betreffen (17%). Einzelheiten werden hierzu in Kapitel 4.7 erläutert.

Tabelle 4.6.1: Innovationsfunktion im Zeitverlauf, getrennt nach Forderungsbereichen (N=192, Mehrfachnennung)

Forderung	1968-1977	1978-1987	1988-1997	Gesamt
Ausbau Hilfe	52%	28%	37%	37%
Entkriminalisierung	11%	51%	53%[a]	46%
Verschärfung Repression	22%	19%	13%	16%
Ausbau Forschung	26%	2%	6%	8%
N	27	43	122	192

[a] Lesebeispiel: 53% aller neuen drogenpolitischen Zielsetzungen (Innovationsfunktion), die zwischen 1988 und 1997 in den Drucksachen formuliert worden sind, betreffen die Entkriminalisierung.

Bei der Auswertung nach den Akteuren zeigt sich, dass innovative Anstöße in der Drogenpolitik nur äußerst selten von den Landesregierungen ausgehen. Ihr Anteil an allen Drucksachen, die eine entsprechende Funktion erfüllen, liegt mit 4% (siehe Tabelle 4.6.2) sogar noch unter ihrem Anteil an den gesamten Drucksachen (6%). Bei den Parteien findet sich dagegen ein leicht erhöhter Anteil (Innovationsfunktion: 94%, Gesamt: 91%). Nur im ersten Untersuchungsabschnitt (1968-1977) wurden von den Landesregierungen etwas häufiger neue drogenpolitische Zielsetzungen formuliert (15%). Dieses könnte damit zusammenhängen – so die These –, dass sich bei grundlegend neuen Problemen (das Drogenproblem entstand Ende der 60er Jahre) zuerst die Regierung verantwortlich fühlt. Unten den Parteien sind es die GRÜNEN, die vergleichsweise viele neue Forderungen in die Landesparlamente eingebracht haben (48%); über die Hälfte stammen aber von den drei anderen Parteien zusammen (52%) (siehe Kapitel 4.9).

Diese Ergebnisse geben einen ersten empirischen Hinweis darauf, dass das Bild von den Landesregierungen, die neue Konzepte in der Drogenpolitik initiieren und diese dann den Landtagen zur Ratifizierung vorlegen, nicht zutreffend ist. Denn neue Drogenthemen werden in der Regel zuerst von den Parteien auf die politische Agenda in den Landtagen gehoben. Das werden auch weitere Analysen bestätigen (siehe unten).

Tabelle 4.6.2: Innovationsfunktion im Zeitverlauf, getrennt nach Akteuren (N=192)

Akteur	1968-1977	1978-1987	1988-1997	Gesamt
Landesregierung	15%	2%	2%	4%
Parteien	81%	98%	96%[a]	94%
Ausschüsse	4%	-	1%	1%
Andere	-	-	1%	1%
N	27	43	122	192

[a] Lesebeispiel: 96% aller neuen drogenpolitischen Zielsetzungen (Innovationsfunktion), die zwischen 1988 und 1997 in den Drucksachen formuliert worden sind, wurden von den Parteien eingebracht.

Selbst wenn der Akteur Landesregierung um die Regierungsfraktionen erweitert wird (= Regierungsmehrheit), ergibt sich, dass die meisten Drucksachen mit Innovationsfunktion aus der Feder der parlamentarischen Opposition stammen (69%) (siehe Tabelle 4.6.3). Nur ein knappes Drittel hat die Regierungsmehrheit eingebracht – hier vorwiegend die Regierungsfraktionen (86%). In der ersten Untersuchungsdekade war das Einbringerverhalten zwischen Regierungsmehrheit und Opposition hinsichtlich der Innovationsfunktion noch anders verteilt (77% zu 23%). Hierfür dürfte – wie schon erwähnt – das Entstehen eines neues Problemfeldes verantwortlich sein, auf das zuerst die (vermeintlich oder tatsächlich) zuständige Regierungsmehrheit mit politischen Vorschlägen reagiert. Seit der zweiten Hälfte der 70er Jahre ist aber die Wahrnehmung der Innovationsfunktion in der Drogenpolitik eine eindeutige Angelegenheit der Opposition. Dieser Befund wurde schon im vorangegangenen Kapitel festgestellt (siehe Kapitel 4.6).

Tabelle 4.6.3: Innovationsfunktion im Zeitverlauf, getrennt nach Regierungsmehrheit und Opposition (N=189)

Akteur	1968-1977	1978-1987	1988-1997	Gesamt
Regierungsmehrheit	77%	26%	22%[a]	31%
Opposition	23%	74%	78%	69%
N	26	43	120	189

[a] Lesebeispiel: 22% aller neuen drogenpolitischen Zielsetzungen (Innovationsfunktion), die zwischen 1988 und 1997 in den Drucksachen formuliert worden sind, wurden von der Regierungsmehrheit eingebracht.

Erstmalige Behandlung von Drogenthemen (auch im Vergleich zum Bundestag)

Es wurde schon dargelegt, dass während des gesamten 30jährigen Untersuchungszeitraumes neue drogenpolitische Forderungen von den Abgeordneten in den Landtagen erhoben worden sind – in einem Jahre mehr, in dem anderen weniger. Das „neu" bezieht sich hierbei darauf, dass die geforderte Maßnahme in dem politisch zuständigen Gebiet (in der Regel dem Bundesland) bisher nicht realisiert worden ist (siehe Kapitel 4.3). Das muss nicht unbedingt bedeuten, dass diese Forderung für die drogenpolitische Fachöffentlichkeit einen „Neuigkeitswert" besitzt. Denn es könnte sein, dass eine drogenpolitische Zielsetzung schon längere Zeit unter Fachleuten und Betroffenen diskutiert wird, die Parlamente dies aber politisch nicht aufgreifen. Deshalb soll im Folgenden der Zeitpunkt der erstmaligen Behandlung relevanter drogenpolitischer *Themen* und *Zielsetzungen* seit Beginn der 70er Jahre bestimmt werden, um zu prüfen, wie zeitnah die Landtage aktuelle Fragestellungen der Sucht- und Drogenhilfe behandeln.[136] Für diese empirische Überprüfung wurden beispielhaft die Themen Methadon, Heroinverschreibung, Designerdrogen und Gesundheitsräume ausgewählt.

Die Analyse zeigt, dass neue Behandlungsformen und Konsumtrends schon zu einem relativ frühen Zeitpunkt Eingang in die Landtagsdrucksachen finden. So wird die Methadonproblematik erstmals 1983 in einer Drucksache des Abge-

---

[136] Es kann nicht ausgeschlossen werden, dass die ausgewählten Themen und Zielsetzungen in anderen Landesparlamenten noch früher formuliert worden sind. Denn auch für diesen Analyseteil wurden nur die vier Landesparlamente von Berlin, Baden-Württemberg, Hamburg und Nordrhein-Westfalen einbezogen. Alles andere hätte einen unverhältnismäßigen Rechercheaufwand mit sich gebracht.

ordnetenhauses von Berlin angesprochen (Abgeordnetenhaus Berlin 1983),[137] und das Thema Heroinverschreibung taucht in einer Hamburger Parlamentsvorlage aus dem Jahre 1990 auf (Bürgerschaft Hamburg 1990) (siehe Schaubild 4.6.1). Auch bei den Designerdrogen (1991) und den Gesundheitsräumen (1991) wird eine zeitnahe Thematisierung fachlicher Fragestellungen sichtbar. Selbst wenn die 70er Jahre betrachtet werden, wird das frühzeitige Aufgreifen neuer Trends in der Drogenhilfe sichtbar. So wurden schon 1971 in der Hamburgischen Bürgerschaft die Einführung von Drogenhilfemaßnahmen im Strafvollzug angemahnt und 5 Jahre später im Landtag von Baden-Württemberg erstmals Modellprojekte zur ambulanten Abstinenztherapie gefordert (siehe weiter unten, Tabelle 4.6.4).

Das Aufkommen und die Konjunktur von Drogenthemen in den Landtagen verläuft damit im Großen und Ganzen analog zu den Diskussionen in der drogenpolitischen Fachöffentlichkeit (siehe Kapitel 2.2 und Kapitel 2.3). Die Zeitpunkte erstmaliger Thematisierung in den Landtagen liegen alle *vor* der Einführung der entsprechenden Maßnahmen im bundesdeutschen Drogenhilfesystem.

Schaubild 4.6.1: Zeitpunkt der erstmaligen Erwähnung neuer Hilfeformen bzw. neuer Konsumtrends in den Landtagen im Vergleich zum Bundestag

Landtage:
→Substitution→Heroinverschreibung→Designerdrogen→Gesundheitsräume→
(1983)   (1990)   (1991)   (1991)

Bundestag:
→Substitution→Heroinverschreibung→Designerdrogen→Gesundheitsräume→
(1986)   (1992)   (1993)   (1995)

Der zeitliche Vergleich zwischen den Landtagen und dem Deutschen Bundestag zeigt (anhand der vier ausgewählten Themen) weiter, dass neue drogenpolitische Entwicklungen den Bundestag erst zwei bis vier Jahre *später* erreichen als

---

[137] In einem Bericht des Senats über Maßnahmen zur Bekämpfung des Drogenmissbrauchs heißt es: „Die Behandlung mit Methadon sowie mit anderen Ersatzdrogen bleibt als inhumane Methode außerhalb konkreter Überlegungen, nicht zuletzt deshalb, weil die Ersatzdrogen das Ursachenpotential der Sucht nicht angreifen. Methadon ersetzt lediglich einen Suchtstoff durch den anderen. Das bedeutet, dass für die realen, der Suchtstruktur unterliegenden menschlichen Probleme durch das Methadon lediglich chemische Lösungen angeboten werden" (Abgeordnetenhaus Berlin 1983, S. 36/37).

die Landtage (Schaubild 4.6.1).[138] Beispielsweise wurde das Thema Substitutionstherapie für Drogenabhängige erst 1986 im Deutschen Bundestag behandelt – drei Jahre nach seiner erstmaligen Thematisierung in den Landtagen.[139] Auch dies ist ein Beleg für die innovative Funktion der Landesparlamente. Es bestätigt sich für die Drogenpolitik, was Greß und Huth (1998) generell vermuten, dass nämlich häufig neue politische Inhalte zuerst in den Landesparlamenten ‚getestet' werden, bevor sie im Bundestag vorgetragen werden. Der Landtag entwickelt hier schöpferische Ideen, die auf Experimentierfreude und Bürgernähe hindeuten.

Innovative Parteien

Wie schon erwähnt, haben die Landesregierungen nur wenige drogenpolitische Drucksachen eingebracht, die die Artikulationsfunktion erfüllen. Hierbei handelt es sich um insgesamt 8 Dokumente (4%, siehe oben). Es könnte nun sein, dass gerade in diesen Drucksachen überhaupt das erste Mal eine neue Forderung formuliert worden ist, so dass zwar die Landesregierungen insgesamt nur wenig drogenpolitische Aktivitäten entfaltet haben, aber in den wenigen Fällen die entscheidende Initialzündung für Reformprojekte gegeben haben. Dies könnte als ein wichtiger Beleg für die These angesehen werden, dass vor allem die Landesregierungen neue Ansätze in der Drogenpolitik entwickelt, vorangetrieben und durchgesetzt haben. Deshalb soll an dieser Stelle untersucht werden, von welchem Akteur erstmalig bestimmte neue Zielsetzungen im Landtag formuliert worden sind. Für diese empirische Überprüfung wurden insgesamt neun Zielsetzungen ausgewählt: Das sind einerseits die fünf dargestellten Fallbeispiele für das Spannungsverhältnis zwischen Bund und Ländern in der Drogenpolitik, also Spritzentausch, Methadonsubstitution, Heroingestützte Behandlung, Gesundheitsräume und die Entkriminalisierung von Cannabis (siehe Kapitel 2.3). Um auch ‚ältere' Forderungen mit einzubeziehen, wurde eine entsprechende Auswertung auch für die Zielsetzungen Hilfen im Strafvollzug, ambulante Abstinenztherapie, ambulanter Entzug sowie frauenspezifische Angebote vorgenommen.

---

[138] Für diesen zeitlichen Vergleich wurden die Sachregisterbände des Deutschen Bundestages nach entsprechenden Schlagwörtern ausgewertet (siehe Kapitel 4.1).
[139] Auch eine 1997 vorgenommene spezielle Auswertung von Parlamentsdokumenten zum Thema Ecstasy kommt zu dem Ergebnis, dass dieses Thema früher und umfassender in den Landtagen thematisiert worden ist als im Bundestag (Kalke und Michels 1999).

Es zeigt sich, dass 7 dieser 9 Zielsetzungen zuerst von den Parteien in den Landtagen vorgebracht worden sind (siehe Tabelle 4.6.4). Nur bei den Hilfen im Strafvollzug (1971) und der Heroingestützten Behandlung (1990) waren es die Landesregierungen, die diese Maßnahmen als erstes postuliert haben. Auch wenn der Träger einer erstmaligen Forderung mit in die Betrachtung einbezogen wird, muss das Bild vom „Ratifikationsorgan Landtag" korrigiert werden. Denn in den meisten Fällen sind es die Parteien, die als erstes neue Hilfeangebote fordern und eben nicht die Landesregierungen. So sind auch den Bundesratsinitiativen des Hamburger Senats zur Einführung einer geregelten Methadonbehandlung und zur rechtlichen Absicherung der Gesundheitsräume parlamentarische Forderungen von den GRÜNEN und der SPD in den Landtagen vorangegangen (siehe Tabelle 4.6.4). Bei der heroingestützten Behandlung war es dagegen die Hamburger Landesregierung selbst, die als erste diese Reformmaßnahme im Parlament artikulierte und nicht viel später einen entsprechenden Antrag in den Bundesrat einbrachte (siehe Kapitel 2.3).

Alle Parteien haben sich im Untersuchungszeitraum als „Vorreiter" in der Drogenpolitik betätigt: 3 erstmalige Forderungen entfallen auf die GRÜNEN, 2 auf die CDU und jeweils eine auf die SPD und die FDP (siehe Tabelle 4.6.4). Bei der Verteilung nach Landtagen wird deutlich, dass vor allem in der Hamburgischen Bürgerschaft viele Drogenreformen (5 von 9) schon zu einem frühen Zeitpunkt angemahnt worden sind. Für die Parlamente von Baden-Württemberg und Berlin konnten jeweils 2 Themen ermittelt werden, bei denen sie als Schrittmacher auftraten. Im Landtag von Nordrhein-Westfalen konnte ein solches innovatives Verhalten nicht festgestellt werden, nicht eine ‚Erst-Forderung' ging von dort aus (siehe Tabelle 4.6.4).

Tabelle 4.6.4: Erstmalige Forderung nach neuen drogenpolitischen Maßnahmen

Hilfemaßnahme	Jahr	Landesparlament	Akteur
Hilfen im Strafvollzug	1971	Hamburg	Landesregierung
Ambulante Abstinenztherapie	1976	Bad.-Württemb.	CDU
Frauenspezifische Angebote	1979	Berlin	FDP
Ambulanter Entzug	1987	Hamburg	CDU
Fallbeispiele Kapitel 2.3:			
Entkriminalisierung Cannabis	1981	Bad.-Württemb.	GRÜNE
Spritzentausch	1986	Berlin	GRÜNE
Methadonsubstitution	1987	Hamburg	GRÜNE
Heroingestützte Behandlung	1990	Hamburg	Landesregierung
Gesundheitsräume	1991	Hamburg	SPD

Ferner sei erwähnt, dass die Einführung von „Drug-Checking-Programmen" für sogenannte „Partydrogen" (z.B. Ecstasy) ebenfalls zuerst von den Parteien gefordert worden ist. Die PDS und die GRÜNEN verfolgen seit 1996 diese Zielsetzung im Berliner Abgeordnetenhaus. Eine entsprechende Gesetzesinitiative einer Landesregierung im Bundesrat steht dagegen bis heute aus (siehe Kapitel 2.3).

Selbst wenn die Landesregierungen um die sie tragenden Fraktionen erweitert werden, also mit dem Konzept von Regierungsmehrheit und Opposition gearbeitet wird, ergibt sich, dass die meisten der hier genannten Forderungen zuerst von der parlamentarischen Opposition in die Landesparlamente getragen worden sind (5 von 9: 3 mal GRÜNE, 1 mal FDP, 1 mal CDU (1987)).

Die Analyse des Einbringerverhaltens ergibt damit insgesamt, dass es in der überwiegenden Zahl der Fälle die (oppositionellen) Parteien sind, die neue drogenpolitische Inhalte in die Parlamente einbringen; sie sind es, die wichtige Akzente setzen, und nicht die Landesregierungen. Selbst wenn eine Landesregierung eine Bundesratsinitiative einbringt oder ein Landesprojekt startet, hat es fast immer – das zeigt die Analyse – einen *thematischen Vorlauf* in den Landtagen gegeben. Es kann deshalb von einer innovativen Drogenpolitik der Parteien gesprochen werden.

Als Ergebnisse dieses Analyseabschnittes können mehrere Aussagen festgehalten werden: Die Landtage besitzen eine Innovationsfunktion für die bundesdeutsche Drogenpolitik. Zwar hat der Stellenwert dieser Funktion über den Untersuchungszeitraum kaum zugenommen, aber es hat eine starke Veränderung der *Inhalte* der neuen Zielsetzungen gegeben. Dabei haben Forderungen, die den Abbau des Strafrechts („Entkriminalisierung") in der Drogenpolitik betreffen, deutlich an Gewicht gewonnen. Ferner wird bei der Analyse der innovativen Zielsetzungen deutlich, dass aktuelle Themen und Zielsetzungen der Drogenpolitik die Landtage in der Regel zwei bis vier Jahr früher erreichen als den Bundestag. Für diesen zeitlichen Vorsprung dürfte die räumliche Nähe der Abgeordneten zu den spezifischen Drogenproblemen des Landes verantwortlich sein. Die Landtage sind also drogenpolitisch auf der „Höhe der Zeit" und stellen einen Resonanzboden für aktuelle und strittige Themen aus dem Drogen- und Suchtbereich dar. Der Eindruck, dass die Landtage an der Entwicklung der Drogenreformpolitik der Bundesländer keinen Anteil haben, sondern dies vor allem ein Verdienst der Länderexekutiven ist, muss aufgrund der empirischen Befunde dieses Kapitels korrigiert werden.

4.7 Politikebene: Landespolitik im Vordergrund

Allgemeine Entwicklung

Möglicherweise verwundert es, dass sich – wie dargestellt (siehe Kapitel 4.3) – die Landtage in zunehmenden Maße mit drogenpolitischen Fragestellungen beschäftigen, obwohl sie in diesem Bereich kaum eigene Kompetenzen besitzen. Dies könnte aber darauf zurückzuführen sein, dass in den Landtagen verstärkt *bundespolitische* Kontroversen aufgenommen werden. Ebenfalls könnte es sein, dass die Abgeordneten immer öfter *lokale* bzw. *regionale* Drogenprobleme in die Parlamente tragen.[140]
Beide Annahmen werden aber durch die empirische Auswertung widerlegt. Diese zeigt, dass sich die Landtage ganz überwiegend mit drogenpolitischen Themen beschäftigen, für die sie zuständig sind bzw. sich verantwortlich fühlen (91%, Mehrfachnennung) (siehe Tabelle 4.7.1). Nur in 9% der Fälle werden in

---

[140] Auch von der Hamburgischen Bürgerschaft wurde vermutet, dass sie sich – bezogen auf alle Tätigkeiten – zu einem großen Teil mit lokalen Angelegenheiten der Bezirke befasst. Einer empirischen Überprüfung hielt diese Annahme jedoch nicht stand (Raschke und Kalke 1994).

den Drucksachen Bundesaspekte angesprochen,[141] 8% betreffen den kommunalen Bereich. Obwohl die Drogenproblematik eine stark internationale Komponente besitzt, spielt dieses eine noch unbedeutendere Rolle in den Landtagen (4%).[142] Nur sehr wenige Drucksachen beziehen sich auf andere Bundesländer (3%) (siehe Tabelle 4.7.1).

Diese Verteilung der Drucksachen nach ihrer Politikebene kann in der Weise interpretiert werden, dass sich die Landtage drogenpolitische „Verantwortlichkeiten" angeeignet haben (z.B. bei der Komplementärfinanzierung von Beratungsstellen, freiwilligen Leistungen), ohne dass es hierfür formal-rechtliche Festlegungen gibt. Es zeigt sich, dass Drogenpolitik auf der Landtagsebene zu einem Großteil historisch gewachsene, eher informelle Regelungen betrifft. Dies kann wiederum als Ausdruck eines lebendigen Landesparlamentarismus gewertet werden, der flexibel auf gesellschaftliche Anforderungen reagiert.

Tabelle 4.7.1: Politikebene der drogenbezogenen Drucksachen (N=1.230, Mehrfachnennung)

Politikebene	
Land	91%
Bund	9%
Andere Bundesländer	3%
Kommunales	8%
Internationales	4%

An der überwiegenden Beschäftigung mit Landesangelegenheiten hat sich während des 30jährigen Untersuchungszeitraumes so gut wie nichts geändert. Die prozentuale Verteilung der verschiedenen Politikebenen in der Drogenpolitik ist über die Jahre sehr konstant geblieben (siehe Tabelle 4.7.2). Auch die Annahme, dass im Zuge der Politikverflechtung die Behandlung von Themen des Bundes bzw. Angelegenheiten anderer Bundesländer in den Landtagen eine immer größere Bedeutung erhalten hat, bestätigt sich in der empirischen Aus-

---

[141] Es könnte sein, dass in der parlamentarischen Debatte über Anträge oder Große Anfragen, die sich nach dem Beschlussentwurf und Erläuterungstext bzw. angemeldetem Thema inhaltlich mit der Landesdrogenpolitik beschäftigen, auch bundespolitische Aspekte angesprochen werden, so dass die Bundesebene in dem drogenpolitischen Geschehen der Landtage eine größere Relevanz besitzt als es sich nach der Analyse der Drucksachen darstellt. Eine Auswertung der Plenarprotokolle hätte aber den Rahmen dieser Arbeit gesprengt.
[142] Beispielsweise wird der Aspekt von Produktionsalternativen in den Drogen-Anbauländern nur in zwei Drucksachen angesprochen.

wertung nicht; im Gegenteil: Der Anteil drogenpolitischer Drucksachen mit Bezug zum Bund war früher (1968-1977) sogar leicht höher (12%, siehe Tabelle 4.7.2). Dieses kann damit erklärt werden, dass es zu Beginn der 70er Jahre in den Landesparlamenten häufiger um mit der Bundesgesetzgebung verknüpfte Strafrechts-Fragen ging, vor allem durch die Neufassung betäubungsmittelrechtlicher Bestimmungen im BtMG, das das alte Opiumgesetz aus den 20er Jahren ablöste (siehe Kapitel 2.2). So betrug in den Jahren 1970 und 1971 der Anteil von behandelten Drucksachen mit Bundesbezug 22% bzw. 17%. Die BtMG-Novellierungen von 1982 und 1992 verursachten dagegen in den Landtagen keine erhöhte ‚Produktion' von drogenbezogenen Drucksachen, die die Bundesebene betrafen.

Tabelle 4.7.2: Politikebene im Zeitverlauf (N=1.230, Mehrfachnennung)

Politikebene	1968-1977	1978-1987	1988-1997
Land	91%	90%	92%
Bund	12%	6%[a]	9%
Andere Bundesländer	1%	4%	3%
Kommunales	7%	8%	8%
Internationales	3%	4%	4%
N	200	275	755

[a] Lesebeispiel: 6% aller drogenpolitischen Drucksachen, die zwischen 1978 und 1987 eingebracht worden sind, betreffen die Bundesebene.

Ein ständiges ‚Sich-Einmischen' der Landesparlamente in die Bundesdrogenpolitik bzw. in die Bundesratsarbeit ihrer Landesregierungen kann demnach nicht diagnostiziert werden. Dieser Sachverhalt könnte aber auch in einem negativen Sinne gedeutet werden, dass nämlich die Landtage die Bundes(rats)politik der Landesregierungen nicht ausreichend kontrollieren.
Auch der Anteil an drogenpolitischen Drucksachen, die internationale Fragen behandeln, hat sich seit 30 Jahren nicht verändert. Diese Vorgänge sind gleichbleibend bedeutungslos (3% bis 4%, siehe Tabelle 4.7.2). Es wäre zu erwarten gewesen, dass sich die „Europäisierung" der Drogenpolitik[143] der letzten Jahre auch in den Landtagen niedergeschlagen hat. Das ist aber – gemessen an der Anzahl der Drucksachen – nicht der Fall.

---

[143] Siehe hierzu im Einzelnen den letzten Jahresbericht (1999) der Europäischen Beobachtungsstelle für Drogen und Drogensucht (European Monitoring Centre for Drugs and Drug Addiction 1999).

Von Anfang an haben sich die Landtage, wenn sie sich mit Drogenpolitik beschäftigt haben, in der Regel um Angelegenheiten mit Landesbezug gekümmert – ob mit oder ohne formale Zuständigkeit. Dies könnte dadurch bewirkt worden sein, dass von außen entsprechende Anfragen und Wünsche (z.B. von betroffenen Bürgern, Interessenverbänden oder Hilfeeinrichtungen) an die Landesparlamentarier in einem sich neu formierenden Politikfeld herangetragen worden sind, in dem die Zuständigkeitsverteilung noch nicht klar geregelt war. In der Folgezeit ist dann ein solch komplexes Kompetenzsystem entstanden (siehe Kapitel 2.1), das selbst für Betroffene, Interessierte und Experten nur schwer zu durchschauen war und deshalb (weiterhin und verstärkt) bei Informationsbedarf und für die Interessenartikulation der einfachere Weg über die Landesparlamentarier gewählt worden ist.

An dieser Stelle soll kurz auf einen interessanten Unterschied zwischen Stadtstaaten und Flächenländern aufmerksam gemacht werden: In den Landesparlamenten von Baden-Württemberg und Nordrhein-Westfalen spielen drogenpolitische Drucksachen mit Bezug zur Bundes- und kommunalen Ebene eine größere Rolle als in den Großstädten Berlin und Hamburg.[144] Während bei den Staatenstaaten Drucksachen, die sich auf den Bund bzw. einen Bezirk beziehen, die Ausnahme sind (in 4% bzw. 5% der Fälle), kommt dies bei den Flächenländern zumindest gelegentlich vor (16% bzw. 13%) (siehe Tabelle 4.7.3).
Bei der kommunalen Ebene dürfte sich diese Erscheinung dadurch erklären, dass die Stadtstaaten gleichzeitig eine Großkommune bilden und sich deshalb typische Themen der kommunalen Drogenpolitik häufiger unter „Landesangelegenheiten" wiederfinden als in den Flächenländern (Raschke und Kalke 1994). Erklärungsbedürftig bleibt jedoch der höhere Anteil an Drucksachen mit Bundesbezug bei den Parlamenten der Flächenländer. Trotz der erwähnten Unterschiede muss aber noch einmal deutlich konstatiert werden, dass in allen Landesparlamenten – sowohl in denen der Stadtstaaten als auch in denen der Flächenländer – mit klarem Vorsprung die drogenpolitischen Drucksachen dominieren, die das eigene Bundesland betreffen.

---

[144] Zwischen den Landesparlamenten von Hamburg und Berlin bestehen bei der Politikebene keine Unterschiede. Das Gleiche gilt für die Landtage von Baden-Württemberg und Nordrhein-Westfalen. Deshalb wurde hier die Ebene des Vergleichs zwischen Stadtstaaten und Flächenländern gewählt.

Tabelle 4.7.3: Politikebene nach Stadtstaaten und Flächenländern (N=1.230, Mehrfachnennung)

Politikebene	Stadtstaaten	Flächenländer
Land	96%	84%
Bund	4%	16%[a]
Andere Bundesländer	3%	4%
Kommunales	5%	13%
Internationales	2%	7%
N	726	504

[a] Lesebeispiel: 16% aller drogenpolitischen Drucksachen, die in die Landtage der Flächenländer eingebracht worden sind, betreffen die Bundesebene.

Politikebene nach Themen

Wie schon erwähnt, werden relativ selten internationale Aspekte in den drogenpolitischen Drucksachen der Landtage behandelt. Wenn dies aber geschieht, betrifft dies (vergleichsweise) häufig komplexere Vorlagen, in denen mehr als nur ein Thema angesprochen wird (64%). Dies dürfte mit der Vielschichtigkeit internationaler Drogenpolitik zu tun haben. Das zeigt Tabelle 4.7.4, die die Anzahl der Themen und die Politikebene miteinander in Verbindung bringt. Danach befassen sich die Drucksachen mit internationalem Bezug im Durchschnitt mit 2,1 Themen. Auf den gleichen Wert kommen zwar auch die Dokumente, die die Bundesebene berühren, bei ihnen behandeln aber über die Hälfte nur ein Thema (52%) (siehe Tabelle 4.7.4). Insgesamt betrachtet weichen die Durchschnittswerte von allen fünf politischen Ebenen nicht weit voneinander ab, nur hinsichtlich des relativen Anteils der „Ein-Themen-Drucksachen" gibt es bei „Internationales" die genannte Besonderheit. Die allermeisten drogenpolitischen Drucksachen behandeln demnach einen klar umrissenen und überschaubaren Gegenstand, unabhängig davon, welche Politikebene sie betreffen.[145]

---

[145] Wird die gleiche Auswertung nach den *drogenpolitischen Zielsetzungen* vorgenommen, zeigen sich noch weniger Abweichungen. Auf allen Ebenen dominieren die Drucksachen mit einer Zielsetzung. Deshalb wird an dieser Stelle auf eine tabellarische Darstellung verzichtet.

Tabelle 4.7.4: Anzahl von Themen in den drogenpolitischen Drucksachen nach Politikebene (N=1.230, Mehrfachnennung)

Anzahl Themen	Land	Bund	Andere B-Länder	Kommu- nales	Internatio- nales
1	57%	52%	64%	63%	36%
2	25%	24%	21%	19%[a]	41%
3-5	15%	17%	15%	17%	19%
6-11	3%	7%	-	1%	4%
Ø-Wert	1,8	2,1	1,6	1,7	2,1
N	1119	109	39	98	47

[a] Lesebeispiel: 19% aller Drucksachen, die die kommunale Ebene betreffen, behandeln jeweils zwei Themen.

Wird weiter gefragt, ob bei den fünf Themengebieten (Hilfe, Prävention, Strafe, Konsum, Forschung) hinsichtlich der Politikebene Unterschiede vorhanden sind, ob also bestimmte Inhalte eine Ebene mehr betreffen als andere, ergibt sich das folgende Bild: In allen Themenbereichen überwiegen eindeutig die Drucksachen, die sich auf das Bundesland beziehen (siehe Tabelle 4.7.5). Die Bereiche Strafe und Forschung weisen einen überdurchschnittlichen Anteil von Drucksachen mit Bundesbezug auf (13% bzw. 14%). Dieses ist kein überraschender Befund, da der Bund in der Drogenpolitik über die meisten strafrechtlichen Kompetenzen verfügt (BtMG) und er auch – im Vergleich zu den Ländern – häufiger Forschungsprojekte im Suchtbereich finanziert. Auf diese Zuständigkeiten beziehen sich die Abgeordneten in den Landtagen gelegentlich. In fast allen Themengebieten weisen die kommunale Aspekte ähnliche Anteile auf, die zwischen 7% und 10% liegen (Ausnahme Forschung: keine Nennung). In den Bereichen Konsum und Forschung fällt auf, dass hier vergleichsweise häufiger internationale Gesichtspunkte behandelt werden (13% bzw. 11%) (siehe Tabelle 4.7.5). Auch hierfür gibt es eine Erklärung: Wenn beispielsweise epidemiologische Daten abgefragt oder Informationen über die Schädlichkeit von neuen Drogen eingeholt werden, bezieht sich das gelegentlich auch auf andere Staaten oder den internationalen Kenntnisstand, und wenn die Stärkung von Forschungsstrukturen und -aktivitäten gefordert wird, kann das die europäische Ebene mit einschließen. Insgesamt werden aber nur wenig Unterschiede deutlich, wenn die Politikebenen nach den Themenbereichen sortiert werden.

Tabelle 4.7.5: Politikebene nach Themen (N=1.230, Mehrfachnennung)

Politikebene	Hilfe	Prävention	Strafe	Konsum	Forschung
Land	91%	95%	90%	87%	100%
Bund	7%	8%	13%[a]	8%	14%
Andere Bundesländer	3%	-	5%	3%	5%
Kommunales	9%	7%	8%	10%	-
Internationales	2%	1%	5%	11%	13%
N	634	182	492	141	63

[a] Lesebeispiel: 13% aller drogenpolitischen Drucksachen, die das Thema Strafe behandeln, betreffen die Bundesebene.

Politikebene nach Parlamentsfunktion

Im Kontext der Fragestellung dieser Untersuchung soll im Folgenden einem möglichen Zusammenhang zwischen Politikebene und Parlamentsfunktion nachgegangen werden. Die Frage lautet, ob mit bestimmten Funktionen bestimmte politische Ebenen in der Drogenpolitik angesprochen werden. So könnte beispielsweise vermutet werden, dass sich die Kontrollfunktion vor allem auf Landesangelegenheiten bezieht, weil mit ihr das Handeln der Exekutive überwacht wird. Bei der Öffentlichkeitsfunktion wiederum könnte die Annahme formuliert werden, dass hier vergleichsweise häufig auch Angelegenheiten thematisiert werden, die nicht zum unmittelbaren Zuständigkeitsbereich des Landtages gehören, die aber wegen ihrer überregionalen Relevanz für die Medien und die Öffentlichkeit von Interesse sind.

Die empirische Auswertung zeigt jedoch, dass sich die Parlamentsfunktionen so gut wie nicht nach den Politikebenen ausdifferenzieren. Mit allen Funktionen werden ganz überwiegend Landesangelegenheiten angesprochen; es liegen überall relative Anteile von 90% und mehr vor (siehe Tabelle 4.7.6).[146] Es gibt nur eine einzige bemerkenswerte Abweichung, die darin besteht, dass die Innovationsfunktion sich überdurchschnittlich häufig auf die Bundesebene bezieht (17%). Hier kommt die Vorreiterrolle der Landesparlamente in der Drogenpolitik zum Ausdruck. Denn die Einführung von neuen Maßnahmen in der Drogenhilfe, wie z.B. Gesundheitsräume oder die heroingestützte Behandlung, betrifft

---

[146] Die Gesetzgebungsfunktion kann hier wegen ihrer geringen Fallzahl außer Acht gelassen werden.

häufig Bundesgesetze, die geändert werden müssen, um diese im Land realisieren oder rechtlich absichern zu können.

Tabelle 4.7.6: Politikebene nach Parlamentsfunktion (N=1.230, Mehrfachnennung)

Politikebene	Gesetz-gebung	Artikulation	Kontrolle	Öffentlichkeit	Information	Innovation
Land	100%	92%	90%	93%	90%	91%
Bund	-	9%	9%[a]	10%	9%	17%
And. B-Länder	50%	3%	3%	3%	4%	5%
Kommunales	-	7%	9%	6%	9%	5%
Internationales	-	3%	4%	4%	6%	4%
N	6	873	793	565	524	192

[a] Lesebeispiel: 9% aller drogenpolitischen Drucksachen, die der Kontrollfunktion zugeordnet werden können, betreffen die Bundesebene.

Politikebene nach Akteur

Die Analyse der Politikebene nach den einbringenden Akteuren ergibt, dass sich alle Akteure mit Abstand am häufigsten in den Drucksachen mit Drogenthemen beschäftigen, die Landesbezug haben. Die Ausschüsse tun das ausschließlich (100%), sie sprechen in ihren Dokumenten keine andere politische Ebene an (siehe Tabelle 4.7.7). Hierbei ist aber die geringe Fallzahl zu beachten, die nur sehr eingeschränkte Aussagen für die Ausschüsse und die „anderen Akteuren" zulässt. Bei den letztgenannten sind deshalb auch aus den Werten für „Kommunales" (12%) und „Internationales" (18%) keine fundierten Schlüsse abzuleiten. Es fällt auf, dass die Landesregierungen die Akteure sind, die in ihren drogenpolitischen Drucksachen noch am häufigsten bilaterale Angelegenheiten mit anderen Bundesländern behandeln (11%). Hierbei geht es meistens um gemeinsam von Bundesländern betriebene Entzugseinrichtungen oder Anstalten für drogenabhängige Straftäter. Themen mit Bundesbezug kommen bei den Parteien und bei den Landesregierungen in etwa gleich oft vor: Jede zehnte von ihnen eingebrachte Drucksachen bezieht sich auf diese Politikebene (siehe Tabelle 4.7.7).

Tabelle 4.7.7: Politikebene nach Akteur (N=1.230, Mehrfachnennung)

Politikebene	Parteien	Landesregierung	Ausschüsse	Andere
Land	90%[a]	99%	100%	88%
Bund	9%	10%	-	-
Andere Bundesländer	3%	11%	-	-
Kommunales	9%	1%	-	12%
Internationales	4%	-	-	18%
N	1121	71	21	17

[a] Lesebeispiel: 90% aller drogenpolitischen Drucksachen, die von den Parteien eingebracht worden sind, betreffen die Landesebene.

Wenn die verschiedenen Politikebenen nach Regierungsmehrheit und Opposition klassifiziert werden, ergeben sich ebenfalls kaum nennenswerte Unterschiede. Selbst die Annahme, dass die Fraktionen, die sich in der Opposition befinden, häufiger Bundesangelegenheiten thematisieren als die Regierungsparteien, weil diese über die Landesregierung ihre bundespolitischen Interessen in die bestehenden Bund-Länder-Strukturen einspeisen können, bestätigt sich in der Drogenpolitik nicht. Die Regierungsmehrheit spricht in ihren Drucksachen sogar etwas häufiger Bundesthemen an als die parlamentarische Opposition (12% zu 8%). Die Thematisierung von bundesweiten Drogenthemen durch die Landtagsakteure geschieht demnach relativ unabhängig davon, ob sie sich in der Landesregierung oder in der Opposition befinden. Dagegen bestehen bei den einzelnen Parteien (CDU, SPD, FDP, GRÜNE) beim Untersuchungskriterium „Politikebene" einige Besonderheiten, die im Kapitel 4.9 dargestellt werden. Hierbei zeigt sich dann beispielsweise, dass es Parteien gibt, die häufiger drogenpolitische Themen mit Bundesbezug in die Landtage einbringen, wenn sie sich in Opposition zur Bundesregierung befinden.

Politikebene nach Dokumententyp

Es könnte vermutet werden, dass es einen Zusammenhang zwischen der Politikebene und dem eingesetzten parlamentarischen Instrument (Dokumententyp) gibt; dass beispielsweise die Form eines Antrags gewählt wird, um eine konkrete Forderung an das Land zu formulieren, während ein Drogenthema mit überregionaler oder bundespolitischer Bedeutung vergleichsweise häufig mit einer

Großen Anfrage öffentlich thematisiert wird. Auch in der politikwissenschaftlichen Literatur lassen sich dazu einige Aussagen finden, vor allem zur Kleinen Anfrage. So ist nach Greß und Huth (1998) dieser Dokumententyp ein geeignetes Instrument für den einzelnen Abgeordneten, lokale Angelegenheiten seines Wahlkreises aufzugreifen. Die „erhebliche Drucksachenflut" der letzten Jahre wird deshalb auch darauf zurückgeführt, dass die Abgeordneten vermehrt lokale Ereignisse mit Kleinen Anfragen in die parlamentarische Arbeit einbringen würden. Ein solches Verhaltensmuster wird vor allem denjenigen Angeordneten zugeschrieben, die von der Debatte und der „großen Öffentlichkeit" weitgehend ausgeschlossen sind. Diese versuchten, sich mit ihren zahlreichen Anfragen zu örtlichen oder regionalen Problemen zu profilieren. Den Landesparlamenten drohe so die Gefahr, „auf das Niveau von Gemeindevertretungen und Kreistagen abzusinken, während andere wichtige landespolitische Aufgaben nur unzureichend wahrgenommen werden" (Greß und Huth 1998: 87).[147]

In dieser Untersuchung wurde diese These empirisch überprüft – mit dem Ergebnis, dass sie für den Bereich der Drogenpolitik in dieser pauschalen Form nicht zutrifft. Die Tabelle 4.7.8 zeigt, dass die Schriftliche Kleine Anfrage zwar den relativ höchsten Anteil an Drucksachen mit kommunalem Bezug besitzt (10%). Sie weicht aber nicht wesentlich vom prozentualen Wert des Antrages (8%) ab. Die Mündliche Anfrage kommt auf einen Anteil von 5%. Es kann von daher nicht behauptet werden, dass die Kleinen Anfragen vorwiegend genutzt werden, um lokale Drogenthemen aufzugreifen. Es ist jedoch zu berücksichtigen, dass – in absoluten Zahlen gesprochen – immerhin 66 drogenpolitische Anfragen lokale oder regionale Themen zum Inhalt hatten. Diese Anfragen haben also in einem gewissen Maße zu einem Anwachsen der Kleinen Anfragen insgesamt beigetragen. Von einem großflächigen „Missbrauch" dieses Instrumentes in der Drogenpolitik kann aber nicht gesprochen werden.

Die Auswertung nach Dokumententyp ergibt ferner, dass in allen Dokumententypen zu 90% und mehr drogenpolitische Themen des Landes behandelt werden (siehe Tabelle 4.7.8). Jede fünfte Große Anfrage befasst sich mit einem drogenpolitischen Thema des Bundes (20%). Damit weist dieser Dokumententyp den

---

[147] Auch Hesse und Ellwein (1997) behaupten, dass Anfragen zunehmend genutzt werden, um lokale Angelegenheiten im Parlament zu thematisieren und örtliche Wünsche in die zuständige Ministerialverwaltung zu transportieren. Den inflationären Gebrauch der Kleine Anfragen werten die beiden Politikwissenschaftler insgesamt als einen „Abwertungsvorgang", denn die Medienvertreter würden allerhöchstens noch diejenigen Anfragen zur Kenntnis nehmen, die vom Fraktionsvorstand eingereicht werden. Deshalb kommen die beiden zu dem Schluss, dass „sich die massierte Kontrolle bei näherem Zusehen als eine spezifische Form der Flucht aus der Öffentlichkeit darstellt" (Hesse und Ellwein 1997, S. 266).

höchsten Prozentwert bei dieser Ebene auf. Hierbei ist jedoch die geringe Anzahl Großer Anfragen (20) zu beachten und vor Überinterpretation zu waren. Es könnte jedoch sein, wie oben schon als These formuliert, dass sich die Große Anfrage als parlamentarisches Instrument anbietet, um öffentlichkeitswirksam in einem Landtag über ein Thema mit bundespolitischer Bedeutung zu diskutieren. Der Antrag stellt sich – entgegen der obigen Vermutung – nicht als ein Instrument dar, mit dem in besonderer Weise Landespolitik erörtert wird. Auch beim Bericht sind keine Besonderheiten vorhanden. Der Gesetzesentwurf wird hier nur der Information halber aufgelistet; es gelten für ihn die schon genannten methodischen Einschränkungen.

Tabelle 4.7.8: Politikebene nach Dokumententyp (N=1.230, Mehrfachnennung)

Politikebene	Antrag	Schriftl. Anfrage	Mündl. Anfrage	Große Anfrage	Bericht	Gesetzesentwurf
Land	91%	90%	93%	100%	99%	100%
Bund	9%	8%	10%[a]	20%	10%	-
And. B-Länder	3%	3%	-	5%	6%	50%
Kommunales	8%	10%	5%	-	1%	-
Internationales	4%	4%	6%	5%	-	-
N	360	665	108	20	71	6

[a] Lesebeispiel: 10% aller Mündlichen Anfragen betreffen Bundesangelegenheiten.

Insgesamt zeigt die Analyse nach Politikebene, dass sich die Landtage mit den drogenpolitischen Fragestellungen und Themen beschäftigen, für die sie auch formal zuständig sind bzw. bei denen eine „informelle" Zuständigkeit historisch gewachsen ist. Weder die Verabschiedung von Resolutionen und Appellen an den Bundesgesetzgeber noch die Beschäftigung mit kommunalen Angelegenheiten spielen eine große Rolle in der Drogenpolitik der Landesparlamente. Die These vom „inflationären Gebrauch" der Kleinen Anfrage für kommunale Themen bestätigt sich für das Politikfeld „Illegale Drogen" nicht. Die Parlamentsfunktionen unterscheiden sich hinsichtlich der Politikebene nicht; nur mit der Innovationsfunktion werden vergleichsweise häufig Bundesthemen angesprochen. Das entspricht dem Charakter dieser Parlamentsfunktion, Themen in den Landtagen anzustoßen und gleichzeitig die Veränderung rechtlicher Rahmenbedingungen auf der Bundesebene einzufordern.

4.8 Themen der Landtage: Föderative Vielfalt

Methodische Vorbemerkung

Für die vorliegende Untersuchung wurden nach bestimmten Kriterien (z.B. Flächenland versus Stadtstaat) vier Landesparlamente ausgewählt, die in einem gewissen Maße repräsentativ für die Drogenpolitik der westdeutschen Landtage insgesamt stehen (siehe Kapitel 4.1). Bei den vorangegangenen Analysen wurden deshalb diese vier Landtage in der Regel zusammen betrachtet. In diesem Analyseschritt sollen nun die vier Landtage miteinander verglichen werden, um weitere Erkenntnisse über die bundesdeutsche Drogenpolitik zu gewinnen. Es sollen dabei Aussagen über Gemeinsamkeiten und Unterschiede der vier Landesparlamente in der Drogenpolitik getroffen werden. Ein solcher institutioneller Vergleich bietet Chancen, er kennt aber auch seine immanenten Grenzen; es können Aussagen „mittlerer Reichweite" formuliert werden (Plöhn 1995).
In dieser Arbeit sollen also sowohl verallgemeinerbare Aussagen für alle Landtage formuliert als auch vertiefende Erkenntnisse über einzelne Landtage gewonnen werden. Das erste betrifft insbesondere die Analyse der Parlamentsfunktionen, da hier große Gemeinsamkeiten zwischen den Landtagen bestehen (siehe unten), die noch einmal die Validität dieses methodischen Ansatzes unterstreichen.

Allgemeine Informationen zu den vier Landtagen

Der Parlamentarismus in den vier untersuchten Bundesländern kann als einkammeriger Parlamentarismus bezeichnet werden.[148] Er ist damit einfacher konstruiert als jener des Bundes, der mit dem Bundesrat eine zweite „Länderkammer" kennt. Die Bundesländer unterscheiden sich hinsichtlich der Dauer der Wahlperiode, der Anzahl der Abgeordnetensitze und des Parteiensystems voneinander. Dies zeigt Tabelle 4.8.1, die Daten der Landtage aus der jeweils letzten vollständig erfassten Legislaturperiode präsentiert. Die Dauer der Wahlperiode beträgt entweder vier oder fünf Jahre, die Anzahl der Abgeordneten liegt zwischen 146 und 239, und die jeweiligen Parteiensystem umfassen vier oder fünf Parteien (siehe Tabelle 4.8.1). Anzumerken ist außerdem, dass die Landes-

---

[148] Dies ist mit Ausnahme Bayerns in allen Bundesländern der Fall. Aber auch im Freistaat Bayern wird nach einem Volksentscheid von 1998 die zweite Kammer, der Senat, abgeschafft.

parlamente in den Stadtstaaten Berlin und Hamburg teilweise die Funktion von kommunalen Volksvertretungen wahrnehmen, wie auch die Analyse nach der Politikebene gezeigt hat (siehe Kapitel 4.7).

Tabelle 4.8.1: Grunddaten zu den untersuchten Landtagen*

Landtag	Dauer Wahlperiode	Anzahl Abgeordnetensitze	Parteien-System
Baden-Württemberg	4 Jahre	146	CDU, SPD, GRÜNE, FDP, REP
Berlin	5 Jahre	241	CDU, SPD, GRÜNE, PDS, FDP
Hamburg	4 Jahre	120	SPD, CDU, GRÜNE, STATT-Partei
Nordrhein-Westfalen	5 Jahre	239	SPD, CDU, GRÜNE, FDP

* Die Angaben beziehen sich jeweils auf die letzte vollständig erfasste Wahlperiode.

In den meisten Verfassungen der deutschen Bundesländer sind – wie schon dargestellt (siehe Kapitel 3.2) – auch Ausführungen über die Stellung und Funktionen des jeweiligen Landtages enthalten. Hierbei gibt es abweichende Verfassungsartikel bei den vier untersuchten Länderparlamenten: In der Verfassung von Baden-Württemberg wird die Gesetzgebungs- und Kontrollfunktion des Landtages explizit genannt (Art. 27). In den Verfassungen der Stadtstaaten Hamburg und Berlin fehlt ein solcher Hinweis, dafür wird die Opposition als notwendiger Bestandteil der parlamentarischen Demokratie erwähnt (Art. 23a bzw. Art. 25). In Hamburg ist darüber hinaus das Recht, Kleine und Große Anfragen zu stellen, in der Verfassung verankert (Art. 24). Die nordrhein-westfälische Verfassung enthält keine speziellen Aussagen zu den parlamentarischen Funktionen des Landtages (Verfassungen 1995). Unterschiede in der parlamentarischen Praxis, die direkt auf diese uneinheitlichen Verfassungsregelungen zurückzuführen sind, sind jedoch nach den Erkenntnissen dieser Untersuchung nicht festzustellen, z.B. führt die explizite Erwähnung des Rechtes, Anfragen zu stellen, nicht dazu, dass in Hamburg die Kontrollfunktion stärker ausgeübt wird als in den anderen Landtagen (siehe unten). Die Ergebnisse dieser Arbeit sprechen aber dafür – darauf sei auch an dieser Stelle noch einmal hingewiesen –, die umfassend von den Landtagen wahrgenommenen Kontroll-,

Artikulations- und Öffentlichkeitsfunktionen in die Länderverfassungen aufzunehmen, wie dies schon in Schleswig-Holstein der Fall ist (siehe Kapitel 3.2).

Entwicklung der drogenbezogenen Drucksachen in den Landtagen

Eine Zunahme von drogenbezogenen Drucksachen hat im Untersuchungszeitraum in allen vier Landtagen stattgefunden, wenn auch in unterschiedlichem Ausmaß. Danach wurden im Zeitraum 1988-1997 besonders viele drogenbezogene Drucksachen eingebracht. Dies zeigt Tabelle 4.8.2, die die prozentuale Zusammensetzung der Drucksachen nach ihrer zeitlichen Entwicklung (10-Jahresabschnitte) für jeden Landtag ausweist. Dabei ragt vor allem die Hamburger Bürgerschaft heraus, bei der beinahe 80% aller drogenpolitischen Drucksachen aus der letzten Untersuchungsdekade stammen (siehe Tabelle 4.8.2). Seit Mitte der 80er Jahre ist es hier zu einem explosionsartigen Anstieg von Drucksachen zum Thema Drogen gekommen. Das trifft ebenso (wenn auch in etwas abgeschwächter Form) für die Landtage von Baden-Württemberg und Nordrhein-Westfalen zu.

Im Berliner Abgeordnetenhaus ist dagegen eine solch extreme Zunahme für die letzten 10 Jahre nicht feststellbar (siehe Tabelle 4.8.2). Dieses könnte damit zusammenhängen, dass seit 1991 eine Große Koalition von SPD und CDU in Berlin regiert, die sich in drogenpolitischen Fragen häufig selbst blockiert, da unterschiedliche Auffassungen vorherrschen. Zudem war das Berliner Abgeordnetenhaus seit 1990 in der ehemals „geteilten Stadt" in ganz besonderer Weise mit der Bewältigung der deutschen Einheit beschäftigt, so dass möglicherweise drogenpolitische und andere Themen „zweiten Ranges" (siehe Kapitel 4.3) etwas an den Rand gedrängt worden sind.

Tabelle 4.8.2: Entwicklung drogenpolitischer Drucksachen nach Landtagen (N=1.230)

Dekade	Baden-Württemberg	Berlin	Hamburg	Nordrhein-Westfalen
1968-1977	21%	19%	8%	22%
1978-1987	23%[a]	38%	13%	17%
1988-1997	56%	43%	79%	61%
N	351	305	421	153

[a] Lesebeispiel: 23% aller drogenbezogenen Drucksachen, die in den Landtag von Baden-Württemberg eingebracht worden sind, stammen aus dem Zeitraum 1978-1987.

In den einzelnen Landtagen gab es Jahre, in denen besonders viele drogenbezogene Drucksachen formuliert worden sind, die auf landesspezifische Ereignisse zurückzuführen sind. So wurden beispielsweise 1977 im Berliner Abgeordnetenhaus (vergleichsweise) viele drogenpolitische Drucksachen eingebracht (N=19), die sich vorwiegend mit der Konzeption, Struktur und Finanzierung einzelner Suchthilfeeinrichtungen beschäftigten. 1981 gab es verstärkte Aktivitäten im Landtag von Baden-Württemberg (N=21); dabei wurde wiederholt ein Nachholbedarf im Hilfesystem festgestellt und der Ausbau entsprechender Angebote verlangt.

Diese ‚Ausreißer' haben aber die statistische Analyse nicht derart beeinflusst, dass es zu Verzerrungen gekommen ist, etwa in dem Sinne, dass die besonderen Aktivitäten in einigen Jahren die Anzahl drogenpolitischer Drucksachen insgesamt bestimmt haben. Diese Jahre mit überdurchschnittlich vielen Drucksachen in einzelnen Landtagen zeigen vielmehr, dass die Abgeordneten in der Lage sind, aktuelle drogenpolitische Problemstellungen des Landes in ihrem Handeln aufzugreifen und im Parlament zeitnah zu thematisieren.

Im folgenden soll beispielhaft anhand der Hamburgischen Bürgerschaft die dynamische Entwicklung im Zeitraum 1988-1997 geschildert werden, in der es in allen vier Landtagen zu einem deutlichen Anstieg der drogenbezogenen Drucksachen gekommen ist (siehe Tabelle 4.8.2). Dabei soll kurz auf einzelne Gründe für diese Entwicklung eingegangen werden (siehe Kapitel 4.3), die sich in ähnlicher Form auch in den anderen Landtagen finden lassen. Ebenfalls wird ein Vergleich mit der Entwicklung der alkoholbezogenen Drucksachen unternommen.

In der Hamburgischen Bürgerschaft ist seit 1987/1988 eine rapide Zunahme von drogenbezogenen Parlamentstätigkeiten zu registrieren. Seit der 6. Wahlperiode (1966-1970) ist der prozentuale Anteil drogenbezogener Drucksachen an der Gesamtzahl der Drucksachen von 0,24% auf 1,67% in der 15. Wahlperiode (1993-1997) gestiegen (siehe Grafik 4.8.1).[149] Diese Entwicklung mag auf den ersten Blick als relativ unbedeutend erscheinen, in absoluten Zahlen ausgedrückt wird aber der Bedeutungszuwachs des Drogenthemas offensichtlich: In der 6. Wahlperiode (1966-1970) gab es gerade einmal sieben Drucksachen mit Bezug zu den illegalen Drogen, dagegen musste sich die Bürgerschaft der 15. Wahlperiode schon mit 135 drogenbezogenen Drucksachen beschäftigen. Die meisten drogenbezogenen Drucksachen wurden in den Jahren 1990 (N=46) und 1992 (N=52) von den Akteuren des Hamburger Landesparlamentes formuliert. Dagegen hat das Thema Alkohol eine solche Entwicklung nicht erfahren, sein geringer parlamentarischer Stellenwert ist seit Ende der 70er Jahre gleich geblieben. Nur für die Jahre 1974-1978 konnten mehr alkohol- als drogenbezogene Drucksachen gezählt werden (siehe Grafik 4.8.1). Dies ist im Übrigen die einzige aller untersuchten Wahlperioden der vier Landtage, in der die Alkoholproblematik in den Drucksachen eine größere Rolle spielte als das Drogenthema.

---

[149] In die Datengrundlage für diese Grafik wurden auch die sogenannten „Folgedrucksachen" (z.B. wenn ein überwiesener Antrag einen Ausschussbericht zur Folge hat) mit hineingerechnet. Die Angaben beziehen sich zudem auf die Gesamtzahl der Drucksachen, die nicht für jedes einzelne Jahr, sondern nur pro Wahlperiode erfasst werden konnten. Insgesamt setzt sich die so gewonnene Stichprobe aus 456 drogenbezogenen Drucksachen und 58 alkoholbezogenen Drucksachen bei einer Gesamtzahl von 44.586 Drucksachen zusammen.

Grafik 4.8.1: Entwicklung der drogenbezogenen Drucksachen und alkoholbezogenen Drucksachen in der Hamburgischen Bürgerschaft (1966-1997), %-Anteil pro Wahlperiode

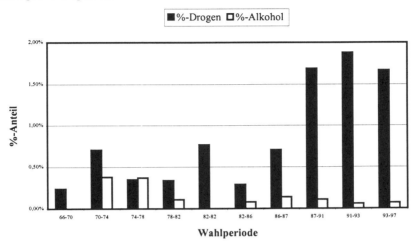

Für die Entwicklung in der Hamburgischen Bürgerschaft seit 1987/1988 sind die in Deutschland insgesamt in den 80er Jahren gestiegenen Drogenprobleme verantwortlich, die sich in einer Großstadt mit ihren „Offenen Szenen" und überdurchschnittlich vielen Drogenabhängigen zusammenballen. Die traditionelle Drogenpolitik war durch einen kontinuierlichen Anstieg der Drogentoten, zunehmender Beschaffungskriminalität und nur begrenzten Erfolgen der stationären Abstinenztherapie in eine Legitimationskrise geraten. Hierauf haben die Hamburger Landespolitiker mit einer Zunahme drogenpolitischer Aktivitäten reagiert. Hinzu kommt, dass die Hansestadt seit Ende der 80er Jahre Vorreiterin einer reformorientierten Drogenpolitik ist: Sie war einer der Pioniere bei der Einführung von Methadonprogrammen; von ihr ging eine Bundesratsinitiative zur Heroinverschreibung aus; sie ist zusammen mit Frankfurt bei der Einrichtung von Gesundheitsräumen führend (Drogenbeauftragter des Senats 1994). Dieser „Hamburger Weg" der Pluralisierung und Ausdifferenzierung der Drogenhilfe fand in vielen Punkten seinen Ausgangspunkt in der Bürgerschaft (siehe Kapitel 4.6). Dort wurde häufig um den richtigen Weg in der Drogenpolitik gestritten.

Es kann festgehalten werden: Eine Zunahme von drogenpolitischen Drucksachen hat es seit 1988 in allen vier Landtagen gegeben. Es handelt sich also um einen *generellen Trend*, der durch die Legitimationskrise der traditionellen Drogenpolitik ausgelöst worden ist. Unterschiede zwischen den vier Landtagen zeigen sich aber bei den behandelten Themen und formulierten Zielsetzungen, wie der nächste Abschnitt zeigen wird.

Drogenthemen der Landtage

In diesem Abschnitt soll zunächst dargestellt werden, mit welchen Themengebieten in welcher Priorität sich die vier Landtage beschäftigt haben. Zeigt sich hier schon eine föderale Vielfalt in der Drogenpolitik? In Baden-Württemberg, Berlin und Hamburg stand im 30jährigen Untersuchungszeitraum das Hilfethema an erster Stelle. Bei allen drei Landtagen weist dieses Themengebiet den höchsten Prozentanteil auf (siehe Tabelle 4.8.3). Dies gilt vor allem für die Hamburgische Bürgerschaft, die hier auf einen Wert von beinahe 60% kommt. In Nordrhein-Westfalen liegt dagegen das Thema Strafe mit einem Anteil von 56% vorne. In der Hamburgischen Bürgerschaft kommt dieser inhaltliche Bereich nur in etwa jeder dritten Drucksache vor (35%). Ferner lassen sich folgende Besonderheiten feststellen: In Landtag von Baden-Württemberg besitzt die Prävention eine vergleichsweise hohe Bedeutung (19%) und die nordrhein-westfälischen Abgeordneten sprechen relativ häufig das Themengebiet Konsum an (22%) (siehe Tabelle 4.8.3). Schon auf dieser Analyseebene wird eine unterschiedliche Gewichtung von Drogenthemen in den vier Landtagen erkennbar. Die beiden folgenden Auswertungen werden diesen Sachverhalt weiter spezifizieren.

Tabelle 4.8.3: Drogenthemen nach Landtagen (N=1.230, Mehrfachnennung)

Themengebiet	Baden-Württemberg	Berlin	Hamburg	Nordrhein-Westfalen
Hilfe	50%	47%	58%	46%
Prävention	19%	10%	14%	16%
Strafe	35%[a]	45%	35%	56%
Konsum	11%	9%	10%	22%
Forschung	6%	5%	5%	3%
N	351	305	421	153

[a] Lesebeispiel: 35% aller drogenbezogenen Drucksachen, die in den Landtag von Baden-Württemberg eingebracht worden sind, betreffen das Themengebiet „Strafe".

Bei den drogenpolitischen Zielsetzungen ergibt sich das folgende Bild: In allen vier Landtagen dominieren die Forderungen, die den Ausbau des Hilfesystems zum Ziel haben (siehe Tabelle 4.8.4). Auf den Spitzenwert von 47% kommt die Hamburgische Bürgerschaft. Das Berliner Abgeordnetenhaus liegt bei den Entkriminalisierungsforderungen an erster Stelle: Jede zehnte Drucksache enthält eine entsprechende Forderung (11%). Gleichzeitig wird dort aber ebenso wie in Nordrhein-Westfalen (NRW) vergleichsweise häufig der Einsatz repressiver Mittel zur Bekämpfung der Drogenprobleme verlangt (23%). Die Debatte um den Stellenwert des Strafrechtes in der Drogenpolitik hat damit in Berlin von allen vier Landtagen die größte Bedeutung.

Tabelle 4.8.4: Hilfe-, Entkriminalisierungs- und Repressionsforderungen im Landtags-Vergleich (N=1.230, Mehrfachnennung)

Forderung	BW	Berlin	Hamburg	NRW
Ausbau Hilfe	44%	38%	47%	38%
Entkriminalisierung	5%	11%[a]	8%	7%
Verschärfung Repression	15%	23%	17%	23%
N	351	305	421	153

[a] Lesebeispiel: 11% aller drogenbezogenen Drucksachen, die in den Landtag von Berlin eingebracht worden sind, fordern eine Entkriminalisierung der Drogenpolitik.

Werden nun die Forderungen im Hilfebereich weiter ausdifferenziert, zeigt sich einerseits, dass in allen Landtagen schon alle verschiedenen Zielsetzungen vorgetragen worden sind (siehe Tabelle 4.8.5). Die Forderungen verteilen sich auf verschiedene Einzelmaßnahmen, es gibt keine Hilfeform, die das Geschehen im Hilfebereich dominiert. Andererseits wird aber der unterschiedliche Stellenwert der Hilfeangebote in den Landtagen deutlich. In Nordrhein-Westfalen stehen an erster Stelle Forderungen zum Ausbau der Beratung (16%), knapp dahinter folgen Zielsetzungen, die Hilfen in den Justizvollzugsanstalten (JVA) betreffen (14%). Erwähnenswert ist der gegenüber den anderen Landtagen vergleichsweise hohe Anteil an Forderungen, die auf die Einführung der kontrollierten Heroinverschreibung abzielen (7%). Insgesamt haben die Zielsetzungen, die den Ausbau der traditionellen Hilfeformen betreffen (Beratung, Stationäre LZT und Entzug) ein leichtes Übergewicht gegenüber denjenigen, die eine Reform der Drogenhilfe anstreben (Substitution, niedrigschwellige Hilfen, Heroinverschreibung). Umgekehrt ist es bei den Drucksachen aus der Hamburgischen Bürgerschaft: Dort kommen die niedrigschwelligen Hilfen (22%) und die Substitution (17%) sowohl innerhalb der eigenen Zielsetzungen als auch gegenüber den anderen Landtagen auf relativ hohe Werte (siehe Tabelle 4.8.5). Bemerkenswert ist zudem, dass die Forderung nach Ausbau des stationären Entzugs in Hamburg eine nicht unerhebliche Rolle spielt (18%).

Das Berliner Abgeordnetenhaus hat im Hilfebereich insgesamt betrachtet ein ähnliches „Forderungsprofil" wie der Landtag von Nordrhein-Westfalen. Abweichend fällt jedoch auf, dass – wie in Hamburg – die niedrigschwelligen Hilfen den höchsten Prozentanteil bei den Forderungen auf sich vereinigen können (17%). Es könnte sein, dass der besondere Stellenwert dieser Hilfeform mit den besonderen Problemlagen von Drogenabhängigen in Stadtstaaten zusammenhängt (Krausz und Raschke 1999).

Im Landtag von Baden-Württemberg (BW) kommt die Zielsetzung „Ausbau Hilfen im JVA" auf den höchsten Anteil (16%); sonst sind bei ihm keine weiteren Besonderheiten festzustellen. Seine relativen Anteile bei den meisten Hilfeformen sind im Vergleich zu den anderen Landtagen im „Mittelfeld" angesiedelt (siehe Tabelle 4.8.5).

Tabelle 4.8.5: Drogenpolitische Zielsetzungen im Hilfebereich nach Landtagen (N=522, Mehrfachnennung)

Einführung und Ausbau von:	BW	Berlin	Hamburg	NRW
Beratung	14%	15%	12%	16%
Stationäre LZT	8%[a]	10%	8%	12%
Stationärer Entzug	5%	10%	18%	12%
Ambulante Therapie	3%	3%	10%	7%
Substitution	9%	8%	17%	12%
Niedrigschw. Hilfen	13%	17%	22%	12%
Heroinverschreibung	4%	1%	2%	7%
Frauenspez. Angebote	3%	4%	8%	8%
Hilfen im JVA	16%	14%	16%	14%
N	153	115	196	58

[a] Lesebeispiel: 8% aller drogenbezogenen Drucksachen, die im Landtag von Baden-Württemberg zum Ausbau des Hilfebereichs eingebracht worden sind, fordern den Ausbau der stationären Langzeittherapie.

Die spezifischen „Forderungsprofile" der Landtage bei den Hilfeformen können als Ausdruck eines lebendigen und konkurrierenden Länderparlamentarismus in der Drogenpolitik gewertet werden. In den bundesdeutschen Landtagen werden im unterschiedlichen Umfang Forderungen zu den einzelnen Hilfeangeboten vorgetragen. Dies dürfte mit den spezifischen Problemen des Landes zusammenhängen – z.B. mit Defiziten bei der Versorgung Drogenabhängiger –, könnte aber auch mit den jeweiligen Mehrheitsverhältnissen und dem Parteiensystem zu tun haben.

Diese Vielfalt ist wichtig für den politischen Meinungsstreit um den richtigen Weg in der Drogenpolitik. Durch die öffentliche Behandlung von Drogenthemen in den Landtagen (bzw. ihre öffentliche Zugänglichkeit wie bei den Schriftlichen Anfragen) besteht die Chance, dass Akteure anderer Landtage Ziele und Mittel übernehmen. In diesem Zusammenhang kann dann auch die Frage gestellt werden, welche der vier untersuchten Landtage besonders viele neue politische Zielsetzungen im 30jährigen Untersuchungszeitraum formuliert hat, die möglicherweise auch Impulse für die bundesweite Diskussion gegeben haben. Dabei soll nicht zwischen Forderungen zum Ausbau des Hilfesystems, Repressions- und Entkriminalisierungsforderungen unterschieden werden. Es

soll hier unabhängig von inhaltlichen Positionen ermittelt werden, welches in drogenpolitischer Hinsicht das „innovativste" Landesparlament ist. Das Ergebnis zeigt die Tabelle 4.8.6.
Mehr als ein Drittel aller neuen politischen Zielsetzungen in der Drogenpolitik stammen aus der Hamburgischen Bürgerschaft (35%). Damit steht dieses Parlament an erster Stelle. Dieser Befund deckt sich mit der allgemeinen Einschätzung, dass aus Hamburg viele wichtige Anstöße zur Reform der Drogenpolitik gekommen sind (siehe Kapitel 2.3). Es folgt der Landtag von Baden-Württemberg, der auf einen Anteil von 32% kommt. Etwa jede vierte neue Forderung findet sich in einer drogenpolitischen Drucksache des Berliner Abgeordnetenhauses (24%). Der Landtag von Nordrhein-Westfalen hat mit nur 9% den geringsten Anteil an den neuen Zielsetzungen (siehe Tabelle 4.8.6). Dieses steht einerseits im Widerspruch zum „Image" des Landes, eine moderne Drogenpolitik (z.B. bei der Methadonsubstitution) zu betreiben, andererseits findet dieser Sachverhalt seine Entsprechung darin, dass von Nordrhein-Westfalen keine einzige drogenpolitische Reforminitiative im Bundesrat ausgegangen ist (siehe Kapitel 2.3).
Die Analyse zeigt insgesamt, dass sich die Behandlung von drogenpolitischen Themen und die Artikulation von Zielsetzungen durch eine unterschiedliche Akzentsetzung in den einzelnen Landtagen auszeichnen.

Tabelle 4.8.6: Zusammensetzung der neuen politischen Zielsetzungen ("Innovationsfunktion") nach Landtagen (N=192)

Landtag	
Baden-Württemberg	32%
Berlin	24%[a]
Hamburg	35%
Nordrhein-Westfalen	9%
N	192

[a] Lesebeispiel: 24% aller neuen Zielsetzungen wurden in drogenpolitischen Drucksachen des Landtages von Baden-Württemberg formuliert.

Dokumententyp nach Landtag

In den vier Landtagen werden beim Thema „Illegale Drogen" unterschiedliche Dokumententypen eingesetzt (siehe Tabelle 4.8.7). Dieses Ergebnis erbringt die empirische Auswertung. Während in Nordrhein-Westfalen und Berlin die Kleinen Anfragen (schriftliche und mündliche) dominieren (84% bzw. 87%), wird in Baden-Württemberg häufig der Antrag gewählt, um eine drogenpolitische Fragestellung oder Zielsetzung zu formulieren (54%), was auch mit der Besonderheit der „Berichtsanträge" in diesem Landtag zu tun haben dürfte (siehe hierzu die Fußnote 106). Der Stadtstaat Hamburg liegt mit 61% Kleiner Anfragen und 27% Anträgen im Mittelfeld. In Nordrhein-Westfalen wurden im Untersuchungszeitraum keine Berichte oder Große Anfragen mit drogenpolitischen Inhalten eingebracht, in Hamburg keine Mündlichen Anfragen. Insgesamt wird eine relativ große Bandbreite bei den eingesetzten Dokumententypen deutlich, wenn die Drogenpolitik zu einem Thema in den Landtagen gemacht wird.

Tabelle 4.8.7: Dokumententyp nach Landtagen (N=1.230)

Dokumententyp	Baden-Württemberg	Berlin	Hamburg	Nordrhein-Westfalen
Gesetzesentwurf	0,3%	0,3%	0,7%	0,7%
Antrag	54%	12%	27%[a]	12%
Bericht	7%	3%	8%	-
Große Anfrage	1%	1%	3%	-
Schriftl. Anfrage	31%	64%	61%	68%
Mündl. Anfrage	6%	20%	-	19%
N	351	305	421	153

[a] Lesebeispiel: Bei 27% aller drogenpolitischen Drucksachen aus der Hamburgischen Bürgerschaft handelt es sich um Anträge.

Parlamentsfunktion nach Landtag

Die Heterogenität bei den Dokumententypen löst sich jedoch zum größten Teil auf, wenn die vier Landtage hinsichtlich der Parlamentsfunktionen miteinander verglichen werden. Dies unterstreicht die Validität und Tauglichkeit des hier gewählten methodischen Ansatzes, die Zuordnung zu den einzelnen Parlamentsfunktionen nicht nur nach dem Dokumententyp, sondern auch nach den Zielsetzungen vorzunehmen (siehe Kapitel 4.2).
Es zeigen sich bei den Parlamentsfunktionen viele Gemeinsamkeiten der Landtage, aber auch eine größere Abweichung. Bei der Artikulation, Information, Innovation und Gesetzgebung bestehen in allen vier Parlamenten im Großen

und Ganzen ähnliche relative Anteile, d.h. diese Parlamentsfunktionen haben in der Drogenpolitik überall einen vergleichbaren Stellenwert (siehe Tabelle 4.8.8). Auch bei der Kontroll- und Öffentlichkeitsfunktion kann dies noch prinzipiell für drei von vier Landtagen behauptet werden (Berlin, Hamburg, Nordrhein-Westfalen). Dagegen fallen die abweichende Werte im Landesparlament von Baden-Württemberg bei der Kontrollfunktion (besonders niedrig, 38%) und bei der Öffentlichkeitsfunktion (besonders hoch, 69%) auf. Beide Erscheinungen hängen damit zusammen, dass in diesem Landtag – wie schon erwähnt – vergleichsweise wenig Anfragen gestellt werden. Dafür gibt es hier die Besonderheit des „Berichtsantrages", der auch eine Kontrollfunktion erfüllt. Da sowohl die Kontroll- als auch die Öffentlichkeitsfunktion über die Form der Drucksachen (Dokumententyp) empirisch gebildet worden sind, kommt diese Besonderheit hier zum Tragen, die aber die Repräsentativität der vier Landtage und die empirische Datengrundlage für die Funktionsanalyse nicht infrage stellt.

Tabelle 4.8.8: Parlamentsfunktionen nach Landtagen, relativer Anteil der Drucksachen (N=1.230, Mehrfachnennung)

Funktion	Baden-Württemberg	Berlin	Hamburg	Nordrhein-Westfalen
Artikulation	67%	73%	73%	68%
Kontrolle	38%	85%	64%	87%
Öffentlichkeit	69%	36%	39%	32%
Information	48%	35%	40%	50%
Innovation	18%[a]	15%	16%	12%
Gesetzgebung	0,3%	0,3%	0,7%	0,7%
N	351	305	421	153

[a] Lesebeispiel: Im Landtag Baden-Württemberg beträgt der Anteil an drogenbezogenen Drucksachen, die die Innovationsfunktion erfüllen, 18%.

Es hat – so kann zusammenfassend festgestellt werden – eine enorme Zunahme drogenbezogener Drucksachen seit 1988 in allen vier Landtagen gegeben (wenn auch in einem unterschiedlichen Ausmaß). Hierin besteht eine übereinstimmende Entwicklungstendenz. Auch die funktionale Bearbeitung des Drogenthemas ist in allen vier Parlamenten annährend gleich. Deutliche Unterschiede werden aber von Landtag zu Landtag bei den behandelten Themen und den formulierten Zielsetzungen sichtbar. Es kann deshalb von einer föderalen Vielfalt eines konkurrierenden Länderparlamentarismus in der Drogenpolitik gesprochen werden.

4.9 Parteien-Vergleich: Drogenpolitik als Parteienkonflikt

Die Drogenpolitik der bundesdeutschen Parteien ist so gut wie nicht wissenschaftlich untersucht. Eine originär politikwissenschaftliche Arbeit zu diesem Thema gibt es nicht. Allerdings haben sich einige Wirtschaftswissenschaftler im Rahmen ihrer Studien mit den drogenpolitischen Zielen der Parteien beschäftigt. So beispielsweise Kaiser in ihrer Dissertation (Kaiser 1996). Von daher kommt dem folgenden Parteien-Vergleich, der auf einer empirischen Auswertung von Parlamentsdrucksachen aus vier Landtagen fußt, ein eigenständiger Stellenwert zu.
Die folgende Analyse bezieht sich auf die vier „etablierten" Parteien CDU, SPD, FDP und GRÜNE[150] (N=1.049). Eine detaillierte Auswertung der drogenpolitischen Drucksachen anderer Parteien erfolgt wegen ihrer geringen Fallzahl nicht (PDS=23, Republikaner=21, NDP=9, STATT-Partei=3).[151]

Umfang der Tätigkeiten

85% aller erfassten drogenbezogenen Drucksachen stammen von den vier Parteien. Der Umfang ihrer drogenpolitischen Aktivitäten ist aber im Einzelnen unterschiedlich: Er reicht von einem Anteil von 33% an der Gesamtzahl der Drucksachen (CDU) bis zu 10% (FDP) (siehe Tabelle 4.9.1). Eine solche Betrachtungsweise allein würde aber zu verzerrten Ergebnissen führen, da nicht alle vier Parteien über den gesamten Untersuchungszeitraum von 30 Jahren in jedem der vier Landtage vertreten waren. Deshalb müssen die drogenpolitischen Tätigkeiten der Parteien auf „Länderjahre" umgerechnet werden, um einem vergleichbaren Maßstab zu erhalten: Danach kommen SPD und CDU auf je-

---

[150] Auch die Partei BÜNDNIS 90/DIE GRÜNEN wird hier aufgrund ihrer langjährigen Parlamentspräsenz zu den etablierten Parteien gezählt.
[151] Es sei jedoch angemerkt, dass der überwiegende Teil der Drucksachen der PDS Forderungen zum Ausbau des Hilfesystems oder zur Entkriminalisierung der Drogenpolitik enthält (65%). Die Drucksachen der Republikaner und der NDP setzen sich dagegen meistens für eine Verschärfung der Repression ein und sprechen sich gegen die Einführung neuer Hilfemaßnahmen aus (80% bzw. 56%). Die drei erfassten Drucksachen der STATT-Partei (Hamburg) fragen vor allem Informationen bei der Verwaltung ab.

weils 120 Länderjahre (30 Jahre x 4 Landtage), denn sie waren in allen vier Landtagen im gesamten Untersuchungszeitraum vertreten (siehe Tabelle 4.9.1). Für die FDP können 95 Länderjahre gezählt werden, da sie bei einigen Landtagswahlen die 5%-Prozent-Hürde nicht geschafft hat. Die GRÜNEN sind erst seit Anfang der 80er Jahre in den Parlamenten präsent (in Nordrhein-Westfalen sogar erst seit 1990) und weisen deshalb einen Wert von 58 Länderjahre auf. Für alle vier Parteien ist demnach sowohl die Fallzahl der Drucksachen als auch der Untersuchungszeitraum für eine valide statistische Analyse ausreichend.

Nach dieser Zählweise sind die GRÜNEN die ‚fleißigste' Partei in Sachen Drogen. Sie haben in den 58 Jahren, in denen sie zusammengenommen in den vier Landtagen vertreten sind, 292 drogenpolitische Drucksachen produziert, d.h. sie bringen im Durchschnitt pro Jahr und Landtag fünf Drucksachen zum Thema „Illegale Drogen" ein (siehe Tabelle 4.9.1). Oder anders ausgedrückt: Mindestens einmal im Monat wird in einem der vier Landtage ein drogenbezogener Antrag oder eine Anfrage von einem bündnisgrünen Abgeordneten eingereicht. Auch die CDU ist drogenpolitisch vergleichsweise aktiv: Sie kommt auf über drei Drucksachen pro Länderjahr. Dagegen ist bei der SPD und der FDP das Ausmaß drogenpolitischer Tätigkeiten vergleichsweise gering (1,9 bzw. 1,3 Drucksachen pro Länderjahr).

Die umfangreicheren Aktivitäten von CDU und GRÜNEN könnten damit zusammenhängen, dass sie im inhaltlichen Spektrum drogenpolitischer Positionen die beiden Pole bilden, bei denen die einen für die Anwendung repressiver Mittel und Abstinenzorientierung stehen, die anderen für Entkriminalisierung und akzeptierende Hilfeansätze (siehe Kapitel 2.3). Beide Parteien können sich in der Drogenpolitik eindeutig positionieren, was zu vermehrten Tätigkeiten geführt haben könnte.

Tabelle 4.9.1: Drogenbezogene Drucksachen der Parteien

	CDU	SPD	FDP	GRÜNE
Anzahl Drucksachen	410	228	119	292
Länderjahre	120	120	95	58
Drucksachen pro Länderjahr	3,4	1,9	1,3	5,0
%-Anteil an Gesamtzahl Drs.	33%	19%	10%	24%

Die bisher dargestellten Ergebnisse zum Umfang der Aktivitäten der Parteien könnten möglicherweise darauf schließen lassen, dass der Einzug der GRÜNEN in die Landesparlamente der Hauptgrund für das starke Anwachsen drogenbezogener Drucksachen seit der zweiten Hälfte der 80er war. Die empirische Auswertung zeigt jedoch, dass zwar die Grüne Partei einen nicht unerheblichen Anteil an der Gesamtzahl der drogenpolitischen Drucksachen seit den 80er Jahren hat, aber auch bei den anderen drei Parteien die Aktivitäten deutlich zugenommen haben. So stammen bei der CDU 55% aller drogenpolitischen Drucksachen aus der Zeit nach 1987, bei der SPD sind es 51% und bei der FDP immerhin noch 45% (siehe Tabelle 4.9.2).

Auch ein Zahlenvergleich aus einer anderen Perspektive bestätigt, dass die Zunahme drogenpolitischer Drucksachen seit der zweiten Hälfte der 80er Jahre nicht allein durch die GRÜNEN verursacht worden ist: Denn die CDU hat zwischen 1988 und 1997 beinahe genauso viele Drucksachen zum Thema „Illegale Drogen" in die Landtage eingebracht wie die „Öko-Partei" (225 zu 237) (siehe Tabelle 4.9.2).[152]

Tabelle 4.9.2: Drogenbezogene Drucksachen der Parteien in der zeitlichen Entwicklung (N=1.049)

Dekade	CDU	SPD	FDP	GRÜNE
1968-1977	90 (22%)	41 (18%)	32 (27%)	-
1978-1987	95 (23%[a])	70 (31%)	33 (28%)	55 (19%)
1988-1997	225 (55%)	117 (51%)	54 (45%)	237 (81%)
N	410	228	119	292

[a] Lesebeispiel: 23% aller drogenbezogenen Drucksachen, die von der CDU eingebracht worden sind, stammen aus dem Zeitraum 1978-1987.

Aufgeschlüsselt nach Landtagen zeigt sich, dass dort das quantitative Engagement jeder der vier Parteien teilweise unterschiedlich ist. Für die CDU scheint das Drogenthema überall einen relativ ähnlichen Stellenwert zu haben: Sie bringt jährlich zwischen 2,9 (Berlin) und 4,2 (Hamburg) drogenbezogene Drucksachen ein (siehe Tabelle 4.9.3). Auch bei der FDP und der SPD liegt der jeweilige Tätigkeitsumfang in den vier Landtagen trotz Abweichungen nicht extrem auseinander. Die größte Schwankungsbreite weisen die GRÜNEN auf: In der Hamburger Bürgerschaft formulieren sie im Durchschnitt beinahe 11

---

[152] Es könnte aber sein, dass eine indirekte Wirkung vorliegt. Schon Schüttemeyer (1992) hatte darauf hingewiesen, dass sich die parlamentarischen Aktivitäten mit der parlamentarischen Präsenz der GRÜNEN insgesamt außerordentlich ausgeweitet haben. Sie spricht in diesem Zusammenhang von einer „Reparlamentarisierung" der Landtage.

drogenbezogene Drucksachen pro Jahr, im Landtag von Baden-Württemberg sind es nur 1,6.

Wird das Einbringerverhalten nicht wie eben aus der Perspektive der Parteien, sondern aus der Perspektive der Landtage betrachtet, ergibt sich das folgende Bild: Im Landtag von Baden-Württemberg bringt die SPD, in den Parlamenten von Berlin und Hamburg die GRÜNEN und im Nordhein-Westfälischen Landtag die CDU die meisten drogenbezogenen Drucksachen pro Jahr ein (siehe Tabelle 4.9.3). Es dominieren also in allen vier Landtagen Parteien, die im 30jährigen Untersuchungszeitraum hauptsächlich in der Opposition waren.

Auffallend ist, dass die SPD in Berlin und Hamburg auf vergleichsweise geringe Durchschnittswerte kommt. Es stellt sich von daher die Frage, warum sich bei den sozialdemokratischen Landtagsfraktionen in diesen Großstädten mit ihren typischen „linken Milieus" und ihrem sozialarbeiterischen Wählerklientel der Bereich der Drogen- und Suchthilfe nicht stärker in den Parlamentsaktivitäten niederschlägt.

Insgesamt lassen sich bei der Analyse der drogenpolitischen Tätigkeiten der Parteien in den einzelnen Landtagen sowohl übergreifende Tendenzen – CDU und GRÜNE sind im Vergleich zu SPD und FDP drogenpolitisch stärker aktiv – als auch länderspezifische Besonderheiten erkennen, z.B. der relativ geringe Stellenwert der Drogenpolitik bei der grünen Landtagsfraktion in Baden-Württemberg.

Tabelle 4.9.3: Jährliche Anzahl drogenbezogener Drucksachen nach Parteien und Landtagen (N=1.049)

Bundesland	CDU	SPD	FDP	GRÜNE
Baden-Württemberg	3,4	3,7	1,4	1,6
Berlin	2,9	1,9[a]	1,7	4,4
Hamburg	4,2	1,3	1,2	10,8
Nordrhein-Westfalen	3,3	0,7	0,6	2,3
N	410	228	119	292

[a] Lesebeispiel: Die SPD bringt in das Berliner Abgeordnetenhaus im Durchschnitt 1,9 drogenbezogene Drucksachen pro Jahr ein. Bei dieser Berechnung sind nur die Jahre berücksichtigt, in denen die jeweilige Partei auch im Parlament vertreten war.

Parteien nach Themen und Zielsetzungen

Die Parteien unterscheiden sich in der Anzahl behandelter *Themen* pro drogenpolitischer Drucksache kaum. Bei allen vier Parteien befassen sich die meisten Dokumente mit ausschließlich einem Thema (siehe Tabelle 4.9.4). Die relativen Anteile für diesen Typ von Drucksachen bewegen sich zwischen 52% (CDU) und 64% (GRÜNE). Auch bei den Drucksachen mit mehr als einem Thema zeigt der Vergleich insgesamt ein ähnliches Bild bei den Parteien. Die Christdemokraten sind dabei die politische Kraft, die noch am ehesten verschiedene drogenpolitische Inhalte zum Gegenstand einer Drucksache macht und deshalb auf den höchsten Durchschnittswert kommt (1,9). Auch bei der Anzahl formulierter *Zielsetzungen* ist das Einbringerverhalten der Parteien sehr ähnlich: Bei allen Parteien enthalten etwa drei Viertel aller Drucksachen (mit Forderungen) nur eine drogenpolitische Zielsetzung.

Dieses Ergebnis kann derart interpretiert werden, dass die vorhandenen parlamentarischen Instrumente in der Drogenpolitik, was die Anzahl von Themen und Zielsetzungen anbelangt, in gleicher Weise von den Parteien genutzt werden.

Tabelle 4.9.4: Anzahl von Themen in den drogenpolitischen Drucksachen nach Parteien (N=1.049)

Anzahl Themen	CDU	SPD	FDP	GRÜNE
1	52%	62%	61%	64%
2	27%	23%	24%[a]	20%
3-5	18%	13%	14%	15%
6-11	3%	2%	1%	1%
Ø-Wert	1,9	1,6	1,7	1,7
N	410	228	119	292

[a] Lesebeispiel: 24% aller Drucksachen, die von der FDP eingebracht worden sind, behandeln jeweils zwei Themen.

Dagegen treten bei den in den Drucksachen angesprochenen Themengebieten Unterschiede zwischen den vier Parteien auf. Während bei SPD, FDP und GRÜNEN das Thema Hilfe dominiert – die Anteile liegen zwischen 52% und 64% (siehe Tabelle 4.9.5) –, rangiert bei der CDU der Strafbereich ganz vorn. In jeder zweiten von ihr eingebrachten Drucksache zum Drogenthema geht es um Fragen von Repression und Strafe (50%). Ferner fällt auf, dass bei den GRÜNEN das Thema Prävention deutlich seltener vorkommt als bei den anderen drei Parteien. Ähnliches lässt sich für Bereich Konsum sagen. Hierbei muss jedoch erwähnt werden, dass diese Themen vor allem in den ersten zehn Jahren (1968-1977) eine Rolle spielten, als die GRÜNEN noch nicht im Parlament vertreten waren (siehe Kapitel 4.3). Das Themengebiet Forschung wird von allen vier Parteien ähnlich selten zum Gegenstand einer drogenpolitischen Drucksache gemacht.

Tabelle 4.9.5: Drogenthemen nach Parteien (N=1.049, Mehrfachnennungen)

Themengebiet	CDU	SPD	FDP	GRÜNE
Hilfe	41%	58%	52%	64%
Prävention	16%	18%	15%	9%
Strafe	50%[a]	27%	35%	31%
Konsum	16%	11%	16%	7%
Forschung	6%	5%	8%	3%
N	410	228	119	292

[a] Lesebeispiel: 50% aller drogenbezogenen Drucksachen, die von der CDU eingebracht worden sind, betreffen das Themengebiet „Strafe".

Die unterschiedlichen drogenpolitischen Profile der Parteien werden noch deutlicher, wenn die Zielsetzungen betrachtet werden. Dieses soll zunächst für die Forderungstypen „Ausbau Hilfe", „Entkriminalisierung" und „Verschärfung Repression" geschehen.
Die Partei mit dem höchsten Anteil an Forderungen, die den Ausbau des Hilfesystems verlangen, ist die SPD. 59% aller von ihr eingebrachten Drucksachen enthalten Zielsetzungen, mit denen das Hilfeangebot weiterentwickelt werden soll (siehe Tabelle 4.9.6). Das Engagement der sozialdemokratischen Landtagsfraktionen für ein auszubauendes Hilfesystem hat im Untersuchungszeitraum stark zugenommen: Während in den Jahren 1968-1977 ‚nur' 44% aller von ihr eingebrachten drogenbezogenen Drucksachen entsprechende Forderungen enthielten, ist dieser Wert bis zum Zeitabschnitt 1988-1997 auf 66% angewachsen. Bei der CDU werden hingegen nur in jeder dritten Drucksache neue Drogenhilfemaßnahmen gefordert (32%). Dieses Ergebnis korrespondiert mit ihrer starken Betonung der kriminalpolitischen Komponente in der Drogenpolitik. Die Christdemokraten haben im Untersuchungszeitraum mehr Forderungen zur Verschärfung repressiver Mittel gestellt als zum Ausbau des Hilfesystems (siehe

Tabelle 4.9.6). Die beiden kleineren Parteien, FDP und GRÜNE, liegen mit ihren Anteilen an Hilfeforderungen zwischen CDU und SPD (42% bzw. 50%). Bei CDU, FDP und GRÜNEN hat es – im Gegensatz zur SPD – hinsichtlich des Stellenwertes des Hilfebereiches keine wesentlichen Veränderungen im Zeitverlauf gegeben.

Die empirische Analyse zeigt weiter, dass die GRÜNEN eine klare Anti-Repressions-Politik im Bereich der illegalen Drogen verfolgen. Unter ihren 292 ausgewerteten Drucksachen ist keine einzige, die den Einsatz repressiver Mittel fordert (siehe Tabelle 4.9.6). Bei der CDU machen derartige Drucksachen hingegen einen Anteil von 35% aus. Darunter befinden sich vor allem Forderungen, die auf Maßnahmen gegen den Drogenhandel und eine bessere Ausstattung der Polizei abzielen. Darüber hinaus sind die Christdemokraten die einzige Partei, die die Forderung nach (schnellerer) Abschiebung von Ausländern wegen begangener Drogendelikte in die Parlamente trägt. Hierin könnte eine Funktionalisierung des Drogen-Themas für andere politische Interessen (hier: Ausländerpolitik) gesehen werden. Auch bei der FDP und der SPD kommen in den drogenpolitischen Drucksachen gelegentlich repressive Zielsetzungen vor (19% bzw. 12%), aber ihr quantitativer Umfang ist längst nicht so beträchtlich wie bei der CDU (siehe Tabelle 4.9.6). Die Bedeutung des Bereiches „Ausbau des Strafrechts" ist bei den einzelnen Parteien über die Jahre weitgehend konstant geblieben.

Tabelle 4.9.6: Hilfe-, Entkriminalisierungs- und Repressionsforderungen im Parteien-Vergleich (N=1.049, Mehrfachnennungen)

Forderungen	CDU	SPD	FDP	GRÜNE
Ausbau Hilfe	32%	59%	42%	50%
Entkriminalisierung	0,5%	6%[a]	6%	23%
Verschärfung Repression	35%	12%	19%	-
N	410	228	119	292

[a] Lesebeispiel: 6% aller drogenbezogenen Drucksachen, die von der SPD eingebracht worden sind, fordern eine Entkriminalisierung der Drogenpolitik.

Wie schon festgestellt wurde, ist eine anti-repressive Haltung ein wichtiger Bestandteil grüner Drogenpolitik in den Landtagen. Das wird auch deutlich, wenn die Forderungen nach Entkriminalisierung des Drogenkonsums betrachtet werden. Beinahe jede vierte drogenbezogene Drucksache der GRÜNEN enthält eine solche Zielsetzung (23%) (siehe Tabelle 4.9.6). Die „Öko-Partei" plädiert vor allem für eine Herabstufung von Straftatbeständen zu Ordnungswidrigkeiten, seltener geht es ihr um eine vollständige Legalisierung. Zudem werden in den Drucksachen des öfteren Methoden der Polizei bei der Drogenbekämpfung kritisiert. Hierin äußert sich das grüne Politikverständnis, (tatsächliche oder vermeintliche) Missstände öffentlich anzuprangern. SPD und der FDP kommen bei den Entkriminalisierungs-Forderungen auf einen relativen Anteil von 6%. Damit spielt dieser Bereich nur eine untergeordnete Rolle in ihrer Drogenpolitik. Beide beschränken sich in ihren Vorschlägen auf entpönalisierende Maßnahmen. Die älteste erfasste Drucksache, die eine Entkriminalisierungs-Forderung enthält, stammt von der FDP aus dem nordrhein-westfälischen Landtag. Ihn ihr warnte die liberale Fraktion schon 1975 vor überzogenen Maßnahmen gegen Drogenkonsumenten (Landtag Nordrhein-Westfalen 1975). Die wenigen Drucksachen aus den 70er Jahren mit einem derartigen Inhalt (N=4) wurden allesamt von FDP-Abgeordneten formuliert. Diese drogenpolitischen „Farbtupfer" dürften sich mit der liberalen Innen- und Gesellschaftspolitik der FDP in der sozialliberalen Ära erklären, auch wenn in dieser Zeit repressive Drogenbekämpfungsstrategien in den Landtagsfraktionen dominierten. Bei der CDU tauchen anti-repressive Zielsetzungen so gut wie nicht auf (0,5%) (siehe Tabelle 4.9.6).

In einem weiteren Schritt sollen die Ergebnisse bei den drogenpolitischen Forderungen dargestellt werden, die konkrete Hilfemaßnahmen betreffen. Die Auswertung zeigt, dass der Schwerpunkt der FDP auf der Ausweitung der Beratung, der stationären Therapie und des stationären Entzugs liegt (jeweils 16%) – also eher im Bereich der traditionellen Drogenhilfe (siehe Tabelle 4.9.7). Ähnlich sieht es bei der CDU aus; auch sie kommt bei den stationären Hilfeformen auf die höchsten Werte (16%). Für die SPD ist der Ausbau von Beratungsangeboten das wichtigste Drogenhilfethema (19%). Aber auch die Ausweitung der Substitutionsbehandlung (13%) und niedrigschwelliger Angebote (16%) liegen in der Rangfolge nicht weit entfernt. Die GRÜNEN setzen sich besonders für den Ausbau der Substitutionstherapie (22%), der niedrigschwelligen Drogenarbeit (30%) und von Hilfeangeboten im Strafvollzug (22%) ein (siehe Tabelle 4.9.7). Die stationäre Langzeittherapie spielt dagegen bei ihnen wie bei der SPD keine Rolle.

Diese Analyse veranschaulicht sehr deutlich die unterschiedliche Drogenhilfepolitik der Parteien: Ein annähernder Konsens herrscht unter den Parteien nur bei der Beratung und der ambulanten Abstinenztherapie (siehe Tabelle 4.9.7). Die stärksten Abweichungen existieren bei den niedrigschwelligen Angeboten, der Substitution und der stationären Langzeittherapie. Hier werden die drogenpolitischen Trennlinien zwischen dem „rot-grünen Lager" und den bürgerlichen Parteien am deutlichsten sichtbar. Auf das Hilfethema in seinem Spannungsfeld zwischen Abstinenz und Akzeptanz hat sich der Parteienkonflikt in der Drogenpolitik in den 90er Jahren konzentriert. Dieses Ergebnis deckt sich mit den Aussagen zur allgemeinen Entwicklung der bundesdeutschen Drogenpolitik (siehe Kapitel 2).

Tabelle 4.9.7: Drogenpolitische Zielsetzungen im Hilfebereich nach Parteien (N=463, Mehrfachnennung)

Einführung und Ausbau von:	CDU	SPD	FDP	GRÜNE
Beratung	11%	19%	16%	10%
Stationäre LZT	16%	4%	16%[a]	3%
Stationärer Entzug	16%	7%	16%	10%
Ambulante Therapie	8%	2%	4%	6%
Substitution	6%	13%	6%	20%
Niedrigschwellige Hilfen	7%	16%	6%	30%
Heroinverschreibung	-	4%	2%	4%
Frauenspez. Angebote	5%	1%	8%	6%
Hilfen im JVA	10%	17%	8%	22%
N	133	135	50	145

[a] Lesebeispiel: 16% aller drogenbezogenen Drucksachen, die von der FDP zum Ausbau des Hilfebereichs eingebracht worden sind, fordern den Ausbau der stationären Langzeittherapie.

Abschließend soll ein kurzer Blick auf die Präventionspolitik der Parteien geworfen werden. Welchen Stellenwert haben Forderungen zum Ausbau der Suchtprävention im drogenpolitischen Handeln der Parteien? Während – wie gezeigt – CDU und SPD in der politischen Bewertung der verschiedenen Hilfeangebote erheblich differieren, einigt sie die Suchtprävention wieder. Beide Parteien haben die höchsten Anteile an Drucksachen mit (primär-)präventiver Zielsetzung (siehe Tabelle 4.9.8).[153] Die Werte von 14% bzw. 15% unterstreichen, dass dieser Bereich eine nicht zu vernachlässigende Relevanz für die CDU

---

[153] Die Sekundär- oder Tertiärprävention spielt in den ausgewerteten Drucksachen so gut wie keine Rolle. Deshalb können die Drucksachen mit primärpräventiver Zielsetzung unter den allgemeinen Begriff „Prävention" gefasst werden.

und die SPD besitzt. Von ihnen wird immerhin in jeden siebten Drucksache eine Verstärkung suchtpräventiver Anstrengungen verlangt. Bei der FDP und den GRÜNEN spielt dagegen der Bereich der Suchtprävention eine eher nachgeordnete Rolle (8%). So fordern die GRÜNEN viermal häufiger den Ausbau der Substitutionstherapie als die Ausweitung von Präventionsangeboten. Dies könnte mit einer unterschiedlichen drogenpolitischen Rollenverteilung im Parteiensystem zu tun haben, nach der sich die großen Volksparteien eher gezwungen sehen, Präventionsforderungen aufzustellen, bei denen sie sich der Zustimmung weiter Teile der Bevölkerung sicher sein können, um dadurch auch andere Bereiche ihrer Drogenpolitik zu legitimieren. Anders gesagt: Das Formulieren allgemein anerkannter suchtpräventiver Zielsetzungen kann politische Entlastung bringen für Forderungen, die in der Gesellschaft umstritten sind (z.B. Gesundheitsräume). Die kleineren Parteien müssen dagegen weniger Rücksicht auf die drogenpolitische Grundstimmung in der Bevölkerung nehmen.

Tabelle 4.9.8: Anteil von Präventions-Forderungen bei den Parteien (N=1.049)

Zielsetzung	CDU	SPD	FDP	GRÜNE
Ausbau Primär-Prävention	14%	15%[a]	8%	8%
N	410	228	119	292

[a] Lesebeispiel: 15% aller drogenbezogenen Drucksachen, die von der SPD eingebracht worden sind, fordern den Ausbau der Suchtprävention.

Parteien nach Politikebene

Bei allen vier Parteien betreffen die drogenbezogenen Drucksachen meistens die Landesebene, wenn auch die relativen Anteile hier etwas variieren (84% bis 96%, siehe Tabelle 4.9.9). Andere Politikebenen werden in den Drucksachen eher gelegentlich bis selten berührt. Das gilt vor allem für die Kategorien „Internationales" und „Andere Bundesländer". In diesen Bereichen bewegen sich die jeweiligen Anteile der Parteien zwischen 1% und 6% (siehe Tabelle 4.9.9). Größere Abweichungen zwischen den Parteien existieren bei den Drucksachen mit Bezug zur Bundesebene. Bei den großen Parteien liegen die entsprechenden Anteile bei 13% (SPD) und 11% (CDU), während FDP und GRÜNE auf Werte von 7% bzw. 5% kommen. Das ist ein eher überraschendes Ergebnis, denn gerade von den GRÜNEN mit ihrem übergreifenden Politikverständnis wäre zu erwarten gewesen, dass insbesondere sie Resolutionen und Appelle an den Bun-

desgesetzgeber in die Landtage einbringen. Ähnliches ist für die kommunale Ebene festzustellen. Es sind nicht die GRÜNEN, die im Sinne eines dezentralen Politikansatzes kommunale Drogenthemen zum Gegenstand machen (3%), sondern an erster Stelle die SPD (15%) (siehe Tabelle 4.9.9).
Seit dem Regierungswechsel auf der Bundesebene (1982) ist der Anteil der SPD-Drucksachen, die die Bundesebene betreffen, angestiegen: Vor diesem Zeitpunkt waren es 7%, danach 16%. Die Detailanalyse zeigt: Die Sozialdemokratischen Landtagsfraktionen haben während der „Bonner Oppositionszeit" (1982-1998) verstärkt drogenpolitische Kurskorrekturen im Hilfe- und Strafrechtsbereich von der konservativ-liberalen Bundesregierung angemahnt. Aber auch bei den CDU-Landtagsfraktionen hat die Bedeutung von Drucksachen mit Bundesbezug seit dem Regierungswechsel 1982 zugenommen (von 8% auf 12%), während bei der FDP die Entwicklung leicht rückläufig ist (von 7% auf 6%). Bei der CDU handelt es sich aber im Gegensatz zu den SPD-Drucksachen entweder um Informationsabfragen über Bundesthemen oder um Forderungen an den Bundesgesetzgeber, die repressive Drogenbekämpfung weiter auszubauen. Für die GRÜNEN können für die Zeit vor dem Regierungswechsel keine Aussagen getroffen werden, weil sie damals erst kurze Zeit in einigen Landtagen vertreten waren.
Trotz der erwähnten Unterschiede ergibt aber die Auswertung insgesamt, dass bei allen vier Parteien offenbar ein annähernd gleiches parlamentarisches Verständnis darüber vorherrscht, welche drogenpolitischen Fragestellungen und Anliegen in die Landtage gehören und welche nicht.

Tabelle 4.9.9.: Parteien nach Politikebene (N=1.049, Mehrfachnennung)

Politikebene	CDU	SPD	FDP	GRÜNE
Bundesland	90%	84%	92%	96%
Bund	11%	13%	7%	5%[a]
Andere Bundesländer	2%	3%	3%	4%
Kommunales	9%	15%	7%	3%
Internationales	6%	3%	6%	1%
N	410	228	119	292

[a] Lesebeispiel: 5% aller drogenbezogenen Drucksachen, die von den GRÜNEN eingebracht worden sind, betreffen die Bundesebene.

Parteien nach Dokumententyp

Die Parteien benutzen für die Gestaltung ihrer Drogenpolitik in den Landtagen unterschiedliche Instrumente: Die SPD formuliert ihre Anliegen überproportional häufig mit einem Antrag (40%), während die anderen Parteien bei diesem Dokumententyp auf einen weit geringeren Wert kommen (23% bis 28%) (siehe Tabelle 4.9.10). Die GRÜNEN greifen hingegen häufiger als die Sozialdemokraten zur Schriftlichen Kleinen Anfrage (71% zu 50%). Die FDP stellt vergleichsweise viele mündliche Anfragen (17%). Die Große Anfrage wird von allen vier Parteien zur Thematisierung drogenpolitischer Fragestellungen gleich selten genutzt (2%) (siehe Tabelle 4.9.10). Die Dokumententypen Berichte und Gesetzesentwürfe wurden von den Parteien nicht eingebracht und müssen deshalb hier nicht betrachtet werden. Insgesamt ergibt sich ein recht heterogenes Bild, wenn die von den Parteien eingesetzten Dokumententypen betrachtet werden. Dieses kann mit unterschiedlichen Traditionen und Strategien drogenpolitischen Handelns in den Parlamenten zusammenhängen, oder auch eine Erklärung darin haben, inwieweit sich eine Partei in Regierungsverantwortung oder Opposition befindet (siehe nächster Abschnitt).

Tabelle 4.9.10: Parteien nach Dokumententyp (N=1.049, Mehrfachnennung)

Dokumententyp	CDU	SPD	FDP	GRÜNE
Antrag	28%	40%	28%	23%
Große Anfrage	2%	2%	2%	2%
Schriftliche Kleine Anfrage	59%	50%[a]	53%	71%
Mündliche Anfrage	11%	8%	17%	4%
N	410	228	119	292

[a] Lesebeispiel: Bei 50% aller drogenbezogenen Drucksachen, die von der SPD eingebracht worden sind, handelt es sich um Schriftliche Kleine Anfragen.

Parteien nach Parlamentsfunktionen

Werden die vier Parteien anhand der von ihnen ausgeübten Parlamentsfunktionen miteinander verglichen, ergeben sich nur wenige Unterschiede: Die Artikulationsfunktion hat bei allen vier Parlamentsparteien einen ähnlich hohen Stellenwert (71% bis 77%) (siehe Tabelle 4.9.11). Auch bei der Kontrollfunktion und der Informationsfunktion liegen die Anteile der Parteien nicht weit auseinander. Abweichungen bestehen allerdings bei der Innovationsfunktion: Die GRÜNEN sind die Partei mit dem höchsten Anteil von Drucksachen, in denen die Forderung nach Einführung neuer drogenpolitischer Maßnahmen erhoben wird (28%). Dieses überrascht nicht, da die GRÜNEN seit ihrem Bestehen eine alternative Drogenpolitik vertreten haben (siehe Kapitel 2.2). Die CDU kommt hier nur auf einen Wert von 8%, was aber dem Profil einer konservativen Partei entspricht, der es mehr um die Sicherung bestehender Politikinstrumente als um drogenpolitische Reformen geht. Auffallend ist ebenfalls, dass die GRÜNEN bei der Öffentlichkeitsfunktion deutlich von den anderen Parteien abweichen (siehe Tabelle 4.9.11). Dieses erklärt sich dadurch, dass ihre Abgeordneten vergleichsweise häufig das ‚nicht-öffentliche' Instrument der Schriftlichen Kleinen Anfragen nutzen, was sich negativ auf den relativen Anteil der Öffentlichkeitsfunktion auswirkt (siehe Kapitel 4.3).

Insgesamt zeigt sich, dass die vier Parteien (bei einigen Besonderheiten) im Bereich der Drogenpolitik weitgehend analoge Parlamentsfunktionen wahrnehmen, vor allem wenn diese mit denen der Landesregierung und der Ausschüsse verglichen werden (siehe Kapitel 4.5).[154]

Tabelle 4.9.11: Parlamentsfunktionen nach Parteien (N=1.049, Mehrfachnennung)

Funktion	CDU	SPD	FDP	GRÜNE
Artikulation	71%[a]	77%	73%	75%
Kontrolle	72%	60%	72%	77%
Öffentlichkeit	41%	50%	47%	29%
Information	47%	38%	40%	35%
Innovation	8%	16%	15%	28%
N	410	228	119	292

[a] Lesebeispiel: 71% aller drogenpolitischen Drucksachen, die von der CDU eingebracht worden sind, erfüllen die Artikulationsfunktion.

Wird dagegen das funktionale Verhalten der Parteien danach unterschieden, ob sie sich in der Regierung oder der Opposition befinden (siehe Kapitel 4.5), ergeben sich deutliche Unterschiede: Bei der SPD hat die Kontrollfunktion in der Regierung einen höheren Stellen als in der Opposition (75% zu 41%) (siehe Tabelle 4.9.12). Das Gleiche gilt für die FDP (84% zu 63%). Daraus könnte der

---

[154] Die Gesetzgebungsfunktion wurde hier nicht berücksichtigt, weil die Parteien keinen einzigen Gesetzesentwurf eingebracht haben.

Schluss gezogen, dass SPD und FDP als Regierungsfraktionen im Sinne der ‚klassischen' Trennung von Legislative und Exekutive fungieren und die Drogenpolitik der eigenen Landesregierung kontrollieren, zumindest wenn die Anzahl von Anfragen als Ausdruck von Kontrolle angesehen wird. Bei der CDU liegt dagegen das nach dem Analysekonzept von Regierungsmehrheit und Opposition (Steffani 1991) zu erwartende Verhaltensmuster vor: Als Regierungspartei kontrolliert sie die Landesregierung weniger als in der Opposition (55% zu 80%). Bei den Christdemokraten fällt außerdem auf, dass sie vergleichsweise mehr drogenpolitische Akzente („Innovationsfunktion") in der Regierungsverantwortung setzt, und dass sie in dieser Rolle ebenfalls die Öffentlichkeitsfunktion häufiger wahrnimmt als in der Opposition (siehe Tabelle 4.9.12). Bei SPD und FDP verhält es sich im Gegensatz dazu genau andersherum: Sowohl die Innovationsfunktion als auch die Öffentlichkeitsfunktion haben für sie einen größeren Stellenwert, wenn sie sich in der Opposition befinden. Die Artikulationsfunktion wird von CDU und SPD in etwa gleichem Maße ausgeübt, egal ob sie an der Regierung beteiligt sind oder zur Opposition gehören. Für die FDP hat diese Funktion in der Regierungsverantwortung einen höheren Stellenwert (82% zu 66%).
Bei den GRÜNEN musste auf eine Unterscheidung zwischen Regierungs- und Oppositionspartei verzichtet werden, da für sie nur 8 Drucksachen gezählt werden konnten, die sie als Regierungspartei eingebracht haben.[155] Diese Zahl ist aber für einen empirisch gesicherten Vergleich zu gering.
Die Ergebnisse können nicht verallgemeinert werden, da sich die Analyse nur auf das Politikfeld „Illegale Drogen" bezieht. Für dieses kann aber die Annahme in Frage gestellt werden, dass im parteipolitisch strukturierten Regierungssystem die Kontrollfunktion vor allem von den Opposition wahrgenommen wird. Schon Schneider (1979) hatte darauf hingewiesen, dass in den Bundesländern zwischen den beiden Gewalten Legislative und Exekutive eine größere Unabhängigkeit als im Bund bestehe und die Regierungsfraktionen nicht in jedem Falle die bedingungslose Unterstützung der Regierung als ihre Hauptaufgabe ansehen würden.

---

[155] Diese 8 Drucksachen haben sie in 4 Jahren grüner Regierungsbeteiligung eingebracht (1½ Jahre Berlin (89-90), 2½ Jahre NRW (95-97)). In Hamburg begann die Amtszeit der rot-grünen Regierung erst Ende 1997.

Tabelle 4.9.12: Parlamentsfunktionen bei den Parteien nach Regierungs- und Oppositionsfunktion (N=1.049, Mehrfachnennung)

Funktion	CDU		SPD		FDP		GRÜNE	
	Reg.	*Opp.*	*Reg.*	*Opp.*	*Reg.*	*Opp.*	*Reg.*	*Opp.*
Artikulation	69%	71%	75%	79%	82%	66%	75%	75%
Kontrolle	55%	80%[a]	75%	41%	84%	63%	100%	6%
Öffentlichkeit	57%	33%	38%	66%	43%	50%	25%	29%
Information	47%	47%	42%	32%	29%	49%	38%	35%
Innovation	14%	6%	15%	18%	14%	16%	38%	28%
N	131	279	125	103	51	68	8	284

[a] Lesebeispiel: 80% aller drogenpolitischen Drucksachen, die von der CDU als Oppositionspartei eingebracht worden sind, erfüllen die Kontrollfunktion.

Abschließend soll ein kurzer Blick auf die Innovationsfunktion geworfen werden. Wie schon gesehen, hat bei den GRÜNEN diese Funktion eine vergleichsweise wichtige Bedeutung. Werden ausschließlich die Drucksachen betrachtet, die eine Innovationsfunktion erfüllen und dabei nicht zwischen den drogenpolitischen Inhalten unterschieden, zeigt sich, dass beinahe die Hälfte dieser Drucksachen aus der Feder der GRÜNEN stammen (48%) (siehe Tabelle 4.9.13). Dieser Anteil überrascht nicht, da die GRÜNEN schon immer Alternativen zur bundesdeutschen Drogenpolitik formuliert haben (siehe Kapitel 2.2). Aber immerhin über die Hälfte aller „innovativen" Drucksachen stammen von den anderen drei Parteien zusammen, wobei CDU und SPD über fast gleich große Anteile verfügen (22% bzw. 20%). Es kann also nicht davon gesprochen werden kann, dass die „föderalen Impulsgeber" in der Drogenpolitik nur bei den GRÜNEN zu finden sind.

Tabelle 4.9.13: Zusammensetzung der neuen politischen Zielsetzungen („Innovationsfunktion") nach Parteien (N=171)

Partei	
CDU	20%
SPD	22%[a]
FDP	10%
GRÜNE	48%
N	171

[a] Lesebeispiel: 22% aller neuen drogenpolitischen Zielsetzungen („Innovationsfunktion") stammen von der SPD.

Als Resümee dieses Kapitels kann festgehalten werden, dass die CDU und die GRÜNEN die ‚fleißigsten' Parteien in der Drogenpolitik sind. Sie haben in absoluter und relativer Hinsicht am häufigsten drogenpolitische Drucksachen in die Landtage eingebracht. Die GRÜNEN haben dabei seit ihrer parlamentarischen Präsenz eine strikte Anti-Repressionsstrategie verfolgt und auf alternative Hilfeformen gesetzt. Genauso eindeutig hat die CDU die Linie „Strafe und Polizei gegen Drogen" postuliert und die traditionellen (stationären) Therapienformen gefördert. Diese beiden Parteien bilden mit ihren unterschiedlichen Ansätzen die Pole der drogenpolitischen Debatte in den Landtagen. Die Politik der FDP ist geprägt durch leichte Schwankungen, sie zeigt mal in Richtung Entkriminalisierung, dann wieder in Richtung Repression. In der Hilfepolitik steht sie der CDU recht nahe. Die empirische Analyse zeigt weiter, dass sich die SPD drogenpolitisch gewandelt hat. Dieser Paradigmen- und Richtungswechsel bezieht sich aber vor allem auf die Hilfepolitik (vom Abstinenzparadigma zu Akzeptanz-Ansätzen) und weniger auf den Bereich der Repression, in dem die Partei auch noch in den 90er Jahren eher traditionellen Politikbearbeitungsmustern verhaftet geblieben ist.

Es existiert also in der Drogenpolitik ein Parteienkonflikt. Dieser ist – nach den Resultaten der empirischen Analysen – vor allem eine Kontroverse um den richtigen Weg in der *Drogenhilfepolitik*. Hier stehen sich SPD und GRÜNE einerseits und CDU und FDP andererseits mit unterschiedlichen Konzeptionen gegenüber.

Bei der Politikebene zeigen sich nur wenige Unterschiede zwischen den Parteien; bei den eingesetzten parlamentarischen Instrumenten (Dokumententypen) bestehen dagegen einige parteienspezifische Besonderheiten, z.B. der relativ hohe Anteile von Anträgen bei der SPD. Auch bei den Parlamentsfunktionen konnten nur wenig Abweichungen zwischen den Parteien festgestellt werden. An erster Stelle ist hier noch der besondere Stellenwert der Innovationsfunktion bei den GRÜNEN zu erwähnen. Wenn allerdings die Parteien getrennt nach Regierungs- oder Oppositionsfunktion untersucht werden, ergeben sich interessante Befunde, die teilweise im Widerspruch zu Annahmen der politikwissenschaftlichen Literatur stehen. Es zeigt sich dann, dass die Kontrollfunktion in der Drogenpolitik auch von Parteien ausgeübt wird, die in der Regierungsverantwortung stehen.

5. Resümee und Ausblick: Chancen und Risiken einer Föderalisierung der Drogenpolitik

Zusammenfassung: Die Landtage als drogenpolitischer Impulsgeber

Die vorangegangenen empirischen Analysen ergeben zusammengenommen ein facettenreiches Bild bundesdeutscher Drogenpolitik. Sie zeigen die Dynamik des drogenpolitischen Prozesses auf der Ebene der Landtage mit zunehmenden Aktivitäten und länderspezifischen Besonderheiten. Der von der Politikwissenschaft diagnostizierte Bedeutungsverlust der Landtage trifft für das Politikfeld „Illegale Drogen" nicht zu. Im Gegenteil: Die Landtage diskutieren zeitnah drogenpolitische Themen und üben in diesem Politikfeld eine Innovationsfunktion aus. Sie sind föderaler Impulsgeber und „Experimentierlabors" einer sich erneuernden Drogenpolitik in Deutschland; sie haben viele neue Drogenhilfemaßnahmen politisch mit angeschoben.
Zwar ist die Gesetzgebungsfunktion kaum von Bedeutung für die Drogenpolitik in den Landtagen, dafür spielen aber – wie gezeigt worden ist – die anderen Parlamentsfunktionen (Kontrolle, Öffentlichkeit, Artikulation, Innovation) eine umso wichtigere Rolle. Ihre Relevanz für die Entwicklung des Länderparlamentarismus darf nicht unterschätzt werden. Thaysen stellt hierzu fest: „Differenzierung und Verwissenschaftlichung von Politik erhöhen den Bedarf an Vorklärung, Beurteilung und Erklärung der beschriebenen historischen Prozesse. Hierin liegt die Bedeutung der Artikulations-, der Kontroll- und der Öffentlichkeitsarbeit auch und gerade der Landesparlamente" (Thaysen 1997: 438). Diese Aussage trifft zweifelsohne auch für den Bereich der Drogenpolitik zu. Hier konnte empirisch der Stellenwert dieser Parlamentsfunktionen sowie ihre Kontinuität, aber auch ihr Wandel über einen Zeitraum von 30 Jahren nachgewiesen werden.
Nach den empirischen Ergebnissen dieser Arbeit müssen die beiden Einschätzungen, dass a.) die Reformpolitik der Länder im Drogenbereich im Wesentlichen von den Landesregierungen und nicht von den Landtagen geprägt wird, und dass b.) sich der Bedeutungsverlust der Landtage auch in der Drogenpolitik widerspiegelt, als widerlegt angesehen werden. Aus dieser doppelten Untersu-

chungsperspektive ist vielmehr festzustellen, dass die Landtage einen eigenständigen Anteil an der Entwicklung und Durchsetzung von Drogenpolitik in Deutschland haben und im Politikfeld „Illegale Drogen" ein lebendiger Landesparlamentarismus existiert.

Ein wichtiges Ergebnis dieser Arbeit ist, dass der funktionale Wandel der Landtage in der Drogenpolitik vor allem durch die *Opposition* verursacht worden ist. Bei ihr hat im Untersuchungszeitraum von 30 Jahren die Artikulations- und Innovationsfunktion einen enormen Bedeutungsgewinn erfahren. Bei der Regierungsmehrheit ist dagegen die Informationsfunktion wichtiger geworden. Dieser Prozess fand zwischen der ersten (1968-1977) und der zweiten Untersuchungsdekade (1978-1987) statt. Dieses dürfte mit der Herausbildung eines neuen Politikfeldes zusammenhängen, in dem die Rollenverteilung zwischen Regierungsmehrheit und Opposition am Anfang noch nicht geklärt ist und sich erst im Verlaufe der Zeit verstetigt, so die These. Ferner zeigt sich, dass der *funktionale* Wandel nicht einhergehen muss mit dem *inhaltlichen* Wandel einer Policy, denn dieser erfolgte in der Drogenpolitik erst zwischen der zweiter und dritter Dekade (1988-1997). Dieses Ergebnis könnte Anlass sein, parlamentarische Entwicklungen auch in anderen Politikbereichen mehr als bisher nach dem Kriterium von Regierungsmehrheit und Opposition zu untersuchen. So könnten differenzierte Analysen an die Stelle von pauschalen Befunden („Bedeutungsverlust der Landtage") treten.

Wie schon in der politikwissenschaftlichen Literatur festgestellt wurde, ist die politische Bedeutung der Parlamentsfunktionen für die Landtage anders zu gewichten als für den Deutschen Bundestag. Die Landtage sind keine „Bundestage en miniature" (Schneider 1979: 122). Dieser Sachverhalt wird durch diese Studie bestätigt, denn gesetzgeberische Tätigkeiten auf der Landesebene kommen im Drogenbereich so gut wie nicht vor. Dies gilt auch für die Aktivitäten der Landesparlamente insgesamt: Nur ca. 3% aller eingebrachten Drucksachen in den Landtagen sind Gesetzesvorlagen, während der entsprechende Wert beim Bundestag durchschnittlich 8% beträgt.[156] Auf der Landesebene hat dagegen die Wahrnehmung der Kontroll-, Artikulations- und Öffentlichkeitsfunktion, die sich in der Vielzahl von Anfragen, Anträgen und Berichten ausdrückt, einen größeren Stellenwert als die Gesetzesarbeit. Die öffentliche Diskussion dieser parlamentarischen Vorgänge hat eine wichtige Funktion: Ziele und Mittel der Politik werden einer umfassenden Erörterung ausgesetzt und Lösungsvorschlä-

---

[156] Eigene Berechnungen anhand der vorliegenden Parlamentsstatistiken für die vier untersuchten Landtage und den Deutschen Bundestag (9. bis 11. Wahlperiode; nach den Angaben in: Schindler 1994).

ge für Politikprobleme können auf diese Weise transparent erarbeitet werden (Hartwig und Pies 1995). Die empirischen Auswertungen zeigen, dass die Landtage für die öffentliche Formulierung von Drogenpolitiken eine zunehmende Bedeutung erlangen. Es werden dort immer häufiger konkrete drogenpolitische Forderungen artikuliert. Dafür nutzen die Parlamentarier die dafür vorhandenen Instrumente (Anträge), weichen aber auch auf Dokumententypen aus (Anfragen), die eigentlich primär der Kontrolle dienen.

Die drogenpolitischen Aktivitäten der Landtage haben sowohl in absoluter als auch relativer Hinsicht zugenommen, obwohl es nicht zu einem formalen Kompetenzzuwachs der Landtage gekommen ist. In dem relativ jungen Politikfeld „Illegale Drogen", in dem nicht alle Zuständigkeiten von vornherein rechtlich eindeutig geregelt waren, haben sich aber die Landtage – auch das belegt die empirische Analyse – durch die Thematisierung drogenpolitischer Fragestellungen eine Art von „informeller Zuständigkeit" erworben. Die Landesparlamente haben ihre Handlungschancen genutzt.

Zudem zeigen sich unterschiedliche Drogenpolitiken und Themenschwerpunkte in den einzelnen Landtagen, also eine föderale Vielfalt, die als politische Reaktion auf die spezifische Drogensituation im Land interpretiert werden kann. Jede einzelne Partei weist zwar quer über die Landtage ähnliche drogenpolitische Inhalte und Handlungsmuster auf, es konnten aber auch parteipolitische Besonderheiten in einzelnen Bundesländern festgestellt werden.

Inwieweit sich jedoch die Ergebnisse dieser Untersuchung auf andere Politikfelder und insgesamt auf den Länderparlamentarismus übertragen lassen, ist so nicht einschätzbar und müsste in weiteren politikbereichsspezifischen Analysen und Fallbetrachtungen überprüft werden. Zwar wurden einige vergleichende Betrachtungen zwischen den drogenpolitischen Tätigkeiten und den Landtagsaktivitäten insgesamt angestellt. Der hier gewählte methodische Ansatz – eine quantitativen Erhebung von Drucksachen mit einer empirischen Zuordnung der Dokumententypen bzw. Zielsetzungen der Drucksachen zu den verschiedenen Parlamentsfunktionen – ließ sich aber nur eingeschränkt auf die Landtagstätigkeiten insgesamt übertragen.

Es kann aber festgehalten werden, dass Parlamentsdrucksachen für eine empirische Analyse gut geeignet sind. Sie sind ein wichtiger Indikator für Politik in den Parlamenten. Die gewählte Methodik erlaubt kontext- und inhaltsbezogene Interpretationen. Empirisch gestützte Parlamentsanalysen können so zu neuen differenzierten Erkenntnissen und Schlussfolgerungen über die Funktionsweise von Länderparlamenten und Steuerungsmustern in Politikfeldern führen.

Ausblick: Die Föderalisierung der Drogenpolitik

In der Bundesrepublik Deutschland besteht eine Tendenz zur Föderalisierung der Drogenpolitik. Davon zeugen die zahlreichen Bundesratsinitiativen und Modellprojekte der Länder sowie die Aktivitäten der Länderkommissionen (siehe Kapitel 2.3). Ebenso sind die unterschiedlichen Länder-Erlasse zum § 31a BtMG (Absehen von der Strafverfolgung bei Delikten zum Eigenverbrauch) eine Erscheinungsform dieser Föderalisierungstendenzen (Kalke und Raschke 1996). Dieser Prozess findet zwar auf der Ebene der Länderexekutiven statt, ist aber genauso – das zeigt diese Untersuchung – Ausdruck eines konkurrierenden Länderparlamentarismus mit länderspezifischen Unterschieden in der Behandlung drogenpolitischer Inhalte in den Landtagen.

Im Bundestag und Bundesrat gab es in den letzten 10 Jahren einige parlamentarische Initiativen, die auf einen Kompetenzzuwachs der Bundesländer in der Drogenpolitik abzielten. Als ein Beispiel sei hier der Antrag der SPD-Bundestagsfraktion zu kontrollierten Heroinverschreibung angeführt, mit dem der Ermessensspielraum des Bundesinstituts für Arzneimittel und Medizinprodukte bei der Genehmigung von Modellversuchen (nach § 3 Abs. 2 BtMG) eingeengt und der Handlungsrahmen der Landesregierungen erhöht werden sollte. In dem Antrag wird folgende Gesetzesänderung vorgeschlagen: „Dem Antrag einer obersten Gesundheitsbehörde eines Landes ist zu entsprechen, wenn diese geltend macht, die Erlaubnis liege im öffentlichen Interesse des Landes" (Deutscher Bundestag 1996: 3). Eine Novellierung des BtMG in diesem Sinne würde die Länderexekutiven stärken, den Landesparlamenten jedoch keine neuen Regelungskompetenzen bringen. Der SPD-Vorstoß ist nicht der einzige Reformvorschlag, der zu einem Ausbau des „Exekutivföderalismus" in der Drogenpolitik führen würde. Weitere Beispiele lassen sich in parlamentarischen Initiativen zur Methadonsubstitution und zur Einrichtung von Gesundheitsräumen finden.

Seit dem Regierungswechsel im Jahr 1998 wurde die föderative Komponente in der Drogenhilfepolitik gestärkt. Die vom Bundesgesundheitsministerium erarbeitete Lösung zur rechtlichen Absicherung von Gesundheitsräumen sieht vor, dass über die Zulassung dieser Einrichtungen die jeweiligen obersten Landesgesundheitsbehörden entscheiden. Bei der Heroinverschreibung wird ein politischer Weg beschritten, bei dem sowohl an der Planung als auch bei der Durchführung des Modellversuchs Bundesländer beteiligt sind. Auch bei der Neuregelung der Codeinsubstitution haben die Länder eigene Befugnisse erhalten. Diese wurde allerdings noch von der vorherigen Bundesregierung erlassen, aber im

Rahmen eines „Kompromisspaketes" mit dem Bundesrat (siehe Kapitel 2.3). Die rot-grüne Bundesregierung hat die Bundesländer bisher darin bestärkt, hier die eigenen Interpretationsspielräume zu nutzen. Aber auch die Länder selbst wollen mehr Rechte in der Drogenpolitik. So zielt der jüngste Vorschlag der Gesundheitsminister-Konferenz (GMK) auf eine Stärkung der Länderkompetenzen in der Suchthilfe und Drogenpolitik ab (Gesundheitsminister-Konferenz 1998). Die Länder prüfen zur Zeit, welche Rechtsnormen zwingend bundeseinheitlich gestaltet sein müssen und welche im Interesse regional adäquater Lösungen und differenzierter Erprobungsmöglichkeiten in Länderzuständigkeiten überführt werden könnten. Mit der Stärkung der Länderkompetenz ist auch beabsichtigt, die drogenpolitische Kontroverse zu entspannen, weil unterschiedliche Lösungen in strittigen Fragen möglich wären, die sich dann im föderativen Wettbewerb bewähren könnten.

In diesem Zusammenhang sei angemerkt, dass ein Teil der Initiativen, die auf eine Erweiterung der drogenpolitischen Handlungsspielräume der Bundesländer abzielten (siehe Kapitel 2.3), vor allem mit themenbezogenen Sachargumenten und weniger mit strukturellen und föderativen Gesichtspunkten begründet wurden. Hier zeigt sich ein Argumentationsmuster, bei dem eine Verlagerung von Regelungskompetenzen zugunsten der Bundesländer in erster Linie aus strategischen Gründen gefordert wird, um eine bestimmte inhaltliche Politik oder ein politisches Programm auf der Länderebene durchzusetzen. Föderale Grundüberzeugungen spielen dabei nur eine nebensächliche Rolle.[157]

Die Ursachen für die Föderalisierung der Drogenpolitik dürften in länderspezifischen Problemkonstellationen und der Herausbildung unterschiedlicher Lösungsversuche durch die Landtage bzw. Länderregierungen liegen. Dieser föderative Wettbewerb in der Drogenhilfe kann innovativ sein, weil es zur Erprobung von neuen Hilfeangebote kommen und damit der Therapiepluralismus gestärkt werden kann. Die CDU/FDP-Bundesregierung (1982-1998) ver- oder

---

[157] Es gibt aber auch den umgekehrten Fall, dass eine Bundesregierung versucht, an den Landesregierungen vorbei Reformprojekte in den Bundesländern auf den Weg zu bringen, um sich politisch zu profilieren. So initiierte die sozialliberale Bundesregierung in den 70er Jahren verschiedene Modellprojekte im Bereich der Tagesmütterbetreuung, der Altenhilfe sowie der Drogen- und Schwangerschaftsberatung (Laufzeit jeweils 3 Jahre), weil die Länder sich weigerten, in Anbetracht knapper Finanzen kostenträchtige Reformvorhaben einzuleiten. Diese „Ausweichstrategie" des Bundes, sozialpolitische Reformen auf Gebieten durchzuführen, die eigentlich in die Kompetenz der Länder fielen, wurde von den meisten Landesregierungen entschieden abgelehnt (Münch 1997). Klatt (1989) hat insgesamt zu dieser Thematik angemerkt, dass politische Auseinandersetzungen zwischen dem Bund und den Ländern häufig gar nicht als Kompetenzkonflikte in der Öffentlichkeit und Wissenschaft wahrgenommen werden, da meistens die Sachproblematik im Vordergrund steht.

behinderte aber häufig solche Modernisierungsversuche im Drogenbereich (Kalke und Raschke 1996). Die bundesdeutsche Drogenpolitik bewegte sich damit jahrelang zwischen der Innovationsbereitschaft der Länder und der Immobilität des Bundes.
Die Diskussion um die Föderalisierung der Drogenhilfepolitik darf nicht losgelöst von Entwicklungen in anderen Bereichen der Sozial- und Gesundheitspolitik betrachtet werden. Auch dort gibt es Bestrebungen, die Zuständigkeiten der Länder zu stärken. So wird unter dem Stichwort „Föderalismus und Sozialversicherung" eine Regionalisierung der gesetzlichen Rentenversicherung (kontrovers) diskutiert, wobei an dieser Stelle die Frage von regionalisierten Beitragszahlungen ausgeklammert bleiben soll.[158] Von Seiten der Befürworter einer Regionalisierung wird mit der besonderen Bedeutung regionalspezifischer Aspekte bei der Ausgestaltung der Rehabilitationsmaßnahmen argumentiert. Es werden das Erfordernis der regionalen Kooperation der stationären, teilstationären und ambulanten Versorgung betont sowie die Orts- und Problemnähe als Vorteile einer dezentralen Lösung genannt (Deutscher Bundesrat 1996). Eine Regionalisierung der Rentenversicherung könnte zum Ergebnis haben, dass die Rehabilitationsangebote für Suchtkranke weiter ausdifferenziert werden, weil die Anerkennung der Träger der Maßnahmen flexibler erfolgen könnte.
Selbst wenn also zukünftig mehr Hilfeleistungen für Drogenabhängige durch die Krankenkassen und Rentenversicherungsträger bezahlt würden, wie es von einigen Bundesländern (z.b. Hamburg) schon lange gefordert wird (siehe Kapitel 2.1), würde sich die Frage der Föderalisierung der Suchthilfe (erst recht) stellen.
Die GMK hat schon 1993 darauf hingewiesen, dass eine Föderalisierung der Drogenpolitik auch eine bessere Zusammenarbeit zwischen den Ländern und der Bundesversicherungsanstalt für Angestellte (BfA), die für die stationäre Rehabilitation Suchtkranker zuständig ist, nötig macht. Nach Ansicht der GMK sollte die BfA bei ihren Planungen die regionalen Bedarfslagen und konzeptionellen Weiterentwicklungen in der Ländern mehr als bisher berücksichtigen (Gesundheitsminister-Konferenz 1993). Zu beachten ist ebenfalls die Entwicklung in der Europäischen Union. In vielen EU-Staaten sind in den letzten Jahren Kompetenzen der Suchthilfe und Drogenbekämpfung von der zentralen auf die regionale oder lokale Ebene verlagert worden (Europäische Beobachtungsstelle 1998). In Dänemark wurden beispielsweise die Regionen mit zusätzlichen Kompetenzen ausgestattet, in Österreich die Koordinationsstrukturen in den

---

[158] Auch bei einem (weiterhin) zentralisierten Beitragssystem wäre eine regionalisierte Organisation der Rehabilitationsmaßnahmen möglich.

neun Bundesländern gefestigt. Dabei lässt sich konstatieren, dass die Maßnahmen zur Reduzierung des Angebotes stärker zentralisiert sind, die Regionalisierung vor allem den Bereich der Prävention und Hilfe betrifft. Diese Entwicklungstendenz steht nicht im Widerspruch dazu, dass die nationale Drogengesetzgebung zunehmend dem Einfluss länderübergreifender Maßnahmen unterliegt, die auf der UN- oder EU-Ebene beschlossen werden. Von daher würde Deutschland mit einer Verlagerung von drogenpolitischen Kompetenzen auf die Länderebene dem Beispiel anderer europäischer Staaten folgen.

Sollten die Landtage in der Drogenpolitik gestärkt werden?

Die Ergebnisse dieser Untersuchung werfen die Frage auf, ob es sinnvoll wäre, die Landtage in das Zentrum der Überlegungen zur Föderalisierung der Drogenpolitik zu rücken. Sollen den Landtagen mehr Rechte bei der Formulierung und Gestaltung von Suchthilfemaßnahmen eingeräumt werden? Zu fragen ist, ob die Landtage grundsätzlich geeignet erscheinen, das Sucht- und Drogenthema politisch effektiv zu bearbeiten – ob sie also in einer hochkomplexen Angelegenheit adäquate Lösungen schaffen, eine rationale Konfliktbearbeitung ermöglichen, Konsens unter den beteiligten Akteuren herstellen, Legitimation für eine bestimmte Politik beschaffen und den politischen Prozess transparenter machen können. Es stellt sich nicht weniger als die Frage nach der *richtigen Entscheidungsebene* in der Drogenpolitik.

In den bisherigen Überlegungen zur Föderalisierung der Drogenpolitik spielen die Landtage keine Rolle. In dem eben erwähnten Beschluss der GMK tauchen sie gar nicht auf. Auch von den Parteien werden sie bislang nicht als ein potenzieller und zu stärkender Akteur bundesdeutscher Drogenpolitik betrachtet – es sind von dieser Seite keine Vorschläge bekannt, die auf eine Erweiterung der Mitspracherechte und Befugnisse der Länderparlamente in diesem Politikfeld abzielen.

Die eben aufgeworfenen Fragen können mit den in dieser Arbeit gewonnenen Daten nicht abschließend beantwortet werden. Dazu hätten zusätzlich drogenpolitische Entscheidungsprozesse und deren Policy-Outputs untersucht werden müssen. Das hätte aber über die empirisch-quantitative Dokumentenanalyse hinaus weitere Studien erfordert. Die Ergebnisse dieser Arbeit geben aber einige wichtige Anhaltspunkte für die Beantwortung der obigen Fragestellung: Die Landtagsabgeordneten reagieren zeit- und betroffenennah auf die Drogenprobleme des Landes und versuchen, diese mit politischen Konzepten und Maßnahmen zu lindern und zu lösen. Sie diskutieren öffentlich über die verschiedenen Wege der Suchtbekämpfung und thematisieren relativ schnell neue Konsumtrends und entsprechende Hilfemaßnahmen – eher als dies im Deutschen Bundestag der Fall ist, wie die empirische Analyse ausweist. Dabei dürften auch das engere kommunikative Verhältnis und die räumliche Nähe zwischen der Bevölkerung eines Landes und seinen gewählten Landtagsabgeordneten eine Bedeutung haben. Die Landesparlamente nehmen von daher tatsächlich eine „politische Laborfunktion" wahr: „In diesen Zusammenhang gehört schließlich in gewisser Weise auch die Erschließung neuer Politikfelder und neuer Lösungsansätze für Sachfragen, die als Ausdruck eines lebendigen Föderalismus von den Landesparlamenten im Rahmen ihrer Rechte als Staatsorgane mitgestaltet wurden. ... Die Landesebene bleibt trotz aller Unitarisierungstendenzen in begrenztem Umfange ein politisches Experimentierfeld" (Greß und Huth 1998: 57). Immerhin 16% aller erfassten Drucksachen zur Drogenpolitik erfüllen eine Innovationsfunktion, d.h. sie beinhalten neue politische Zielsetzungen und Forderungen.

Auch in der aktuellen Föderalismus-Diskussion wird diese Innovationsfunktion wieder mehr betont. So fordert Scharpf (1998) für die Wirtschaftspolitik einen „innovations-freundlichen Wettbewerbsföderalismus" mit einer Dezentralisierung von Gesetzgebungskompetenzen und der Schaffung von Experimentiermöglichkeiten für die Bundesländer (Scharpf 1998: 3). Und Suntum (1998) führt im Kontext ökonomischer Überlegungen aus: „In dynamischer Sichtweise ist der Föderalismus ein Entdeckungsverfahren im Sinne Hayeks, welche die Suche nach effizienten Lösungen im Wege zahlreicher Parallelexperimente ermöglicht und damit die Risiken einer zentralistischen Einheitslösung vermeidet" (Suntum 1998: 3). Beide messen jedoch in ihren Vorstellungen zur Reform des bundesdeutschen Föderalismus den Landtagen keine besondere Bedeutung bei.

Die Analyse der drogenpolitischen Parlamentsdokumente zeigt weiter, dass die Institution Landtag als ein Forum von Meinungen betrachtet werden kann, in denen die verschiedenen parlamentarischen Politikrichtungen diskutiert werden – und zwar in zweierlei Hinsicht: im Wettstreit um die ‚bessere' Drogenpolitik zwischen den politischen Parteien, aber auch als föderaler Wettbewerb unter den Landtagen.[159] Die Landtage haben so dazu beigetragen, dass einige Bundesländer ein eigenständiges drogenpolitisches Profil entwickeln konnten (z.B. Hamburg und Bayern). Der föderative Wettbewerb und die spezifische Prob-

---

[159] Insbesondere im kulturellen Bereich und bei der Medienpolitik zeigt sich, wie der föderale Wettbewerb Vielfalt und Pluralismus fördern kann (Laufer und Münch 1998).

lemkonstellation am Ort können also die Innovation fördern und bieten zudem die Möglichkeit, neue Vorgehensweisen und Maßnahmen zunächst in einem Bundesland zu testen (Laufer und Münch 1998).[160] Außerdem kann der Landtag als ein „Resonanzboden des Zumutbaren" (Thaysen 1997) betrachtet werden, der einen Beitrag zur innergesellschaftlichen Konfliktlösung leisten kann. In den ausgewerteten Landtagsdrucksachen spiegelt sich dementsprechend der Verlauf der bundesdeutschen Drogendebatte der letzten 30 Jahre ziemlich genau wider.

Insgesamt scheint deshalb die Institution Landtag ein geeigneter parlamentarischer Ort für die Gestaltung einer föderal ausgerichteten Drogenpolitik zu sein. Aus diesem Grunde sollte in Erwägung gezogen werden, die Stellung der Landesparlamente in der Drogenhilfepolitik zu stärken und ihre rechtlichen Befugnisse auszuweiten. Eine Drogenpolitik in erweiterter Landesverantwortung könnte für die Landtage die Möglichkeit bieten, Aktivität, Kompetenz und Steuerungsfähigkeit in einem für die Allgemeinbevölkerung relevanten Politikfeld unter Beweis zu stellen. Der Landtag könnte so zu einer Identifikationsebene für die Bürger werden.

Die in dieser Studie gewonnenen Daten über die zahlreichen drogenpolitischen Aktivitäten der Landtagsabgeordneten, die in den letzten Jahren stetig angestiegen sind, widerlegen auch die Befürchtung, dass es sich bei der Drogenproblematik um ein ‚Schmuddel-Thema' handelt, mit dem sich man sich als Politiker kaum profilieren kann und sich deshalb lieber in ‚politischer Abstinenz' übt. Immerhin entspricht heutzutage der jährliche Umfang von drogenpolitischen Drucksachen dem der Politikfelder „Ausländer und Asyl", „Jugend" und „Frauen".

Für eine Föderalisierung der Drogenpolitik mit einem gestärkten Akteur Landtag spricht ebenfalls das Subsidiaritätsprinzip, demzufolge vor Ort zu regeln ist, was vor Ort zu regeln möglich bleibt.[161] Subsidiäre Steuerungsmuster sind in vielen Feldern der Sozial- und Gesundheitspolitik anzutreffen (z.B. Gäfgen 1988). Das trifft für den Drogensektor nur bedingt zu, weil das geltende Betäubungsmittelgesetz mit seinen therapeutischen Implikationen einer subsidiären Selbstregulierung in der Suchthilfe Schranken setzt. Deshalb wurde hier in der Vergangenheit, um regionale Experimente und länderbezogene Modelle über-

---

[160] Dieses kann auch für die europäische Drogenpolitik festgestellt werden: „Es waren vielmehr reale Konflikt- und Problemlagen in den Einzelstaaten, die einen je sehr spezifischen Fortschritt erzwungen und plurale Lösungsansätze befördert haben" (Bossong 1998, S. 58).
[161] Das Subsidiaritätsprinzip ist eine sozialethische Wertvorstellung, die aus der Katholischen Soziallehre kommt und erstmals von Papst Pius XI. in der Sozialenzyklika „Quadragesimo anno" (1931) formuliert wurde.

haupt durchführen zu können, auf neokorporatistische Arrangements zurückgegriffen, bei denen die Konsensfindung über die Einbeziehung aller relevanten Akteure in die Politikformulierung und -implementation erreicht wird. Neokorporatistische Drogenpolitik auf der Länderebene kann so einen Schutz gegen rechtliche Interventionen seitens des Bundes darstellen, wie das Beispiel des Hamburger Methadonprogramms zeigt (Kalke und Giebel 1996). Ein Zuwachs landespolitischer Regelungskompetenzen der Landtage dürfte die Notwendigkeit solcher neokorporatistischen Bündnispolitik verringern.

Münch weist zudem darauf hin, dass viele sozialpolitische Politikfelder nicht ausschließlich mittels Verrechtlichung und Monetarisierung gestaltet werden können, sondern ebenso „pädagogische Interventionsformen" (z.b. unterschiedliche Präventionsprogramme, J.K.) benötigen, so dass diese Politikfelder grundsätzlich für eine Föderalisierung (bzw. Regionalisierung) geeignet seien (Münch 1997). Zusammen mit Laufer (1998) stellt sie hierzu fest: „Gerade in den Bereichen moderner Staatstätigkeit, die sich nicht auf rechtliche Regulierung und finanzielle Zuteilung beschränken, erscheint die politische Gestaltung durch Länder und Kommunen nicht nur aufgrund deren größerer Nähe zu den Bürgern sinnvoll" (Laufer und Münch 1998: 347). Diese Zuschreibung gilt auch für die Drogenpolitik, denn bei ihr geht es nicht nur um die Anwendung von Strafrechtsnormen oder die finanzielle Zuwendung an Einrichtungen der Suchthilfe, sondern ebenso um die Behandlungsformen und Hilfeangebote für Betroffene, genauso wie um die Sorgen und Ängste der Allgemeinbevölkerung. Die Qualität der Partizipation der Betroffenen könnte also bei einem drogenpolitischen Kompetenzzuwachs der Landtage durch eine leichtere Überschaubarkeit und größere Nähe zu den politischen Entscheidungsträgern verbessert werden. „Wenn in der – im Verhältnis zum Bund – kleineren Einheit des Landes größere Sach- und Bürgernähe und damit mehr Demokratie möglich sein soll – und darin liegen Idee und Rechtfertigung des Föderalismus –, so setzt dies Kompetenzen des Parlaments, Verantwortlichkeiten der Regierung gegenüber dem Parlament und damit dem Volk und einen Leistungswettbewerb zwischen den Ländern voraus" (Arnim 1998: 6).

Nun könnte eingewendet werden, dass der im Sozialstaatsprinzip begründete Auftrag der Herstellung eines einheitlichen Sozialsystems gegen eine Föderalisierung der Drogenhilfepolitik spricht.[162] Es stellt sich damit die Frage nach den Grenzen föderalistischer Politik. Eine ernstzunehmende Kritik könnte lauten: Selbst wenn die Landtage funktional in der Lage wären, die (regionale) Dro-

---

[162] Nach Ansicht von Kunig hat das Sozialstaatspostulat einen erheblichen Beitrag zur Unitarisierung im Bundesstaat geleistet (Kunig 1996).

genpolitik effektiv zu steuern, würde es einen Verstoß gegen die Chancengleichheit von Drogenabhängigen darstellen, wenn ein Suchtkranker beispielsweise im Bundesland Bayern andere Behandlungsmöglichkeiten hätte als ein Betroffener im Stadtstaat Hamburg – insbesondere wenn in Rechnung gestellt wird, dass drogenabhängige Menschen oftmals wenig mobil und aufgrund ihrer sozialen und körperlichen Situation nicht so leicht in der Lage sind, ein „Bundesland ihrer Therapiewahl" aufzusuchen. Ganz zu schweigen von der Tatsache, dass bestimmte Leistungen häufig an den Wohnsitz der Hilfeempfänger gekoppelt sind.

Auch die Bevölkerung dürfte gänzlich unterschiedliche Standards in der Drogen(hilfe)politik wohl kaum akzeptieren oder tolerieren. Aus einer Repräsentativerhebung des Instituts für Demoskopie Allensbach aus dem Jahre 1995 ist bekannt, dass sich zwar eine Mehrheit der deutschen Bevölkerung insgesamt einen größeren Einfluss der Länder auf die Bundespolitik wünscht und ebenfalls der Meinung war, dass sich die Landesregierung mehr um die Sorgen der Bevölkerung kümmert als die Bundesregierung, trotzdem wurde eine Umverteilung der Regelungskompetenzen zugunsten der Länder überwiegend abgelehnt (Institut für Demoskopie Allensbach 1995).[163] Das betrifft insbesondere auch den Bereich der Drogenpolitik (siehe Tabelle 5.1). Die Schwäche dieser Befragung besteht jedoch darin, dass nicht getrennt nach dem Strafrecht einerseits und dem Hilfebereich andererseits gefragt worden ist. Es könnte sein, dass bei einer entsprechend differenzierten Fragestellung die Zustimmung für eine Organisation des Suchthilfesystems in Landesverantwortung wesentlich höher ausgefallen wäre.

---

[163] Aus einer älteren Bevölkerungs-Befragung, die in Nordrhein-Westfalen durchgeführt wurde, geht hingegen hervor, dass eine grundsätzliche Bereitschaft vorhanden ist, eine stärkere Eigenständigkeit der Landespolitik zu akzeptieren. Dieses findet eine umso stärkere Zustimmung, je jünger das Alter und je höher der Bildungsabschluss sind (Lhotta 1991). Differenziert nach Politikfeldern wurde hierbei jedoch nicht gefragt.

Tabelle 5.1: Von der Bevölkerung gewünschte Kompetenzen von Bund und Ländern (nach Institut für Demoskopie Allensbach 1995: 21)

	sollte bundesweit geregelt werden	sollte Sache der Länder sein
Ausstattung und Organisation der Polizei	52%	42%
Kommunales Wahlrecht für Ausländer	53%	32%
Ausbau des Schienenverkehrs	59%	29%
Regelung der Schulabschlüsse	69%	26%
Tempolimits auf der Autobahn	73%	19%
Entscheidung über Abschiebung von Ausländern, die bei uns Straftaten begangen haben	75%	19%
Hochschulgesetze, Richtlinien der Universitäten	71%	18%
Festlegung der Ozongrenzen, Fahrverbote bei Ozonalarm	76%	17%
Genehmigungen für Kernkraftwerke erlassen	76%	14%
Drogenpolitik	**78%**	**14%**
Festsetzung der Promillegrenze	85%	7%

Neuordnung der drogenpolitischen Kompetenzen zwischen Bund und Ländern

Der hier entwickelte Vorschlag läuft darauf hinaus, in der Frage der Kompetenzverteilung deutlich zwischen dem Strafrechts- und dem Hilfebereich zu unterscheiden. Bei der Strafzumessung bei Betäubungsmitteldelikten – wie der Herstellung von oder dem Handel mit verbotenen Substanzen – dürften strafrechtliche Sonderwege der Länder sowohl aus rechtlichen als auch politischen Gründen ausscheiden. Unterschiedliche Strafrechtsnormen und -praktiken in den Ländern wären kaum mit den verfassungsrechtlichen Grundlagen eines demokratischen Rechtsstaates zu vereinbaren („Wahrung der Rechtseinheit"). Es ist sogar anzustreben, dass bislang differierende Länderregelungen wie beim § 31a BtMG möglichst bundesweit vereinheitlich werden.[164]

---

[164] Bemühungen der Bundesländer um eine Vereinheitlichung der Einstellungsbestimmungen sind bislang immer gescheitert. Auch der Bundesgesetzgeber ist nicht aktiv geworden.

Aber auch bei einer föderal zu steuernden Hilfepolitik sollten in der gesamten Bundesrepublik die gleichen rechtlichen *Rahmenbedingungen* gelten, denn gänzlich unterschiedliche Therapiesysteme in den einzelnen Bundesländern sind nur schwerlich mit dem (grundgesetzlichen) Grundsatz der Gleichwertigkeit von Lebensverhältnissen (Art. 72 GG) in Übereinstimmung zu bringen. Diese Rahmengesetzgebung sollte so konzipiert sein, dass *extreme* Abweichungen zwischen den Bundesländern ausgeschlossen sind. Innerhalb dieses Rahmens sollten aber mehr Modellversuche ermöglicht und die landespolitischen Spielräume (der Landtage) in den Bereichen Prävention, Hilfe und Therapie erweitert werden. Aus der Eigenstaatlichkeit der Länder und dem Bundesstaatsprinzip sollte sich ein Anspruch auf einen Mindestbestand an eigenen Gesetzgebungsbefugnissen ableiten, z.B. könnte den Ländern die Möglichkeit eingeräumt werden, Maßnahmen des Bundes durch Landesgesetze zu ergänzen. Zudem sollten die exekutiven Entscheidungsoptionen im Verordnungsrecht ausgebaut werden. In der seit Februar 1998 geltenden Fassung der Betäubungsmittel-Verschreibungsverordnung (BtMVV) hat der Bundesgesetzgeber den Länderbehörden – wie schon erwähnt – eigene Gestaltungsmöglichkeiten bei der Organisation der Methadon- und Codeinsubstitution im Land zugestanden, z.B. kann die oberste Landesgesundheitsbehörde Indikationen definieren, in denen Patienten ausnahmsweise mit Codeinpräparaten behandelt werden dürfen (Deutscher Bundesrat 1997). An solche Regelungswerke sollte auch in anderen Bereichen der Suchtkrankenhilfe angeknüpft werden.[165] Den Landesparlamenten könnte aber auch selbst die Möglichkeit eröffnet werden, im Bereich der Verordnungsermächtigung des Bundes tätig zu werden. Eine vom Landtag Nordrhein-Westfalen eingesetzte Sachverständigenkommission hat hierzu die folgende Neufassung des entsprechenden Artikels des Grundgesetzes vorgeschlagen: „Soweit durch Bundesgesetz oder aufgrund von Bundesgesetzen Landesregierungen ermächtigt werden, Rechtsverordnungen zu erlassen, sind die Länder zu einer Regelung auch durch Gesetz befugt" (nach Lhotta 1991: 278).
Die entscheidende Frage lautet: Inwieweit kann die notwendige Balance zwischen bundesweiter Rahmengesetzgebung und föderaler Selbstregulierung in

---

Gänzlich auszuschließen sind aber unterschiedliche Rechtssprechungspraktiken im Betäubungsmittelrecht nicht, schon wegen möglicher regionaler Besonderheiten in der Anwendung des Opportunitätsprinzips.

[165] Zudem wäre für den Bereich der Drogenpolitik ein Vorschlag zu prüfen, der schon im Bericht der Enquete-Kommission Verfassungsreform von 1977 in einem Sondervotum formuliert worden ist: Die Länder sollen im Bereich der konkurrierenden Gesetzgebung bundesgesetzliche Regelungen durch Landesgesetze ersetzen oder ergänzen können, wenn nicht der Bundestag innerhalb von drei Monaten Einspruch erhebt (Scharpf 1998).

der Drogenpolitik gefunden werden? Oder, um mit Dettling zu fragen, der sich in einem politischen Essay Gedanken zur Zukunft des bundesdeutschen Föderalismus macht: „Wie kann man mehr Vielfalt haben, ohne doch jede Art von Ungleichheit zuzulassen (etwa dadurch, dass der Bund Rahmen, Grundsätze und basale Normen vorgibt)?" (Dettling 1998).
Der hier auf der Grundlage einer empirisch-quantitativen Analyse entwickelte Vorschlag läuft nicht auf eine grundlegende Umverteilung von Kompetenzen hinaus, sondern fordert eine Akzentverschiebung zugunsten der Länder bzw. der Landtage. Er ist prinzipiell innerhalb der gegebenen institutionellen Strukturen mit den darin handelnden Akteuren realisierbar. Da im bundesdeutschen Verbundsystem fast alle politischen Ebenen an der Gestaltung fast aller Staatsaufgaben mitwirken, besteht die Möglichkeit, innerhalb eines Politikfeldes flexibel auf veränderte Anforderungen reagieren zu können, ohne die formale Kompetenzverteilung im Grundsatz ändern zu müssen (Münch 1997). In einem solchen System lässt sich die Abgrenzung zwischen Bund und Ländern aber immer nur am konkreten Einzelfall vornehmen – ein möglicher Maßstab könnte dabei das „Kriterium des Sachzusammenhangs" (Klatt 1989: 1790) sein.
Um eine solche Föderalisierung der Drogenhilfepolitik voranzutreiben, müssten die Länder ihre bisherige *Einflussstrategie*, d.h. über den Bundesrat zu Veränderungen in der bundesdeutschen Drogenpolitik zu gelangen, durch eine gezielte *Strategie der Eigenständigkeit* ergänzen, die eine eigene, auf die Länderbesonderheiten zugeschnittene Suchthilfepolitik zum Ziel hat. Ferner ist eine Novellierung des Betäubungsmittelgesetzes (BtMG) unumgänglich, denn seine rechtlichen Restriktionen haben bislang die Weiterentwicklung therapeutischer Angebote auf der Landesebene verhindert, z.B. die heroingestützte Behandlung. Es sollten sämtliche Regelungen aus dem BtMG entfallen, die die Therapie Drogenabhängiger betreffen. Die Grundlagen der Drogenhilfe und Suchtbehandlung sollten in einem separaten Rahmengesetz des Bundes („Drogenhilfegesetz") geregelt werden. Außerdem ist das Problem der eingeschränkten Leistungsfähigkeit der Länder (vor allem der kleineren) zu beachten. Es müssten entsprechende finanzpolitische Rahmenbedingungen hergestellt werden, damit die Bundesländer einen erweiterten Versorgungsauftrag für die Drogenabhängigen erfüllen könnten.
Die hier behandelte Kompetenzfrage spielt in der Diskussionen der bundesdeutsche Suchthilfe bisher so gut wie keine Rolle. Zwar fordern die Fachverbände den Aufbau regionaler Netzwerke, wer aber für die einzelnen Hilfesegmente konkret rechtlich und finanziell zuständig sein soll, wird nicht ausgeführt (siehe z.B. Deutsche Hauptstelle 1998). Auch im „Drogenpolitischen Memorandum",

in dem verschiedene Organisationen aus dem Bereich der akzeptierenden Drogenarbeit einen umfassenden Forderungskatalog an die neue rot-grüne Bundesregierung formulieren, taucht die Zielsetzung der Föderalisierung oder Dezentralisierung von Entscheidungsstrukturen und -kompetenzen nicht auf (Akzept et al. 1998). Dies dürfte primär damit zusammenhängen, dass es den Beteiligten vor allem um eine Veränderung von Inhalten geht, die Relevanz der „Strukturfrage" wird dabei ausgeklammert oder nicht gesehen.
Allerdings haben generelle Problemdiskussionen über das Verhältnis zwischen Bund und Ländern und der darin zu erfüllenden Funktionen der Landesparlamente seit Ende der 80er Jahre in einigen Landtagen stattgefunden (siehe z.B. den Bericht über den nordrhein-westfälischen Landtag bei Lhotta 1991). Diese Diskussionen spitzten sich aber selten auf die Frage zu, welche *Politikfelder im Einzelnen* für eine Reföderalisierung geeignet seien und bei denen den Landtagen neue Kompetenzen übertragen werden könnten. In der Diskussion um die Zukunft eines föderalen Deutschlands sollte deshalb mehr als bisher über diese Frage *konkreter Sachzuständigkeit* nachgedacht werden. Es geht darum, wie eine optimale Aufgabenverteilung im Bundesstaat organisiert werden kann. Das Politikfeld „Illegale Drogen" bietet sich als Sachmaterie im Rahmen einer Reföderalisierung des bundesstaatlichen Systems an. Es ist nämlich nicht auszuschließen, dass aufgrund der „dynamischen Komponente" im föderativen System eine „zentrifugale Entwicklung" eintritt (Laufer und Münch 1998: 347) und es zu einer Wiederbelebung des Gestaltungsföderalismus kommt. Dabei sollte insgesamt die Position der Landesparlamente mit neuen Zuständigkeiten in geeigneten Politikfeldern gestärkt werden.

Literatur- und Quellenverzeichnis

A. Literatur

Abromeit, Heidrun/Wurm, Felix W. (1996): Der bundesdeutsche Föderalismus – Entwicklung und neue Herausforderungen. In: Andersen, Uwe (Hrsg.) (1996): Föderalismus in Deutschland – Neue Herausforderungen. Schwalbach/Ts. 10-23.

Abromeit, Heidrun (1992): Der verkappte Einheitsstaat. Opladen.

Andersen, Uwe (1996): Einführung: Der deutsche Föderalismus in der doppelten Bewährungsprobe. In: Andersen, Uwe (Hrsg.) (1996): Föderalismus in Deutschland – Neue Herausforderungen. Schwalbach. 5-9.

Arnim, Hans Herbert von (1998): 50 Jahre Föderalismus in Deutschland: Perversion einer Idee. Vortrag auf der Tagung „Reform des Föderalismus". Frankfurter Institut und Institut der deutschen Wirtschaft. Köln am 1./2.12.1998. Königswinter.

Aulinger, Susanne (1997): Rechtsgleichheit und Rechtswirklichkeit bei der Strafverfolgung von Drogenkonsumenten. Die Anwendung von § 31 a BtMG im Kontext anderer Einstellungsvorschriften. Endbericht eines Forschungsprojekts der Kriminologischen Zentralstelle Wiesbaden e.V. im Auftrag des Bundesministeriums für Gesundheit. Baden-Baden.

Behr, Hans-Georg/Juhnke, Andreas (1985): Drogenpolitik in der Bundesrepublik. Reinbek.

Benz, Arthur (1989): Regierbarkeit im kooperativen Bundesstaat. Eine Bilanz der Föderalismusforschung. In: Bandemer, Stephan von/Wewer, Göttrik (Hrsg.) (1989): Regierungssystem und Regierungslehre. Opladen. 181-192.

Betäubungsmittelgesetz (1995). In: Strafgesetzbuch. Beck-Texte. München.

Böllinger, Lorenz/Stöver, Heino/Fietzek, Lothar (1995): Drogenpraxis, Drogenrecht, Drogenpolitik. Leitfaden für Drogenbenutzer, Eltern, Drogenberater, Ärzte und Juristen. Frankfurt am Main.

Bossong, Horst (2000): Bald wieder Strafe statt Hilfe? In: die tageszeitung vom 8.2.2000.

Bossong, Horst (1998): Substitutionsbehandlung in Europa: Was können wir aus der Europäisierung der Drogenpolitik lernen? In: Wiener Zeitschrift für Suchtforschung. Jahrgang 21. Heft 2/3. 53-58.

Bossong, Horst (1997): Ecstasy-Politik: "The same procedure as every time!?". In: Neumeyer, Jürgen/Schmidt-Semisch, Henning (Hrsg.) (1997): Ecstasy – Design für die Seele? Freiburg i.B. 211-216.

Bossong, Horst/Gölz, Jörg/Stöver, Heino (Hrsg.) (1997): Leitfaden Drogentherapie. Frankfurt a.M./New York.

Brühl, Albrecht (1992): Drogenrecht. München.

Dettling, Warnfried (1998): Föderalismus oder Etatismus? In: die tageszeitung vom 15.12.1998.

Dünkel, Frieder (1983): Die Entwicklung der Drogenpolitik und Drogengesetzgebung im internationalen Vergleich. In: Recht und Politik. Vierteljahreshefte für Rechts- und Verwaltungspolitik. 165-173.

Dworsky, Norbert (1999): 5 Jahre Erfahrungen mit Gesundheitsräumen. In: Krausz, Michael/ Raschke, Peter (Hrsg.) (1999): Drogen in der Metropole. Freiburg i.B. 205-216.

Eicher, Hermann (1988): Der Machtverlust der Landesparlamente. Berlin.

Elazar, Daniel J. (Ed.) (1994): Federal Systems of the World: A Handbook of Federal, Confederal and Autonomy Arrangements. London.

Euchner, Walter (1986): Parlamentarismus. In: Mickel, Wolfgang M. (Hrsg.): Handlexikon zur Politikwissenschaft. München. 331-334.

Friedrich, Manfred (1975): Landesparlamente in der Bundesrepublik. Opladen.

Gäfgen, Gerard (Hrsg.) (1988): Neokorporatismus und Gesundheitswesen. Baden-Baden.

Greß, Franz/Huth, Ronald (1998): Die Landesparlamente. Gesetzgebungsorgane in den deutschen Ländern. Heidelberg.

Haak, Julia (2000): Trotz Senats-Veto: City-Bezirke wollen Fixerstuben einrichten. Bundesgesetz erlaubt Druckräume auch in Berlin. In: Berliner Zeitung vom 29.02.2000.

Hahn, Roland (1987): Macht und Ohnmacht des Landtags von Baden-Württemberg. Die Rolle des Landtags von Baden-Württemberg im politischen Prozeß 1972-1981. Kehl.

Hartmann, Jürgen (Hrsg.) (1997): Handbuch der deutschen Bundesländer. Frankfurt a.M./New York.

Hartmann, Jürgen (1995): Vergleichende Politikwissenschaft. Ein Lehrbuch. Frankfurt a.M./New York.

Hartwich, Hans-Hermann (1999): Konkurrenz-Föderalismus versus kooperativer Föderalismus. In: Gegenwartskunde. Heft 3/1999. 329-336.

Hartwig, Karl-Hans/Pies, Ingo (1995): Rationale Drogenpolitik in der Demokratie. Tübingen.

Hesse, Joachim Jens/Ellwein, Thomas (1997): Das Regierungssystem der Bundesrepublik Deutschland. Opladen/Wiesbaden.

Hoffmann-Riem (Hrsg.) (1993): Bericht der Enquete-Kommission „Parlamentsreform". Bürgerschaft der Freien und Hansestadt Hamburg. Baden-Baden.

Jann, Werner (1983): Staatliche Programme und „Verwaltungskultur". Bekämpfung des Drogenmissbrauchs und der Jugendarbeitslosigkeit in Schweden, Großbritannien und der Bundesrepublik Deutschland. Opladen.

Kabel, Rudolf (1989): Die Behandlung der Anträge im Bundestag: Rechte, Formen und Verfahren. In: Schneider, Hans-Peter/Zeh, Wolfgang (Hrsg.) (1989): Parlamentsrecht und Parlamentspraxis. Berlin/New York. 883-916.

Kaiser, Andrea (1996): Was erreicht die deutsche Drogenpolitik? Eine ökonomische Analyse des illegalen Drogenmarktes. Marburg.

Kalke, Jens/Michels, Ingo Ilja (1999): Ecstasy: neue Droge, alte Politik? In: Stöver, Heino (Hrsg.) (1999): Akzeptierende Drogenarbeit. Eine Zwischenbilanz. Freiburg i.B. 266-278.

Kalke, Jens/Verthein, Uwe/Raschke, Peter (1998): 10 Jahre Substitutionstherapie in der Bundesrepublik Deutschland – Politische Entwicklung und Evaluationsergebnisse. In: Wiener Zeitschrift für Suchtforschung. Jg. 21. Heft 4/1998. 47-54.

Kalke, Jens/Pape-Hoßmann, Klaus/Raschke, Peter/Verthein, Uwe (1997): Die ambulante Abstinenzbehandlung Drogenabhängiger – unter besonderer Berücksichtigung der Hamburger Erfahrungen. In: Bossong, Horst/Gölz, Jörg/Stöver, Heino (Hrsg.) (1997): Leitfaden Drogentherapie. Frankfurt a.M. 139-155.

Kalke, Jens/Raschke, Peter (1996): Blockierte Drogenpolitik. Von Reforminitiativen der Länder und ihrer Behinderung durch die Bundesregierung. In: Akzept e.V. (Hrsg.): Wider besseres Wissen. Die Scheinheiligkeit der Drogenpolitik. Bremen. 168-180.

Kalke, Jens/Giebel, Kerstin (1994): Neue Wege in der Drogenpolitik: Das Hamburger Methadonprogramm. In: Gegenwartskunde. Heft 4/1994. 457-466.

Kilper, Heiderose/Lhotta, Roland (1996): Föderalismus in der Bundesrepublik Deutschland. Opladen.

Kissler, Leo (1989): Parlamentsöffentlichkeit: Transparenz und Artikulation. In: Schneider, Hans-Peter/Zeh, Wolfgang (Hrsg.) (1989): Parlamentsrecht und Parlamentspraxis. Berlin/New York. 1005-1020.

Klatt, Hartmut (1989): Bundestag und Landesparlamente. In: Schneider, Hans-Peter/Zeh, Wolfgang (Hrsg.) (1989): Parlamentsrecht und Parlamentspraxis. Berlin/New York. 1777-1817.

Klotz, Detlef (1977): Länderparlamentarismus: Bürgernähe als Chance. Zur hochschulpolitischen Entscheidungsfindung im Landtag von Baden-Württemberg 1956-1968 am Beispiel des Hochschulgesetzes von 1968. Frankfurt a.M.

Körner, Hans Harald (1994): Betäubungsmittelgesetz, Arzneimittelgesetz. München.

Kowalewski, Eckhard (1984): Die Parlamente der Stadtstaaten Berlin, Bremen und Hamburg (1966-1971). Frankfurt a.M.

Krausz, Michael/Uchtenhagen, Ambros/van den Brink, Wim (1999): Medizinisch indizierte Heroinverschreibung in der Behandlung Drogenabhängiger. Klinische Versuche und Stand der Forschung in Europa. In: Sucht. 45. Jahrgang. Heft 3/1999. 171-186.

Krausz, Michael/Raschke, Peter (Hrsg.) (1999): Drogen in der Metropole. Freiburg i.B.

Kreutzfeldt, Nina/Schmidt, Verena (1997): Zwischen „Bekiffte Idee" und „Versuch macht klug": Die Diskussion um den Modellversuch in Presse und Politik. In: Raschke, Peter/Kalke, Jens (1997): Cannabis in Apotheken. Freiburg i. B. 115-133.

Kreuzer, Arthur (1982): Das deutsche Betäubungsmittelgesetz und seine rechtspolitischen Grundlagen. In: Burian, Wilhelm/Eisenbach-Stangl, Irmgard (Hrsg.) (1982): Haschisch: Prohibition oder Legalisierung? Weinheim und Basel. 121-134.

Kropp, Sabine (1997): Die Länder in der bundesstaatlichen Ordnung. In: Gabriel, Oscar W./Holtmann, Everhard (Hrsg.) (1997): Handbuch Politisches System der Bundesrepublik Deutschland. München. 245-288.

Kunig, Philip (1996): Grundgesetz-Kommentar. Band 3. München.

Laufer, Heinz/Münch, Ursula (1998): Das föderative System der Bundesrepublik Deutschland. Opladen.

Lhotta, Roland (1991): Verfassung, Bundesstaatsreform und Stärkung der Landesparlamente im Zeichen der deutschen Einheit und der europäischen Integration: Zur Arbeit einer Sachverständigenkommission des Landtags Nordrhein-Westfalen. In: Zeitschrift für Parlamentsfragen. Heft 2/1991. 253-288.

Meier-Walser, Reinhard C./Hirscher, Gerhard (Hrsg.) (1999): Krise und Reform des Föderalismus. München.

Mielke, Siegfried (1971): Länderparlamentarismus. Bonn.

Ministerium für Arbeit, Gesundheit und Soziales NRW (Hrsg.) (1987): Medikamentengestützte Rehabilitation bei Drogenabhängigen. Möglichkeiten und Grenzen. Düsseldorf.

Münch, Ursula (1997): Sozialpolitik und Föderalismus. Zur Dynamik der Aufgabenverteilung im sozialen Bundesstaat. Opladen.

Neumeyer, Jürgen (2000): Drogenpolitik im Straßenverkehr. Berlin.

Neumeyer, Jürgen (1995): Suche nach Reformen. Widersprüchlichkeiten zwischen Beschlußlage, öffentlichen Äußerungen und praktischer Politik kennzeichnen die Drogenpolitik der SPD. In: Neue Kriminalpolitik. Heft 1/1995. 6/7.

Neumeyer, Jürgen/Schaich-Walch, Gudrun (Hrsg.) (1992): Zwischen Legalisierung und Normalisierung. Marburg.

Nickels, Christa (2000): Prävention, Aufklärung, Hilfe. Zwischenbilanz der Drogen- und Suchtpolitik. In: grün & bündig. Zeitung der Bundestagsfraktion BÜNDNIS 90/DIE GRÜNEN. Berlin. 12/13.

Nickels, Christa (1999): Drogenräume – pragmatische Lösung für die Betroffenen. In: AKP – Fachzeitschrift für Alternative Kommunal Politik. Heft 5/1999. 5.

Ockermann, Jürgen/Glende, Andrea (1997): So arbeitet der Landtag Nordrhein-Westfalen. Aufgaben, Zusammensetzung, Organisation und Arbeitsweise. Rheinbreitbach.

Pernthaler, Peter/Bucher, Nicoletta/Gamper, Anna (1998): Bibliographie zum österreichischen Bundesstaat und Föderalismus. Wien.

Plöhn, Jürgen (1995): Parlamentsvergleich auf subnationaler Ebene. Zur Theorie und Methode am Beispiel der Untersuchungsverfahren in den deutschen Landesparlamenten. In: Zeitschrift für Parlamentsfragen. Demokratie in Europa: Zur Rolle der Parlamente. Sonderband zum 25jährigen Bestehen. 386-403.

Plöhn, Jürgen (1991): Untersuchungsausschüsse der Landesparlamente als Instrumente der Politik. Opladen.

Plöhn, Jürgen/Steffani, Winfried (1997): Bund und Länder in der Bundesrepublik Deutschland. In: Hartmann, Jürgen (Hrsg.) (1997): Handbuch der deutschen Bundesländer. Frankfurt a.M./New York. 19-34.

Pott, Elisabeth/Lehmann, Harald/Ettischer, Heike (1998): Neuorientierung der Bundeszentrale für gesundheitliche Aufklärung. Aufgaben und Ziele. In: Prävention. Zeitschrift für Gesundheitsförderung. 21. Jahrgang/Heft 1. 3-6.

Püschl, Monika/Schlömer, Hermann (1999): Von der Abschreckungspädagogik zur Förderung von Risikokompetenz – die Entwicklung der Suchtprävention am Beispiel Hamburgs. In: Krausz, Michael/Raschke, Peter (Hrsg.) (1999): Drogen in der Metropole. Freiburg i.B. 179-192.

Quensel, Stephan (1982): Drogenelend. Cannabis, Heroin, Methadon: Für eine neue Drogenpolitik. Frankfurt a.M./New York.

Raschke, Peter (1992): Quantitative Analyse von Tätigkeiten der Bürgerschaft der Freien und Hansestadt Hamburg. Forschungsbericht. Hamburg.

Raschke, Peter/Kalke, Jens (1997): Cannabis in Apotheken. Kontrollierte Abgabe als Heroinprävention. Freiburg i.B.

Raschke, Peter/Kalke, Jens (1994): Quantitative Analyse parlamentarischer Tätigkeiten der Landtage. In: Zeitschrift für Parlamentsfragen. Heft 1/1994. 32-60.

Raschke, Peter/Schliehe, Ferdinand/Groenemeyer, Axel (1985): Therapie und Rehabilitation bei Drogenkonsumenten. Langzeitstudie am Beispiel des „Hammer Modells". Studie im Auftrag des Ministeriums für Arbeit, Gesundheit und Soziales des Landes Nordrhein-Westfalen. Düsseldorf.

Rath, Christian (1998): Verfassungsgericht kippt Ökosteuern von Ländern und Kommunen – Störfeuer für Rot-Grün. In: die tageszeitung vom 08.05.1998.

Rath, Christian (1997): Neue „Checks and Balances". Der Föderalismus wird überschätzt. In: die tageszeitung vom 15.08.1997.

Renn, Heinz (1999): „Offene" Drogenszenen in Metropolen. Ein drogenpolitischer Vorschlag und seine empirische Begründung. In: Krausz, Michael/Raschke, Peter (Hrsg.) (1999): Drogen in der Metropole. Freiburg i.B. 63-76.

Renzsch, Wolfgang (1990): Deutsche Länder und europäische Integration: Kompetenzverluste und neue Handlungschancen in einem ‚Europa der Regionen'. In: Aus Politik und Zeitgeschichte. Heft 28/1990. 28 ff.

Rudzio, Wolfgang (1983): Das politische System der Bundesrepublik Deutschland. Opladen.

Scharpf, Fritz W. (1998): Kooperativer Föderalismus – ein Modell für Deutschland? Vortrag auf der Tagung „Reform des Föderalismus". Frankfurter Institut und Institut der deutschen Wirtschaft Köln am 1./2.12.1998. Königswinter.

Scharpf, Fritz W. (1994): Optionen des Föderalismus in Deutschland und Europa. Frankfurt a.M./New York.

Scharpf, Fritz W. (1991): Der Bundesrat und die Kooperation auf der ‚dritten Ebene'. In: Deutscher Bundesrat (Hrsg.): Vierzig Jahre Bundesrat. Baden-Baden. 121-162.

Scharping, Rudolf/Hofmann-Göttig, Joachim (1982): „Alternative" Politik in den Landesparlamenten? Ideologiekritische Inhaltsanalyse von 300 Redebeiträgen „grüner" Parlamentarier. In: Steffani, Winfried/Thaysen, Uwe (Hrsg.) (1997): Parlamente und ihr Umfeld. Opladen/Wiesbaden. 112-136.

Scheerer, Sebastian/Vogt, Irmgard (Hrsg.) (1989): Drogen und Drogenpolitik. Ein Handbuch. Frankfurt a.M./New York.

Schindler, Peter (Hrsg.) (1994): Datenhandbuch zur Geschichte des Deutschen Bundestages 1983 bis 1991. Baden-Baden.

Schmidt, Verena (1998): „Alte" Politik gegen „neue" Drogen? Cannabis in den 60ern/70ern und Ecstasy in den 90ern: zwei bundesdeutsche „Jugenddrogen"-Debatten im Vergleich. Berlin.

Schmidt-Semisch, Henning (2000): Drogenpolitik. In: Stimmer, Franz (Hrsg.) (2000): Suchtlexikon. München/Wien. 144-149.

Schneider, Herbert (1979): Länderparlamentarismus in der Bundesrepublik. Opladen.

Schneider, Hans-Peter/Zeh, Wolfgang (Hrsg.) (1989): Parlamentsrecht und Parlamentspraxis. Berlin/New York.

Schüttemeyer, Suzanne S. (1992): Vergleichende Parlamentarismusforschung. In: Berg-Schlosser, Dirk/Müller-Rommel, Ferdinand (Hrsg.) (1992): Vergleichende Politikwissenschaft. Ein einführendes Studienhandbuch. Opladen. 179-195.

Schütze, Christian (1999): Die Einführung von „Gesundheitsräumen" in deutschen Großstädten: Eine vergleichende Analyse von Entscheidungsprozessen und Akteurskonstellationen in Hamburg, Frankfurt/Main, Hannover und München. Magisterarbeit. Hamburg.

Schultze, Rainer-Olaf (1999): Föderalismusreform in Deutschland: Widersprüche – Ansätze – Hoffnungen. In: Zeitschrift für Politik. 46. Jahrgang/Heft 2. 173-194.

Simon, Roland/Palazzetti, Manuela/Bühringer, Gerhard/Schmidtobreick, Bernhard/Helas, Irene/Hüllinghorst, Rolf (1998): Jahresstatistik 1997 der ambulanten Beratungs- und Behandlungsstellen für Suchtkranke in der Bundesrepublik Deutschland. Hamm.

Slotty, Martin (1981): Neuer Anlauf zur Neuordnung des Betäubungsmittelrechts. In: Zeitschrift für Rechtspolitik. Heft 3. 14 Jahrgang.

Steffani, Winfried (1997): Gewaltenteilung und Parteien im Wandel. Opladen 1997.

Steffani, Winfried (Hrsg.) (1991): Regierungsmehrheit und Opposition in den Staaten der EG. Opladen.

Stimson, Gerry v./Lart, Rachel (1994): The relationship between the State and local practice in the development of national policy on drugs between 1920 and 1990. In: Strang, John/Gossop, Michael (Ed.) (1994): Heroin Addiction and Drug Policy. The British System. Oxford/New York/Tokyo. 331-341.

Stöver, Heino (1999a): Akzeptierende Drogenarbeit – Rückblick und Perspektiven. In: Stöver, Heino (Hrsg.) (1999): Akzeptierende Drogenarbeit. Eine Zwischenbilanz. Freiburg i.B. 11-24.

Stöver, Heino (1999b): Der Transfer von Harm-reduction-Strategien in den Strafvollzug. In: Stöver, Heino (Hrsg.) (1999): Akzeptierende Drogenarbeit. Eine Zwischenbilanz. Freiburg i.B. 240-254.

Stöver, Heino/Schuller, Klaus (1992): Praxis und Politik der Vergabe von sterilem Spritzbesteck an Drogenabhängige zur HIV/AIDS-Prävention in einer ausgewählten Zahl von Mitgliedsstaaten der Europäischen Region der Weltgesundheitsorganisation (WHO). In: Deutsche AIDS-Hilfe e.V. (Hrsg.) (1992): AIDS und Drogen II. Evaluation AIDS-präventiver Botschaften. AIDS-FORUM D.A.H. Band 9. Berlin. 101-124.

Stolorz, Christian (1997): Bedrückende Entwicklungsperspektiven des Föderalismus im vereinigten Deutschland. In: Zeitschrift für Parlamentsfragen. Heft 2/1997. 311-334.

Storz, Wolfgang (1987): Suchtpolitik. Eine Untersuchung zum Verhältnis von Staat und Wohlfahrtsverbänden in Baden-Württemberg. Bielefeld.

Sturm, Roland (1997): Föderalismus in Deutschland und in den USA – Tendenzen der Angleichung? In: Zeitschrift für Parlamentsfragen. Heft 2/1997. 335-345.

Suntum, Ulrich van (1998): Die Idee des kompetitiven Föderalismus. Vortrag auf der Tagung „Reform des Föderalismus". Frankfurter Institut und Institut der deutschen Wirtschaft. Köln am 1./2.12.1998. Königswinter.

Thaysen, Uwe (1997): Vom Primat des Politischen: ein Plädoyer für die Parlamente. In: Gegenwartskunde. Heft 4/1997. 429-441.

Thaysen, Uwe (1990): Die ‚Eckpunkte' der Bundesländer für den Föderalismus im vereinigten Deutschland. Beschluss vom 5. Juli 1990. In: Zeitschrift für Parlamentsfragen. Heft 3/1990. 461-463.

van Solinge, Tim Boekhout (1997): The Swedish Drug Control System: An In-Depth Review and Analysis. Amsterdam.

Verfassungen der deutschen Bundesländer (1995). Beck-Texte. München.

Wiedermann, Herbert (1984): Drogenpolitik und ihre Alternativen. Köln.

Windhoff-Heritier, Adrienne (1987): Policy-Analyse. Eine Einführung. Frankfurt a.M./New York.

Wolffersdorff-Ehlert, Christian von (1989): Die Cannabis-Szenen. In: Scheerer, Sebastian/Vogt, Irmgard (Hrsg.) (1989): Drogen und Drogenpolitik. Ein Handbuch. Frankfurt/New York. 373-378.

Zeh, Wolfgang (1997): Parlamentarismus. Historische Wurzeln – Moderne Entfaltung. Heidelberg.

B. Quellen

Abgeordnetenhaus Berlin (1996): Volkshandbuch. 13. Wahlperiode. Rheinbreitbach.

Abgeordnetenhaus Berlin (1983): Bericht des Senats von Berlin über Maßnahmen zur Bekämpfung des Drogenmißbrauchs (2. Drogenbericht). Drucksache 9/1282 vom 20.09.1983.

Akzept-Bundesverband für akzeptierende Drogenarbeit und humane Drogenpolitik, Bundesverband der Eltern und Angehörigen akzeptierende Drogenarbeit, Deutsche Gesellschaft für Drogen- und Suchtmedizin, Eve and Rave, JES-Netzwerk (1998): Drogenpolitisches Memorandum. Die Drogenpolitik in Deutschland braucht eine neue Logik – Forderungen zu einem drogenpolitischen Neubeginn. Positionspapier. Berlin.

Alternative Liste (1981): Wahlprogramm zu den Neuwahlen am 10.5.1981. Berlin.

BÜNDNIS 90/DIE GRÜNEN (1998): Grün ist der Wechsel – Programm zur Bundestagswahl 1998. Bonn.

Bürgerschaft Hamburg (1990): Mitteilung des Senats betr. Konzept zur Drogenbekämpfung. Drucksache 13/5196 vom 16.01.1990.

Bürgerschaft Hamburg (1969): Kleine Anfrage der CDU-Fraktion betr. Ausbreitung von Rauschgiften unter Jugendlichen. Drucksache 6/2340 vom 19.09.1969.

Bürgerschaft Hamburg (1968): Antrag der FDP-Fraktion betr. Suchtkrankheiten. Drucksache 6/1641 vom 30.10.1968.

Bundesgesundheitsamt (1994): BGA lehnt Antrag der Stadt Frankfurt zur Abgabe von Heroin an Drogenabhängige ab. Pressemitteilung vom 17.1.1994.

Bundesinstitut für Arzneimittel und Medizinprodukte (1997): Ablehnungsbescheid zum Antrag des Landes Schleswig-Holstein auf Erteilung einer Erlaubnis zur Durchführung eines Modellprojektes „Kontrollierte Abgabe von Cannabis". Berlin.

Bundesministerium für Gesundheit (2000): Drogen- und Suchtbericht 1999 der Drogenbeauftragten der Bundesregierung (Christa Nickels). Berlin/Bonn.

Bundesministerium für Gesundheit (1999): Hilfe anbieten – Schäden begrenzen. Neue Wege in der Drogen- und Suchtpolitik. Informationsbroschüre des Bundesministeriums für Gesundheit. Bonn.

Bundesminister für Jugend, Familie, Frauen und Gesundheit/Bundesminister des Innern (Hrsg.) (1990): Nationaler Rauschgiftbekämpfungsplan. Bonn.

Bundesregierung (1999): Entwurf eines Dritten Gesetzes zur Änderung des Betäubungsmittelgesetzes (3. BtMG-ÄndG). Bonn.

Bundesverfassungsgericht (1994): Beschluss vom 9. März 1994. Umgang mit Cannabisprodukten. In: BverfGE. Bd. 90. 145-199.

CDU/CSU-Bundestagsfraktion (2000): Bedauernswerte Kehrtwende in der Drogenpolitik. Pressemitteilung vom 24.02.2000.

CDU und CSU (1998): Wahlplattform 1998-2002 der CDU und CSU zur Bundestagswahl 1998. Bonn.

Deutsche Hauptstelle gegen die Suchtgefahren e.V. (1998): Leitlinie zur Drogenpolitik und Drogenhilfe. In: Sucht. 44. Jahrgang/Heft 4. 287-295.

Deutscher Bundesrat (1997): Zehnte Verordnung zur Änderung betäubungsmittelrechtlicher Vorschriften. BR-Drucksache 881/97 vom 17.12.1997.

Deutscher Bundesrat (1996): Gesetzesantrag von zehn Bundesländern zur Änderung der Zuständigkeiten in der gesetzlichen Rentenversicherung. BR-Drucksache 262/96 vom 04.04.1996.

Deutscher Bundesrat (1992): Dr. Sabine Bergmann-Pohl. Parlamentarische Staatssekretärin beim Bundesgesundheitsministerium. Stenographischer Bericht. 640. Sitzung vom 13.3.1992. 102.

Deutscher Bundestag (1996): Gesetzentwurf der SPD-Fraktion betr. BtMG. BT-Drucksache 13/6534 vom 11.12.1996.

Deutscher Bundestag (1993): Stellungnahme der Bundesregierung zum Gesetzesentwurf des Bundesrates zur kontrollierten Heroinverschreibung. BT-Drucksache 12/5673 vom 15.9.1993.

Deutscher Bundestag (1984): Antwort der Bundesregierung auf eine Kleine Anfrage des Abgeordneten Dr. Jannsen und der Fraktion DIE GRÜNEN. BT-Drucksache 10/1323 vom 13.4.1984.

Deutscher Bundestag (1980a): Gesetzentwurf der Fraktionen der SPD und FDP zur Neuordnung des Betäubungsmittelrechtes. BT-Drucksache 9/27 vom 27.11.1980.

Deutscher Bundestag (1980b): Plenarprotokoll. 9. Wahlperiode. 9. Sitzung am 10.12.1980. 270D.

Deutscher Bundestag (1971): Entwurf eines Gesetzes zur Änderung des Opiumgesetzes. BT-Drucksache VI/1877 vom 25.2.1971.

Deutscher Bundestag (1968): Antwort des Bundesministers des Innern auf eine Kleine Anfrage der SPD-Fraktion. BT-Drucksache V/2789 vom 28.3.1968.

Drogenbeauftragter des Senats/Behörde für Arbeit, Gesundheit und Soziales (Hrsg.) (1994): Suchtbericht. Hamburg.

European Monitoring Centre for Drugs and Drug Addiction (1999): Extended annual report on the state of the drugs problem in the European Union. Lissabon.

Europäische Beobachtungsstelle für Drogen und Drogensucht (1998): Jahresbericht 1997 über den Stand der Drogenproblematik in der Europäischen Union. Lissabon.

F.D.P. (1995): Wahlprogramm für Berlin. Berlin.

Gesundheitsminister-Konferenz (1998): Beschluss zur Stärkung der Länderkompetenzen in Suchthilfe und Politik. 71. GMK. 18./19.06.1998.

Gesundheitsminister-Konferenz (1994): Beschluss zur Behandlung Drogenabhängiger mit Substitutionsmitteln. 67. GMK. 17./18.11.1994.

Gesundheitsminister-Konferenz (1993): Beschluss zum Problem der mangelnden Abstimmung zwischen regionaler Planung zur Suchtkrankenhilfe und Bundesversicherungsanstalt. 66. GMK. 25./26.11.1993.

Gesundheitsminister-Konferenz (1989a): Beschluss zur Drogenproblematik einschließlich Substitutionstherapie. 60. GMK. 24.02.1989.

Gesundheitsminister-Konferenz (1989b): Protokoll der 60. Sitzung am 24.02.1989.

Grün-Alternative Liste (1982): Programm für Hamburg. Hamburg.

Initiativkreis der Städte (1996): Entschließung der Städte zum Drogenproblem in den Städten und zur Verbesserung der Hilfen für Drogenabhängige. Karlsruhe.

Institut für Demoskopie Allensbach (1995): Die Verankerung des föderalen Prinzips in der Bevölkerung. Eine Repräsentativerhebung im Auftrag des Bundesrates (Auszug). Allensbach.

Landtag Nordrhein-Westfalen (1994): Volkshandbuch. 11. Wahlperiode. Rheinbreitbach.

Landtag Nordrhein-Westfalen (1975): Anfrage der FDP betr. Drogenabhängige. Drucksache 8/321.

Michels, Ingo Ilja (2000): Schriftliches Kurzinterview über föderale Gremien in der Sucht- und Drogenhilfe. Februar 2000.

Schleswig-Holsteinischer Landtag (Hrsg.) (1995): Suchthilfebericht 1995. Drucksache 13/2586. Kiel.

SPD und BÜNDNIS 90/DIE GRÜNEN (2000): Koalitionsvertrag. Arbeit – Bildung – Nachhaltigkeit – Weltoffenheit. Kiel.

SPD und BÜNDNIS 90/DIE GRÜNEN (1998): Koalitionsvereinbarung. Aufbruch und Erneuerung – Deutschlands Weg ins 21. Jahrhundert. Bonn.

Udo Kempf
Von de Gaulle bis Chirac
Das politische System Frankreichs
3., neu bearb. und erw. Aufl. 1997. 432 S. Br. DM 59,80
ISBN 3-531-12973-2

Im Mittelpunkt dieser ebenso aktuellen wie materialreichen Einführung in die französische Politik und Gesellschaft steht die Darstellung der fast 40 Jahre alten V. Republik. Der Autor beschreibt, wie sich Frankreichs Innenpolitik unter den fünf Staatspräsidenten im Laufe der Jahrzehnte verändert hat. Daneben werden die politischen Parteien sowie die Interessenverbände ausführlich dargestellt. Hintergrund der Analyse bilden die politische Kultur Frankreichs, seine Gesellschaftsstruktur, das Wirtschaftssystem und das Erziehungswesen.

Klaus von Beyme
Das politische System der Bundesrepublik Deutschland
Eine Einführung
9., neu bearb. und akt. Aufl. 1999. 475 S. Br. DM 29,80
ISBN 3-531-13426-4

Der seit vielen Jahren in Lehre und Studium bewährte Band ist vor allem dem schwierigen Prozess der deutschen Einigung gewidmet. Außen- und innenpolitische Hindernisse des Prozesses werden dargestellt. Die Schwierigkeiten des Zusammenwachsens von Ost- und Westdeutschland werden mit der Analyse der Institutionen – Parteien, Bundestag, Regierung, Verwaltung, Verfassungsgerichtsbarkeit und Föderalismus – und der politischen Prozesse – Wahlverhalten, Legitimierung des Systems, Durchsetzung organisierter Interessen und Führungsauslese – verknüpft.

Eberhard Schneider
Das politische System der Russischen Föderation
Eine Einführung
2. Aufl. 2001. 330 S. Br. DM 39,80
ISBN 3-531-23187-1

Die Transformation ist in Russland auf der föderalen Ebene durch die Annahme einer neuen Verfassung, die sich zu den Menschenrechten, zur Gewaltenteilung sowie zum Parteienpluralismus bekennt, und die Etablierung der zentralen staatlichen Organe Präsident, Parlament (Staatsduma und Föderationsrat), Regierung sowie Judikative formal abgeschlossen. Auf der mittleren Ebene hat sich noch kein eigentliches Parteiensystem entwickelt. Das Verhältnis der Zentrale zu den Regionen ist weiterhin problematisch. Eine kommunale Selbstverwaltung wird langsam aufgebaut. Die Herausbildung einer neuen politischen Klasse ist nahezu beendet.

www.westdeutschervlg.de

Erhältlich im Buchhandel oder beim Verlag.
Änderungen vorbehalten. Stand: April 2001.

Abraham-Lincoln-Str. 46
65189 Wiesbaden
Tel. 06 11. 78 78 - 285
Fax. 06 11. 78 78 - 400

Westdeutscher Verlag